明史

清　張廷玉等撰

第七册

卷七七至卷八八（志）

中華書局

明史卷七十七

志第五十三

食貨一

記曰：「取財於地，而取法於天。富國之本，在於農桑。」明初，沿元之舊，錢法不通而用鈔，又禁民間以銀交易，宜若不便於民。而洪、永、熙、宣之際，百姓充實，府藏衍溢。蓋是時，劭農務墾闢，土無萊蕪，人敦本業，又開屯田、中鹽以給邊軍，餫餉不仰藉於縣官，故上下交足，軍民胥裕。其後，屯田壞於豪强之兼幷，計臣變鹽法。於是邊兵悉仰食太倉，轉輸往往不給。世宗以後，耗財之道廣，府庫匱竭。神宗乃加賦重征，礦稅四出，移正供以實左藏。中涓羣小，橫斂侵漁。民多逐末，田卒汙萊。吏不能拊循，而覆侵刻之。海內困敝，而儲積益以空乏。昧者多言復通鈔法可以富國，不知國初之充裕在勤農桑，而不在行鈔法也。夫彊本節用，爲理財之要。明一代理財之道，始所以得，終所以失，條其本末，著於篇。

戶口　田制　屯田　莊田

太祖籍天下戶口，置戶帖、戶籍，具書名、歲、居地。籍上戶部，帖給之民。有司歲計其登耗以聞。及郊祀，中書省以戶籍陳壇下，薦之天，祭畢而藏之。洪武十四年詔天下編賦役黃册，以一百十戶爲一里，推丁糧多者十戶爲長，餘百戶爲十甲，甲凡十人。歲役里長一人，甲首一人，董一里一甲之事。先後以丁糧多寡爲序，凡十年一周，曰排年。在城曰坊，近城曰廂，鄉都曰里。里編爲册，册首總爲一圖。鰥寡孤獨不任役者，附十甲後爲畸零。僧道給度牒，有田者編册如民科，無田者亦爲畸零。每十年有司更定其册，以丁糧增減而升降之。册凡四：一上戶部，其三則布政司、府、縣各存一焉。上戶部者，册面黃紙，故謂之黃册。年終進呈，送後湖東西二庫庋藏之。歲命戶科給事中一人、御史二人、戶部主事四人釐校訛舛。其後黃册祇具文，有司徵稅、編徭，則自爲一册，曰白册云。

凡戶三等：曰民，曰軍，曰匠。民有儒，有醫，有陰陽。軍有校尉，有力士，弓、鋪兵。匠有廚役、裁縫、馬船之類。瀕海有鹽竈。寺有僧，觀有道士。畢以其業著籍。人戶以籍爲斷，禁數姓合戶附籍。漏口、脫戶，許自實。里設老人，選年高爲衆所服者，導民善，平鄉里爭訟。其人戶避徭役者曰逃戶。年饑或避兵他徙者曰流民。有故而出僑於外者曰附籍。

朝廷所移民曰移徙。

凡逃戶，明初督令還本籍復業，賜復一年。老弱不能歸及不願歸者，令在所著籍，授田輸賦。正統時，造逃戶周知冊，核其丁糧。

凡流民，英宗令勘籍，編甲互保，屬在所里長管轄之。〔一〕設撫民佐貳官。歸本者，勞徠安輯，給牛、種、口糧。又從河南、山西巡撫于謙言，免流民復業者稅。成化初，荊、襄寇亂，流民百萬。項忠、楊璿爲湖廣巡撫，下令逐之，弗率者戍邊，死者無算。祭酒周洪謨著流民說，引東晉時僑置郡縣之法，使近者附籍，遠者設州縣以撫之。都御史李賓上其說。憲宗命原傑出撫，招流民十二萬戶，給閒田，置鄖陽府，立上津等縣統治之。河南巡撫張瑄亦請輯西北流民。帝從其請。

凡附籍者，正統時，老疾致仕事故官家屬，離本籍千里者許收附，不及千里者發還。景泰中，令民籍者收附，軍、匠、竈役冒民籍者發還。

其移徙者，明初，嘗徙蘇、松、嘉、湖、杭民之無田者四千餘戶，往耕臨濠，給牛、種、車、糧，以資遣之，三年不征其稅。徐達平沙漠，徙北平山後民三萬五千八百餘戶，散處諸府衞，籍爲軍者給衣糧，民給田。又以沙漠遺民三萬二千八百餘戶屯田北平，置屯二百五十四，開地千三百四十三頃。復徙江南民十四萬於鳳陽。戶部郎中劉九皐言：「古狹鄉之民，聽遷之寬鄉，欲地無遺利，人無失業也。」太祖採其議，遷山西澤、潞民於河北。後屢徙浙西及山西民於滁、和、北平、山東、河南。又徙登、萊、青民於東昌、兗州。又徙直隸、浙江民二萬戶於京師，充倉脚夫。太祖時徙民最多，其間有以罪徙者。建文帝命武康伯徐理往北平度地處之。成祖覈太原、平陽、澤、潞、遼、沁、汾丁多田少及無田之家，分其丁口以實北平。自是以後，移徙者鮮矣。

初，太祖設養濟院收無告者，月給糧。設漏澤園葬貧民。天下府州縣立義冢。又行養老之政，民年八十以上賜爵。〔二〕復下詔優恤遭難兵民。然懲元末豪強侮貧弱，立法多右貧抑富。嘗命戶部籍浙江等九布政司、應天十八府州富民萬四千三百餘戶，以次召見，徙其家以實京師，謂之富戶。成祖時，復選應天、浙江富民三千戶，充北京宛、大二縣廂長，附籍京師，仍應本籍徭役。供給日久，貧乏逃竄，輒選其本籍殷實戶僉補。宣德間定制，逃者發邊充軍，官司鄰里隱匿者俱坐罪。弘治五年始免解在逃富戶，每戶徵銀三兩，與廂民助役。嘉靖中減爲二兩，以充邊餉。太祖立法之意，本倣漢徙富民實關中之制，其後事久弊生，遂爲厲階。

戶口之數，增減不一，其可攷者，洪武二十六年，天下戶一千六十五萬二千八百七十，〔三〕口六千五十四萬五千八百十二。弘治四年，戶九百十一萬三千四百四十六，口五千三百二十八萬一千一百五十八。萬曆六年，戶一千六十二萬一千四百三十六，口六千六十九萬二千八百五十六。太祖當兵燹之後，戶口顧極盛。其後承平日久，反不及焉。靖難兵起，淮以北鞠爲茂草，其時民數反增於前。後乃遞減，至天順間爲最衰。成、弘繼盛，正德以後又減。戶口所以減者，周忱謂：「投倚於豪門，或冒匠竄兩京，或冒引賈四方，舉家舟居，莫可踪跡也。」而要之，戶口增減，由於政令張弛。故宣宗嘗與羣臣論歷代戶口，以爲「其盛也，本於休養生息，其衰也，由土木兵戎」，殆篤論云。

明土田之制，凡二等：曰官田，曰民田。初，官田皆宋、元時入官田地。厥後有還官田，沒官田，斷入官田，學田，皇莊，牧馬草場，城壖苜蓿地，牲地，園陵墳地，公占隙地，諸王、公主、勳戚、大臣、內監、寺觀賜乞莊田，百官職田，邊臣養廉田，軍、民、商屯田，通謂之官田。其餘爲民田。

元季喪亂，版籍多亡，田賦無準。明太祖卽帝位，遣周鑄等百六十四人，覈浙西田畝，定其賦稅。復命戶部覈實天下土田。而兩浙富民畏避徭役，大率以田產寄他戶，謂之鐵脚詭寄。洪武二十年命國子生武淳等分行州縣，隨糧定區。區設糧長四人，量度田畝方圓，次以字號，悉書主名及田之丈尺，編類爲册，狀如魚鱗，號曰魚鱗圖册。先是，詔天下編黃册，以戶爲主，詳具舊管、新收、開除、實在之數爲四柱式。而魚鱗圖册以土田爲主，諸原坂、墳衍、下隰、沃瘠、沙鹵之別畢具。魚鱗册爲經，土田之訟質焉。黃册爲緯，賦役之法定焉。凡質賣田土，備書稅糧科則，官爲籍記之，毋令產去稅存以爲民害。又以中原田多蕪，命省臣議，計民授田。設司農司，開治河南，掌其事。臨濠之田，驗其丁力，計畝給之，毋許兼并。北方近城地多不治，召民耕，人給十五畝，蔬地二畝，免租三年。每歲中書省奏天下墾田數，少者畝以千計，多者至二十餘萬。官給牛及農具者，乃收其稅，額外墾荒者永不起科。二十六年覈天下土田，總八百五十萬七千六百二十三頃，蓋駸駸無棄土矣。

凡田以近郭爲上地，迤遠爲中地、下地。五尺爲步，步二百四十爲畝，畝百爲頃。太祖仍元里社制，河北諸州縣土著者以社分里甲，遷民分屯之地以屯分里甲。社民先占畝廣，屯民新占畝狹，故屯地謂之小畝，社地謂之廣畝。至宣德間，墾荒田永不起科及洿下斥鹵無糧者，皆覈入賦額，數溢於舊。有司乃以大畝當小畝以符舊額，有數畝當一畝者。步尺參差不一，人得以意贏縮，土地不均，未有如北方者。貴州田無頃畝尺籍，悉徵之土官。而諸處土田，日久頗淆亂，與黃册不符。弘治十五年，天下土田止四百二十二萬八千五十八頃，官田視民田得七之一。嘉靖八年，霍韜奉命修會典，言：「自洪武迄弘治百四十年，天下額田已減强半，而湖廣、河南、廣東失額尤多。非撥給於王府，則欺隱於猾民。廣東無藩府，非欺隱卽委棄於寇賊矣。司國計者，可不究心。」是時，桂萼、郭弘化、唐龍、簡霄先後疏請覈實田畝，而顧鼎臣請履畝丈量，丈量之議由此起。江西安福、河南裕州首行之，而法未詳具，人多疑憚。其後福建諸州縣，爲經、緯二冊，其法頗詳。然率以地爲主，田多者猶得上下其手。神宗初，建昌知府許孚遠爲歸戶冊，則以田從人，法簡而密矣。萬曆六年，帝用大學士張居正議，天下田畝通行丈量，限三載竣事。用開方法，以徑圍乘除，畸零截補。於是豪猾不得欺隱，里甲免賠累，而小民無虛糧。總計田數七百一萬三千九百七十六頃，視弘治時贏三百萬頃。然居正尚綜核，頗以溢額爲功。有司爭改小弓以求田多，或掊克見田以充虛額。北直隸、湖廣、大同、宣府，遂先後按溢額田增賦云。

屯田之制：曰軍屯，曰民屯。太祖初，立民兵萬戶府，寓兵於農，其法最善。又令諸將屯兵龍江諸處，惟康茂才績最，乃下令褒之，因以申飭將士。洪武三年，中書省請稅太原、朔州屯卒，命勿徵。明年，中書省言：「河南、山東、北平、陝西、山西及直隸淮安諸府屯田，凡官給牛種者十稅五，自備者十稅三。」詔且勿徵，三年後畝收租一斗。六年，太僕丞梁埜僊帖木爾言：「寧夏境內及四川西南至船城，東北至塔灘，相去八百里，土膏沃，宜招集流亡屯田。」從之。是時，遣鄧愈、湯和諸將屯陝西、彰德、汝寧、北平、永平，徙山西眞定民屯鳳陽。又因海運餉遼有溺死者，遂益講屯政，天下衞所州縣軍民皆事墾闢矣。

其制，移民就寬鄉，或召募或罪徙者爲民屯，皆領之有司。而軍屯則領之衞所。邊地，三分守城，七分屯種。內地，二分守城，八分屯種。每軍受田五十畝爲一分，給耕牛、農具，教樹植，復租賦，遣官勸輸，誅侵暴之吏。初畝稅一斗。三十五年定科則：軍田一分，正糧十二石，貯屯倉，聽本軍自支，餘糧爲本衞所官軍俸糧。永樂初，定屯田官軍賞罰例：歲食米十二石外餘六石爲率，多者賞鈔，缺者罰俸。又以田肥瘠不同，法宜有別，命官軍各種樣田，以其歲收之數相考較。太原左衞千戶陳淮所種樣田，每軍餘糧二十三石，帝命重賞之。寧夏總兵何福積穀尤多，賜敕褒美。戶部尚書郁新言：「湖廣諸衞收糧不一種，請以米爲準。凡粟穀糜黍大麥蕎穄二石，稻穀薥秫二石五斗，穇稗三石，皆準米一石。小麥芝蔴豆與米等。」〔四〕從之，著爲令。

又更定屯守之數。臨邊險要，守多於屯。地僻處及輸糧艱者，屯多於守。屯兵百名委百戶，三百名委千戶，五百名以上指揮提督之。屯設紅牌，列則例於上。年六十與殘疾及幼者，耕以自食，不限於例。屯軍以公事妨農務者，免徵子粒，且禁衞所差撥。於時，東自遼左，北抵宣、大，西至甘肅，南盡滇、蜀，極於交阯，中原則大河南北，在在興屯矣。宣宗之世，屢覈各屯，以征戍罷耕及官豪勢要占匿者，減餘糧之半。迤北來歸就屯之人，給車牛農器。

分遼東各衞屯軍爲三等，丁牛兼者爲上，丁牛有一爲中，俱無者爲下。英宗免軍田正糧歸倉，止徵餘糧六石。後又免沿邊開田官軍子粒，減各邊屯田子粒有差。景帝時，邊方多事，令兵分爲兩番，六日操守，六日耕種。成化初，宣府巡撫葉盛買官牛千八百，幷置農具，遣軍屯田，收糧易銀，以補官馬耗損，邊人稱便。

自正統後，屯政稍弛，而屯糧猶存三之二。其後屯田多爲內監、軍官占奪，法盡壞。憲宗之世頗議釐復，而視舊所入，不能什一矣。弘治間，屯糧愈輕，有畝止三升者。沿及正德，遼東屯田較永樂間田贏萬八千餘頃，而糧乃縮四萬六千餘石。初，永樂時，屯田米常溢三之一，常操軍十九萬，以屯軍四萬供之。而受供者又得自耕。邊外軍無月糧，以是邊餉恒足。及是，屯軍多逃死，常操軍止八萬，皆仰給於倉。而邊外數擾，棄不耕。劉瑾擅政，遣官分出丈田責逋。希瑾意者，僞增田數，搜括慘毒，戶部侍郎韓福尤急刻。遼卒不堪，脅衆爲亂，撫之乃定。

明初，募鹽商於各邊開中，謂之商屯。迨弘治中，葉淇變法，而開中始壞。諸淮商悉撤業歸，西北商亦多徙家於淮，邊地爲墟，米石直銀五兩，而邊儲枵然矣。世宗時，楊一清復請召商開中，又請倣古募民實塞下之意，招徠隴右、關西民以屯邊。其後周澤、王崇古、林富、陳世輔、王畿、王朝用、唐順之、吳桂芳等爭言屯政。而龐尙鵬總理江北鹽屯，尋移九邊，與總督王崇古，先後區畫屯政甚詳。然是時，因循日久，卒鮮實效。給事中管懷理言：「屯田不興，其弊有四。疆場戒嚴，一也。牛種不給，二也。丁壯亡徙，三也。田在敵外，四也。如是而管屯者猶欲按籍增賦，非扣月糧，卽按丁賠補耳。」

屯糧之輕，至弘、正而極，嘉靖中漸增，隆慶間復畝收一斗。然屯丁逃亡者益多。管糧郎中不問屯田有無，月糧止半給。沿邊屯地，或變爲斥鹵、沙磧，糧額不得減。屯田御史又於額外增本折，屯軍益不堪命。萬曆時，計屯田之數六十四萬四千餘頃，視洪武時虧二十四萬九千餘頃，田日減而糧日增，其弊如此。時則山東巡撫鄭汝璧請開登州海北長山諸島田。福建巡撫許孚遠墾閩海壇山田成，〔五〕復請開南日山、澎湖；又言浙江濱海諸山，若陳錢、金塘、補陀、玉環、南麂，皆可經理。天津巡撫汪應蛟則請於天津興屯。或留中不下，或不久輒廢。熹宗之世，巡按張愼言復議天津屯田。而御史左光斗命管河通判盧觀象大興水田之利，太常少卿董應舉踵而行之。〔六〕光斗更於河間、天津設屯學，試騎射，爲武生給田百畝。李繼貞巡撫天津，亦力於屯務，然仍歲旱蝗，弗克底成效也。

明時，草場頗多，占奪民業。而爲民厲者，莫如皇莊及諸王、勳戚、中官莊田爲甚。太祖賜勳臣公侯丞相以下莊田，多者百頃，親王莊田千頃。又賜公侯暨武臣公田，又賜百官公田，以其租入充祿。指揮沒於陣者皆賜公田。勳臣莊佃，多倚威扞禁，帝召諸臣戒諭之。其後公侯復歲祿，歸賜田於官。

仁、宣之世，乞請漸廣，大臣亦得請沒官莊舍。然寧王權請灌城爲庶子耕牧地，帝賜書，援祖制拒之。至英宗時，諸王、外戚、中官所在占官私田，或反誣民占，請案治。比案問得實，帝命還之民者非一。乃下詔禁奪民田及奏請畿內地。然權貴宗室莊田墳塋，或賜或請，不可勝計。御馬太監劉順家人進薊州草場，〔七〕進獻由此始。宦官之田，則自尹奉、喜寧始。

初，洪熙時，有仁壽宮莊，其後又有清寧、未央宮莊。天順三年，以諸王未出閤，供用浩繁，立東宮、德王、秀王莊田。二王之藩，地仍歸官。憲宗卽位，以沒入曹吉祥地爲宮中莊田，皇莊之名由此始。其後莊田遍郡縣。給事中齊莊言：「天子以四海爲家，何必置立莊田，與貧民較利。」弗聽。弘治二年，戶部尙書李敏等以災異上言：「畿內皇莊有五，共地萬二千八百餘頃；勳戚、中官莊田三百三十有二，共地三萬三千餘頃。管莊官校招集羣小，稱莊頭、伴當，占地土，斂財物，汙婦女。稍與分辨，輒被誣奏。官校執縛，舉家驚惶。民心傷痛入骨，災異所由生。乞革去管莊之人，付小民耕種，畝徵銀三分，充各宮用度。」帝命戒飭莊戶。又因御史言，罷仁壽宮莊，還之草場，且命凡侵牧地者，悉還其舊。

又定制，獻地王府者戍邊。奉御趙瑄獻雄縣地爲皇莊，戶部尚書周經劾其違制，下瑄詔獄。敕諸王輔導官，導王奏請者罪之。然當日奏獻不絕，乞請亦愈繁。徽、興、岐、衡四王，田多至七千餘頃。會昌、建昌、慶雲三侯爭田，帝輒賜之。武宗卽位，踰月，卽建皇莊七，其後增至三百餘處。〔八〕諸王、外戚求請及奪民田者無算。

世宗初，命給事中夏言等清核皇莊田。言極言皇莊爲厲於民。自是正德以來投獻侵牟之地，頗有給還民者，而宦戚輩復中撓之。戶部尚書孫交造皇莊新册，額減於舊。帝命覈先年頃畝數以聞，改稱官地，不復名皇莊，詔所司徵銀解部。然多爲宦寺中飽，積逋至數十萬以爲常。是時，禁勳戚奏討、奸民投獻者，又革王府所請山場湖陂。〔九〕德王請齊、漢二庶人所遺東昌、兗州閒田，又請白雲等湖，山東巡撫邵錫按新令却之，語甚切。德王爭之數四，帝仍從部議，但存藩封初請莊田。其後有奏請者不聽。

又定，凡公主、國公莊田，世遠者存什三。嘉靖三十九年遣御史沈陽清奪隱冒莊田萬六千餘頃。穆宗從御史王廷瞻言，復定世次遞減之限：勳臣五世限田二百頃，戚畹七百頃至七十頃有差。初，世宗時，承天六莊二湖地八千三百餘頃，領以中官，又聽校舍兼并，增八百八十頃，分爲十二莊。〔一〇〕至是始領之有司，兼幷者還民。又著令宗室買田不輸役者沒官，皇親田俱令有司徵之，如勳臣例。雖請乞不乏，而賜額有定，徵收有制，民害少衰止。

神宗賚予過侈，求無不獲。潞王、壽陽公主恩最渥。而福王分封，括河南、山東、湖廣田爲王莊，至四萬頃。羣臣力爭，乃減其半。王府官及諸閹丈地徵稅，旁午於道，扈養廝役廩食以萬計，漁斂慘毒不忍聞。駕帖捕民，格殺莊佃，所在騷然。給事中官應震、姚宗文等屢疏諫，皆不報。時復更定勳戚莊田世次遞減法，視舊制稍寬。其後應議減者，輒奉詔姑留，不能革也。熹宗時，桂、惠、瑞三王及遂平、寧德二公主莊田，〔二〕動以萬計，而魏忠賢一門，橫賜尤甚。蓋中葉以後，莊田侵奪民業，與國相終云。

校勘記

〔一〕凡流民英宗令勘籍編甲互保屬在所里長管轄之　里長，原作「甲長」，據明史稿志五九食貨志、英宗實錄卷二七正統二年二月己丑條、明會典卷一九改。

〔二〕民年八十以上賜爵　明史稿志五九食貨志作「富民年八十以上賜爵」。

〔三〕洪武二十六年天下戶一千六十五萬二千八百七十　原作「天下戶一千六百五萬二千八百六十」，據諸司職掌戶部民科、明會典卷一九改。

〔四〕小麥芝蔴豆與米等　芝蔴，原作「蔴」，據明史稿志五九食貨志、本書卷一五〇郁新傳、明會典卷一八改。此言一石小麥、芝蔴、豆準米一石，麻不能用石量。

〔五〕福建巡撫許孚遠墾閩海壇山田成　海壇山，原作「海檀山」，據寰宇通志卷四五改。讀史方輿紀要卷九六福清縣「海壇山，縣東南七十里海中，其山如壇」。

〔六〕太常少卿董應舉踵而行之　太常少卿，當作「太僕寺卿」。熹宗實錄卷一六天啓二年四月甲申條：「陞太常寺少卿董應舉太僕寺卿兼河南道監察御史，管理天津至山海關等處屯田。」

〔七〕御馬太監劉順家人進薊州草場　上文原有「復辟後」三字，衍。按英宗實錄卷七七正統六年三月壬寅條稱：御馬監故太監劉順生時原有莊田塌房果園草場二十六所，至是「其家人」將薊州草場十所奏進入官。今刪。

〔八〕武宗即位踰月即建皇莊七其後增至三百餘處　三百，疑當作「三十」。明經世文編卷二〇二夏言勘報皇莊疏，稱武宗即位時建立皇莊七處，後又建立蘇家口皇莊等二十四處，共三十一處。

〔九〕又革王府所請山場湖陂　「又革」二字下疑脫「宣德以後」四字，見本書卷一一九德王見潾傳、世宗實錄卷一三〇嘉靖十年九月己卯條。

〔一〇〕分爲十二莊　十二莊，本書卷二二一魏時亮傳、穆宗實錄卷一一隆慶元年九月乙丑條都作「三十六莊」。

〔二〕桂惠瑞三王及遂平寧德二公主莊田　寧德，原作「寧國」，據本書卷一二一光宗九女傳、國榷卷首之一改。

明史卷七十八

志第五十四

食貨二

賦役

賦役之法，唐租庸調猶爲近古。自楊炎作兩稅法，簡而易行，歷代相沿，至明不改。太祖爲吳王，賦稅十取一，役法計田出夫。縣上、中、下三等，以賦十萬、六萬、三萬石下爲差。府三等，以賦二十萬上下、十萬石下爲差。卽位之初，定賦役法，一以黃册爲準。册有丁有田，丁有役，田有租。租曰夏稅，曰秋糧，凡二等。夏稅無過八月，秋糧無過明年二月。丁曰成丁，曰未成丁，凡二等。民始生，籍其名曰不成丁，年十六曰成丁。成丁而役，六十而免。又有職役優免者。役曰里甲，曰均徭，曰雜泛，凡三等。以戶計曰甲役，以丁計曰徭役，上命非時曰雜役，皆有力役，有雇役。府州縣驗册丁口多寡，事產厚薄，以均適其力。

兩稅，洪武時，夏稅曰米麥，曰錢鈔，曰絹。秋糧曰米，曰錢鈔，曰絹。弘治時，會計之數，夏稅曰大小米麥，曰麥莢，曰絲綿幷荒絲，曰稅絲，曰絲綿折絹，曰稅絲折絹，曰本色絲，曰農桑絲折絹，曰農桑零絲，曰人丁絲折絹，曰改科絹，曰棉花折布，曰苧布，曰土苧，曰紅花，曰麻布，曰鈔，曰租鈔，曰稅鈔，曰原額小絹，曰幣帛絹，曰本色絹，曰絹，曰折色絲。秋糧曰米，曰租鈔，曰賃鈔，曰山租鈔，曰租絲，曰租絹，曰租粗麻布，曰課程棉布，曰租苧布，曰牛租米穀，曰地畝棉花絨，曰棗子易米，曰棗株課米，曰課程苧麻折米，曰棉布，曰魚課米，曰改科絲折米。萬曆時，小有所增損，大略以米麥爲主，而絲絹與鈔次之。夏稅之米惟江西、湖廣、廣東、廣西，麥莢惟貴州，農桑絲遍天下，惟不及川、廣、雲、貴，餘各視其地產。

太祖初立國卽下令，凡民田五畝至十畝者，栽桑、麻、木棉各半畝，十畝以上倍之。麻畝徵八兩，木棉畝四兩。栽桑以四年起科。不種桑，出絹一疋。不種麻及木棉，出麻布、棉布各一疋。此農桑絲絹所由起也。〔一〕

洪武九年，天下稅糧，令民以銀、鈔、錢、絹代輸。銀一兩、錢千文、鈔一貫，皆折輸米一石，〔二〕小麥則減直十之二。棉苧一疋，折米六斗，麥七斗。麻布一疋，折米四斗，麥五斗。絲絹等各以輕重爲損益，願入粟者聽。十七年，雲南以金、銀、貝、布、漆、丹砂、水銀代秋租。於是謂米麥爲本色，而諸折納稅糧者，謂之折色。越二年，又令戶部侍郎楊靖會計天下倉儲存糧，二年外並收折色，惟北方諸布政司需糧餉邊，仍使輸粟。三十年諭戶部曰：「行人高稹言，陝西困逋賦。其議自二十八年以前，天下逋租，咸許任土所產，折收布、絹、棉花及金、銀等物，〔三〕著爲令。」於是戶部定：鈔一錠，折米一石；金一兩，十石；銀一兩，二石；絹一疋，石有二斗；棉布一疋，一石；苧布一疋，七斗；棉花一斤，二斗。帝曰：「折收逋賦，蓋欲蘇民困也。今賦重若此，將愈困民，豈恤之之意哉。金、銀每兩折米加一倍。鈔止二貫五百文折一石。餘從所議。」

永樂中，既得交阯，以絹，漆，蘇木，翠羽，紙扇，沉、速、安息諸香代租賦。廣東瓊州黎人、肇慶瑤人內附，輸賦比內地。天下本色稅糧三千餘萬石，絲鈔等二千餘萬。計是時，宇內富庶，賦入盈羨，米粟自輸京師數百萬石外，府縣倉廩蓄積甚豐，至紅腐不可食。歲歉，有司往往先發粟振貸，然後以聞。雖歲貢銀三十萬兩有奇，而民間交易用銀，仍有厲禁。

至正統元年，副都御史周銓言：「行在各衞官俸支米南京，〔四〕道遠費多，輒以米易貨，貴買賤售，十不及一。朝廷虛糜廩祿，各官不得實惠。請於南畿、浙江、江西、湖廣不通舟楫地，折收布、絹、白金，解京充俸。」江西巡撫趙新亦以爲言，戶部尚書黃福復條以請。帝以問行在戶部尚書胡濙。濙對以太祖嘗折納稅糧於陝西、浙江，民以爲便。遂倣其制，米麥一石，折銀二錢五分。南畿、浙江、江西、湖廣、福建、廣東、廣西米麥共四百餘萬石，折銀百萬餘兩，入內承運庫，謂之金花銀。其後概行於天下。自起運兌軍外，糧四石收銀一兩解京，以爲永例。諸方賦入折銀，〔五〕而倉廩之積漸少矣。

初，太祖定天下官、民田賦，凡官田畝稅五升三合五勺，〔六〕民田減二升，重租田八升五合五勺，沒官田一斗二升。惟蘇、松、嘉、湖，怒其爲張士誠守，乃籍諸豪族及富民田以爲官田，按私租簿爲稅額。而司農卿楊憲又以浙西地膏腴，增其賦，畝加二倍。故浙西官、民田視他方倍蓰，畝稅有二三石者。大抵蘇最重，松、嘉、湖次之，常、杭又次之。〔七〕洪武十三年命戶部裁其額，畝科七斗五升至四斗四升者減十之二，四斗三升至三斗六升者俱止徵三斗五升，其以下者仍舊。時蘇州一府，秋糧二百七十四萬六千餘石，自民糧十五萬石外，皆官田糧。官糧歲額與浙江通省埒，其重猶如此。建文二年詔曰：「江、浙賦獨重，而蘇、松準私租起科，特以懲一時頑民，豈可爲定則以重困一方。宜悉與減免，畝不得過一斗。」成祖盡革建文政，浙西之賦復重。宣宗卽位，廣西布政使周幹，巡視蘇、常、嘉、湖諸府還，言：「諸府民多逃亡，詢之耆老，皆云重賦所致。如吳江、崑山民田租，舊畝五升，小民佃種富民田，畝輸私租一石。後因事故入官，輒如私租例盡取之。十分取八，民猶不堪，況盡取乎。盡取，則民必凍餒，欲不逃亡，不可得也。仁和、海寧、崑山海水陷官、民田千九百餘頃，逮今十有餘年，猶徵其租。田沒於海，租從何出？請將沒官田及公、侯還官田租，俱視彼處官田起科，畝稅六斗。海水淪陷田，悉除其稅，則田無荒蕪之患，而細民獲安生矣。」帝命部議行之。宣德五年二月詔：「舊額官田租，畝一斗至四斗者各減十之二，四斗一升至一石以上者減十之三。著爲令。」於是江南巡撫周忱與蘇州知府況鍾，曲計減蘇糧七十餘萬，他府以爲差，而東南民力少紓矣。忱又令松江官田依民田起科，〔八〕戶部劾以變亂成法。宣宗雖不罪，亦不能從。而朝廷數下詔書，蠲除租賦。持籌者輒私戒有司，勿以詔書爲辭。帝與尚書胡濙言「計臣壅遏膏澤」，然不深罪也。正統元年令蘇、松、浙江等處官田，準民田起科，秋糧四斗一升至二石以上者減作三斗，〔九〕二斗一升以上至四斗者減作二斗，一斗一升至二斗者減作一斗。蓋宣德末，蘇州逋糧至七百九十萬石，〔一〇〕民困極矣。至是，乃獲少甦。英宗復辟之初，令鎮守浙江尚書孫原貞等定杭、嘉、湖則例，〔一一〕以起科重者徵米宜少，起科輕者徵米宜多。乃定官田畝科一石以下，民田七斗以下者，每石歲徵平米一石三斗；官民田四斗以下者，〔一二〕每石歲徵平米一石五斗；官田二斗以下，民田二斗七升以下者，每石歲徵平米一石七斗；官田八升以下，民田七升以下者，每石歲徵平米二石二斗。凡重者輕之，輕者重之，欲使科則適均，而畝科一石之稅未嘗減云。

嘉靖二年，御史黎貫言：「國初夏秋二稅，麥四百七十餘萬石，今少九萬；米二千四百七十餘萬石，今少二百五十餘萬。而宗室之蕃，官吏之冗，內官之衆，軍士之增，悉取給其中。賦入則日損，支費則日加。請覈祖宗賦額及經費多寡之數，一一區畫，則知賦入有限，而浮費不容不節矣。」於是戶部議：「令天下官吏考滿遷秩，必嚴覈任內租稅，徵解足數，方許給由交代。仍乞朝廷躬行節儉，以先天下。」帝納之。既而諭德顧鼎臣條上錢糧積弊四事。

一曰察理田糧舊額。請責州縣官，於農隙時，令里甲等倣洪武、正統間魚鱗、風旗之式，編造圖册，細列元額田糧、字圩、則號、條段、坍荒、成熟步口數目，官爲覆勘，分別界址，履畝檢踏丈量，具開墾改正豁除之數。刊刻成書，收貯官庫，給散里中，永爲稽考。仍斟酌先年巡撫周忱、王恕簡便可行事例，立爲定規。取每歲實徵、起運、存留、加耗、本色、折色并處補、暫徵、帶徵、停徵等件數目，會計已定，張榜曉諭。庶吏胥不得售其奸欺，而小民免賠累科擾之患。

一曰催徵歲辦錢糧。成、弘以前，里甲催徵，糧戶上納，糧長收解，州縣監收。糧長不敢多收斛面，糧戶不敢攙雜水穀糠粃，兌糧官軍不敢阻難多索，公私兩便。近者，有司不復比較經催里甲負糧人戶，但立限敲扑糧長，令下鄉追徵。豪強者則大斛倍收，多方索取，所至雞犬爲空。孱弱者爲勢豪所凌，耽延欺賴，不免變產補納。至或舊役侵欠，責償新僉，一人逋負，株連親屬，無辜之民死於箠楚囹圄者幾數百人。且往時，每區糧長不過正、副二名，近多至十人以上。其實收掌管糧之數少，而科斂打點使用年例之數多。州縣一年之間，輒破中人百家之產，害莫大焉。宜令戶部議定事例，轉行所司，審編糧長務遵舊規。如州縣官多僉糧長，縱容下鄉，及不委里甲催辦，輒酷刑限比糧長者，罪之。致人命多死者，以故勘論。其二則議遣官綜理及復預備倉糧也。疏下，戶部言：「所陳俱切時弊，令所司舉行。」遷延數載如故。

糧長者，太祖時，令田多者爲之，督其鄉賦稅。歲七月，州縣委官偕詣京，領勘合以行。糧萬石，長、副各一人，輸以時至，得召見，語合，輒蒙擢用。末年更定，每區正、副二名輪充。宣德間，復永充。科斂橫溢，民受其害，或私賣官糧以牟利。其罷者，虧損公賦，事覺，至隕身喪家。景泰中，革糧長，未幾又復。自官軍兌運，糧長不復輸京師，在州里間頗滋害，故鼎臣及之。

未幾，御史郭弘化等亦請通行丈量，以杜包賠兼幷之弊。帝恐紛擾，不從。給事中徐俊民言：「今之田賦，有受地於官，歲供租稅者，謂之官田。有江水泛溢溝塍淹沒者，謂之坍江。有流移亡絕，田棄糧存者，謂之事故。官田貧民佃種，畝入租三斗，或五六斗或石以上者有之。坍江、事故虛糧，里甲賠納，或數十石或百餘石者有之。夫民田之價十倍官田，貧民旣不能置。而官田糧重，每病取盈，益以坍江、事故虛糧，又令攤納，追呼敲扑，歲無寧日。而奸富猾胥方且詭寄、那移，幷輕分重。此小民疾苦，閭閻凋瘁，所以日益而日增也。請定均糧、限田之制。坍江、事故，悉與蠲免。而合官民田爲一，定上、中、下三則起科以均糧。富人不得過千畝，聽以百畝自給，其羨者則加輸邊稅。如此，則多寡有節，輕重適宜，貧富相安，公私俱足矣。」部議：「疆土民俗各異，令所司熟計其便。」不行。

越數年，乃從應天巡撫侯位奏，免蘇州坍海田糧九萬餘石，然那移、飛灑之弊，相沿不改。至十八年，鼎臣爲大學士，復言：「蘇、松、常、鎭、嘉、湖、杭七府，供輸甲天下，而里胥豪右蠹弊特甚。宜將欺隱及坍荒田土，一一檢覈改正。」於是應天巡撫歐陽鐸檢荒田四千餘頃，〔二〕計租十一萬石有奇，以所欺隱田糧六萬餘石補之，餘請豁免。戶部終持不下。時嘉興知府趙瀛建議：「田不分官、民，稅不分等則，一切以三斗起徵。」鐸乃與蘇州知府王儀盡括官、民田裒益之。履畝淸丈，定爲等則。所造經賦册，以八事定稅糧：曰元額稽始，曰事故除虛，曰分項別異，曰歸總正實，曰坐派起運，曰運餘撥存，曰存餘考積，曰徵一定額。又以八事考里甲：曰丁田，曰慶賀，曰祭祀，曰鄉飮，曰科貢，曰卹政，曰公費，曰備用。以三事定均徭：曰銀差，曰力差，曰馬差。著爲例。

徵一者，總徵銀米之凡，而計畝均輸之。其科則最重與最輕者，稍以耗損益推移。重者不能盡損，惟遞減耗米，派輕賫折除之，陰予以輕。輕者不能加益，爲徵本色，遞增耗米加乘之，陰予以重。推收之法，以田爲母，戶爲子。時豪右多梗其議，鼎臣獨以爲善，曰：「是法行，吾家益千石輸，然貧民減千石矣，不可易也。」顧其時，上不能損賦額，長民者私以己意變通。由是官田不至偏重，而民田之賦反加矣。

時又有綱銀、一串鈴諸法。綱銀者，舉民間應役歲費，丁四糧六總徵之，易知而不繁，猶網之有綱也。一串鈴，則夥收分解法也。自是民間輸納，止收本色及折色銀矣。

是時天下財賦，歲入太倉庫者二百萬兩有奇。舊制以七分經費，而存積三分備兵歉，以爲常。世宗中年，邊供費繁，加以土木、禱祀，月無虛日，帑藏匱竭。司農百計生財，甚至變賣寺田，收贖軍罪，猶不能給。二十九年，俺荅犯京師，增兵設戍，餉額過倍。三十年，京邊歲用至五百九十五萬，戶部尚書孫應奎蒿目無策，乃議於南畿、浙江等州縣增賦百二十萬，加派於是始。

嗣後，京邊歲用，多者過五百萬，少者亦三百餘萬，歲入不能充歲出之半。由是度支爲一切之法，其箕斂財賄、題增派、括贓贖、算稅契、折民壯、提編、均徭、推廣事例興焉。其初亦賴以濟匱，久之，諸所灌輸益少。又四方多事，有司往往爲其地奏留或請免：浙、直以備倭，川、貴以採木，山、陝、宣、大以兵荒。不惟停格軍興所徵發，即歲額二百萬，且虧其三之一。而內廷之賞給，齋殿之經營，宮中夜半出片紙，吏雖急，無敢延頃刻者。三十七年，大同右衞告警，賦入太倉者僅七萬，帑儲大較不及十萬。戶部尚書方鈍等憂懼不知所出，乃乘間具陳帑藏空虛狀，因條上便宜七事以請。既，又令羣臣各條理財之策，議行者凡二十九事，益瑣屑，非國體。而累年以前積逋無不追徵，南方本色逋賦亦皆追徵折色矣。

是時，東南被倭，南畿、浙、閩多額外提編，江南至四十萬。〔一四〕提編者，加派之名也。其法，以銀力差排編十甲，如一甲不足，則提下甲補之，故謂之提編。及倭患平，應天巡撫周如斗乞減加派，給事中何煃亦具陳南畿困敝，言：「軍門養兵，工部料價，操江募兵，兵備道壯丁，府州縣鄉兵，率爲民累，甚者指一科十，請禁革之。」命如煃議，而提編之額不能減。隆、萬之世，增額既如故，又多無藝之征，逋糧愈多，規避亦益巧。已解而愆限或至十餘年，未徵而報收，一縣有至十萬者。逋欠之多，縣各數十萬。賴行一條鞭法，無他科擾，民力不大絀。

一條鞭法者，總括一州縣之賦役，量地計丁，丁糧畢輸於官。一歲之役，官爲僉募。力差，則計其工食之費，量爲增減；銀差，則計其交納之費，加以增耗。凡額辦、派辦、京庫歲需與存留、供億諸費，以及土貢方物，悉併爲一條，皆計畝徵銀，折辦於官，故謂之一條鞭。立法頗爲簡便。嘉靖間，數行數止，至萬曆九年乃盡行之。

其後接踵三大征，頗有加派，事畢旋已。至四十六年，驟增遼餉三百萬。時內帑充積，帝靳不肯發。戶部尚書李汝華乃援征倭、播例，畝加三釐五毫，天下之賦增二百萬有奇。明年復加三釐五毫。明年，以兵工二部請，復加二釐。通前後九釐，增賦五百二十萬，遂爲歲額。所不加者，畿內八府及貴州而已。〔一五〕

天啓元年，給事中甄淑言：「遼餉加派，易致不均。蓋天下戶口有戶口之銀，人丁有人丁之銀，田土有田土之銀，有司徵收，總曰銀額。按銀加派，則其數不漏。東西南北之民，甘苦不同，布帛粟米力役之法，徵納不同。惟守令自知其甘苦，而通融其徵納。今因人土之宜，則無偏枯之累。其法，以銀額爲主，而通人情，酌土俗，頒示直省。每歲存留、起解各項銀兩之數，以所加餉額，按銀數分派，總提折扣，裒多益寡，期不失餉額而止。如此，則愚民易知，可杜奸胥意爲增減之弊。且小民所最苦者，無田之糧，無米之丁，田鬻富室，產去糧存，而猶輸丁賦。宜取額丁、額米，兩衡而定其數，米若干即帶丁若干。買田者，收米便收丁，則縣册不失丁額，貧民不致賠累，而有司亦免逋賦之患。」下部覆議，從之。

崇禎三年，軍興，兵部尚書梁廷棟請增田賦。戶部尚書畢自嚴不能止，乃於九釐外畝復徵三釐。惟順天、永平以新被兵無所加，餘六府畝徵六釐，得他省之半，共增賦百六十五萬四千有奇。後五年，總督盧象昇請加宦戶田賦十之一，民糧十兩以上同之。既而概徵每兩一錢，名曰助餉。越二年，復行均輸法，因糧輸餉，畝計米六合，石折銀八錢，又畝加徵一分四釐九絲。越二年，楊嗣昌督師，畝加練餉銀一分。兵部郎張若麒請收兵殘遺產爲官莊，分上、中、下，畝納租八斗至二三斗有差。御史衞周胤言：〔一六〕「嗣昌流毒天下，剿練之餉多至七百萬，民怨何極。」御史郝晉亦言：「萬曆末年，合九邊餉止二百八十萬。今加派遼餉至九百萬。剿餉三百三十萬，業已停罷，旋加練餉七百三十餘萬。自古有一年而括二千萬以輸京師，又括京師二千萬以輸邊者乎？」疏語雖切直，而時事危急，不能從也。

役法定於洪武元年。田一頃出丁夫一人，不及頃者以他田足之，名曰均工夫。尋編應天十八府州，江西九江、饒州、南康三府均工夫圖冊。每歲農隙赴京，供役三十日遣歸。田多丁少者，以佃人充夫，而田主出米一石資其用。非佃人而計畝出夫者，畝資米二升五合。迨造黃冊成，以一百十戶爲一里，里分十甲曰里甲。以上、中、下戶爲三等，五歲均役，十歲一更造。一歲中諸色雜目應役者，編第均之，銀、力從所便，曰均徭。他雜役，曰雜泛。凡祗應、禁子、弓兵，悉僉市民，毋役糧戶。額外科一錢、役一夫者，罪流徙。

後法稍弛，編徭役里甲者，以戶爲斷，放大戶而勾單小。於是議者言，均徭之法，按冊籍丁糧，以資產爲宗，覈人戶上下，以蓄藏得實也。稽冊籍，則富商大賈免役，而土著困；覈人戶，則官吏里胥輕重其手，而小民益窮蹙。二者交病。然專論丁糧，庶幾古人租庸調之意。乃令以舊編力差、銀差之數當丁糧之數，難易輕重酌其中。役以應差，里甲除當復者，論丁糧多少編次先後，曰鼠尾冊，按而徵之。市民商賈家殷足而無田產者，聽自占，以佐銀差。正統初，僉事夏時創行於江西，他省倣行之，役以稍平。

其後諸上供者，官爲支解，而官府公私所須，復給所輸銀於坊里長，責其營辦。給不能一二，供者或什伯，甚至無所給，惟計值年里甲祗應夫馬飲食，而里甲病矣。凡均徭，解戶上供爲京徭，主納爲中官留難，不易中納，往復改貿，率至傾產。其他役苛索之弊，不可毛舉。

明初，令天下貢土所有，有常額，珍奇玩好不與。卽須用，編之里甲，出銀以市。顧其目冗碎，奸黠者緣爲利孔。又大工營繕，祠官祝釐，資用繁溢。迨至中葉，倭寇交訌，仍歲河決，國用耗殫。於是里甲、均徭，浮於歲額矣。

凡役民，自里甲正辦外，如糧長、解戶、馬船頭、館夫、祗候、弓兵、皂隸、門禁、廚斗爲常役。後又有斫薪、擡柴、修河、修倉、運料、接遞、站鋪、牐淺夫之類，因事編僉，歲有增益。嘉、隆後，行一條鞭法，通計一省丁糧，均派一省徭役。於是均徭、里甲與兩稅爲一，小民得無擾，而事亦易集。然糧長、里長，名罷實存，諸役卒至，復僉農氓。條鞭法行十餘年，規制頓紊，不能盡遵也。天啓時，御史李應昇疏陳十害，其三條切言馬夫、河役、糧甲、修辦、白役擾民之弊。崇禎三年，河南巡撫范景文言：「民所患苦，莫如差役。錢糧有收戶、解戶，驛遞有馬戶，供應有行戶，皆僉有力之家充之，名曰大戶。究之，所僉非富民，中人之產輒爲之傾。自變爲條鞭法，以境內之役均於境內之糧，宜少甦矣，乃民間仍歲奔走，罄貲津貼，是條鞭行而大戶未嘗革也。」時給事中劉懋復奏裁驛夫，征調往來，仍責編戶。驛夫無所得食，至相率從流賊爲亂云。

凡軍、匠、竈戶，役皆永充。軍戶死若逃者，於原籍勾補。匠戶二等：曰住坐，曰輪班。住坐之匠，月上工十日。不赴班者，輸罰班銀月六錢，故謂之輸班。〔一七〕監局中官，多占匠役，又括充幼匠，動以千計，死若逃者，勾補如軍。竈戶有上、中、下三等。每一正丁，貼以餘丁。上、中戶丁力多，或貼二三丁，下戶概予優免。他如陵戶、園戶、海戶、廟戶、廚夫、庫役，瑣末不可勝計。

明初，工役之繁，自營建兩京宗廟、宮殿、闕門、王邸。採木、陶甓，工匠造作，以萬萬計。所在築城、濬陂，百役具舉。迄於洪、宣，郊壇、倉庾猶未迄工。正統、天順之際，三殿、兩宮、南內、離宮，次第興建。弘治時，大學士劉吉言：「近年工役，俱摘發京營軍士，內外軍官禁不得估工用大小多寡。〔一八〕本用五千人，奏請至一二萬，無所稽覈。」禮部尚書倪岳言：「諸役費動以數十萬計，水旱相仍，乞少停止。」南京禮部尚書童軒復陳工役之苦。吏部尚書林瀚亦言：「兩畿頻年凶災，困於百役，窮愁怨嘆。山、陝供億軍興，雲南、廣東西征發剿叛。山東、河南、湖廣、四川、江西興造王邸，財力不贍。浙江、福建辦物料，視舊日增多。庫藏空匱，不可不慮。」帝皆納其言，然不能盡從也。武宗時，乾清宮役尤大。以太素殿初制樸儉，改作雕峻，用銀至二千萬餘兩，役工匠三千餘人，歲支工食米萬三千餘石。又修凝翠、昭和、崇智、光霽諸殿，御馬監、鐘鼓司、南城豹房新房、火藥庫皆鼎新之。權倖閹宦莊園祠墓香火寺觀，工部復竊官銀以媚焉。給事中張原言：「工匠養父母妻子，尺籍之兵禦外侮，京營之軍衞王室，今奈何令民無所賴，兵不麗伍，利歸私門，怨叢公室乎？」疏入，謫貴州新添驛丞。世宗營建最繁，十五年以前，名爲汰省，而經費已六七百萬。其後增十數倍，齋宮、秘殿並時而興。工場二三十處，役匠數萬人，軍稱之，歲費二三百萬。其時宗廟、萬壽宮災，帝不之省，營繕益急。經費不敷，乃令臣民獻助；獻助不已，復行開納。勞民耗財，視武宗過之。萬曆以後，營建織造，溢經制數倍，加以征調、開採，民不得少休。迨閹人亂政，建第營墳，〔一九〕僭越亡等，功德私祠遍天下。蓋二百餘年，民力殫殘久矣。其以職役優免者，少者一二丁，多者至十六丁。萬曆時，免田有至二三千者。

至若賦稅蠲免，有恩蠲，有災蠲。太祖之訓，凡四方水旱輒免稅，豐歲無災傷，亦擇地瘠民貧者優免之。凡歲災，盡蠲二稅，且貸以米，甚者賜米布若鈔。又設預備倉，令老人運鈔易米以儲粟。荊、蘄水災，命戶部主事趙乾往振，遷延半載，怒而誅之。靑州旱蝗，有司不以聞，逮治其官吏。旱傷州縣，有司不奏，許耆民申訴，處以極刑。孝感饑，其令請以預備倉振貸，帝命行人馳驛往，且諭戶部：「自今凡歲饑，先發倉庾以貸，然後聞，著爲令。」在位三十餘年，賜予布鈔數百萬，米百餘萬，所蠲租稅無數。成祖聞河南饑，有司匿不以聞，逮治之。因命都御史陳瑛榜諭天下，有司水旱災傷不以聞者，罪不宥。又敕朝廷歲遣巡視官，目擊民艱不言者，悉逮下獄。仁宗監國時，有以發振請者，遣人馳諭之，言：「軍民困乏，待哺嗷嗷，尙從容啓請待報，不能效漢汲黯耶？」宣宗時，戶部請覈饑民。帝曰：「民饑無食，濟之當如拯溺救焚，奚待勘。」蓋二祖、仁、宣時，仁政亟行。預備倉之外，又時時截起運，賜內帑。被災處無儲粟者，發旁縣米振之。蝗蝻始生，必遣人捕瘞。鬻子女者，官爲收贖。且令富人蠲佃戶租。大戶貸貧民粟，免其雜役爲息，豐年償之。皇莊、湖泊皆弛禁，聽民採取。饑民還籍，給以口糧。京、通倉米，平價出糶。兼預給俸糧以殺米價，建官舍以處流民，給糧以收棄嬰。養濟院窮民各注籍，無籍者收養蠟燭、旛竿二寺。其卹民如此。世宗、神宗於民事略矣，而災荒疏至，必賜蠲振，不敢違祖制也。

振米之法，明初，大口六斗，小口三斗，五歲以下不與。永樂以後，減其數。納米振濟贖罪者，景帝時，雜犯死罪六十石，流徒減三之一，餘遞減有差。捐納事例，自憲宗始。生員納米百石以上，入國子監；軍民納二百五十石，爲正九品散官，加五十石，增二級，至正七品止。〔二〇〕武宗時，富民納粟振濟，千石以上者表其門，九百石至二三百石者，授散官，得至從六品。世宗令義民出穀二十石者，給冠帶，多者授官正七品，至五百石者，有司爲立坊。

振粥之法，自世宗始。

報災之法，洪武時不拘時限。弘治中，始限夏災不得過五月終，秋災不得過九月終。萬曆時，又分近地五月、七月，邊地七月、九月。〔二一〕洪武時，勘災既實，盡與蠲免。弘治中，始定全災免七分，自九分災以下遞減。又止免存留，不及起運，後遂爲永制云。

校勘記

〔一〕此農桑絲絹所由起也　明史稿志六〇食貨志此句上有「遂定桑麻科征」六字。

〔二〕錢千文鈔一貫皆折輸米一石　一貫，原作「十貫」，據太祖實錄卷一〇五洪武九年四月己丑條改。本書卷八一食貨志述洪武初鈔法稱「每鈔一貫，準錢千文」。

〔三〕天下逋租咸許任土所產折收布絹棉花及金銀等物　布，原作「米」，此言折布代米，據明史稿志六〇食貨志改。

〔四〕行在各衞官俸支米南京　原脫「衞」字，據明史稿志六〇食貨志、英宗實錄卷二一正統元年八月庚辰條補。本書卷七二職官志戶部下，十三司兼領兩京貢賦及衞所祿俸，此處當指各衞所祿俸。

〔五〕諸方賦入折銀　明史稿卷六〇食貨志作「諸方賦入折銀者幾半」。

〔六〕凡官田畝稅五升三合五勺　原脫「五勺」，據明史稿志六〇食貨志、明會典卷一七補。下文「重租田八升五合五勺」，亦計勺數。

〔七〕大抵蘇最重松嘉湖次之常杭又次之　原脫「松」字「常」字，據明史稿志六〇食貨志補。按稽璜續文獻通考卷二作「大抵蘇、松最重」。

〔八〕忱又令松江官田依民田起科　又，明史稿志六〇食貨志作「請」。「請」字似與下文宣宗「不能從」相應。

〔九〕秋糧四斗一升至二石以上者減作三斗　原脫「秋」字，據英宗實錄卷一九正統元年閏六月丁卯條、明會典卷一七補。

〔一〇〕蓋宣德末蘇州逋糧至七百九十萬石　宣德末，本書卷一五三周忱傳作宣德五年九月。按宣德共十年，五年當爲宣德中。

〔一一〕英宗復辟之初令鎭守浙江尚書孫原貞等定杭嘉湖則例　按英宗實錄卷二七〇，定杭、嘉、湖則例事在景泰七年九月甲戌，而英宗復辟在景泰八年正月壬午，是「定杭、嘉、湖則例」爲景帝時事。

〔一二〕官民田四斗以下者　原脫「官」字，據明史稿志六〇食貨志、英宗實錄卷二七〇景泰七年九月甲戌條補。

〔一三〕於是應天巡撫歐陽鐸檢荒田四千餘頃　四，原作「二」，據本書卷二〇三歐陽鐸傳、世宗實錄卷二二五嘉靖十八年六月己未條改。

〔一四〕江南至四十萬　明史稿志六〇食貨志作「四十三萬」，世宗實錄卷五二五嘉靖四十二年九月己丑條周如斗疏，作「加派兵餉銀四十三萬五千九百餘兩」。

〔一五〕所不加者畿內八府及貴州而已　本書卷二二〇李汝華傳：「汝華議，天下田賦，自貴州外，畝增銀三釐五毫。」不言「畿內八府」除外。按萬曆四十六年至四十八年加派田賦凡三次。第一次在四十六年，加派的直省地名中有「畿內八府」，即順天、永平、保定、河間、眞定、順德、廣平、大名，見神宗實錄卷五七四萬曆四十六年九月辛亥條。最後一次在四十八年，「命各省直田地每畝再加派二釐」，不言「畿內八府」除外，見神宗實錄卷五九二萬曆四十八年三月庚寅條。

〔一六〕御史衛周胤　胤，原作「嗣」，據明史稿志六〇食貨志改。

〔一七〕匠戶二等曰住坐曰輪班住坐之匠月上工十日不赴班者輸罰班銀月六錢故謂之輸班　輪班，原作「輸班」，據本書卷七二職官志工部、諸司職掌工部營部、明會典卷一八九改。住坐之匠「不赴班者輸罰班銀月六錢」，疑誤。按明會典卷一八八，住坐工役，「如果貧病不堪，照例每月出辦工價銀一錢，委官僱人上工。」是病者可出一錢僱工，與不赴班罰六錢不同。明會典卷一八九，成化二十一年奏准，「輪班工匠有願出銀價者，每名每月，南匠出銀九錢，免赴京」，「北匠出銀六錢」，是輪班可出錢代役。疑「不赴班」句當作「輪班班匠不赴班者輸班銀月六錢」，志文有訛脫。

〔一八〕內外軍官禁不得估工用大小多寡　此句文字疑有奪落。孝宗實錄卷二九弘治二年八月戊子條載劉吉疏文云：「其內外管軍官員又不許計算工役大小財力多寡。」

〔一九〕建第營墳　第，原作「地」，據明史稿志六〇食貨志改。

〔二〇〕軍民納二百五十石爲正九品散官加五十石增二級至正七品止　稽璜續文獻通考卷四三，憲宗成化六年詔：「納米二百石，授正九品散官；二百五十石，正八品；三百石，正七品。」納米石數和得官品級，與此稍異。

〔三二〕弘治中始限夏災不得過五月終秋災不得過九月終萬曆時又分近地五月七月邊地七月九月
按明會典卷一七，「五月終」作「六月終」，「邊地七月九月」作「沿邊」「秋災改限十月內」，稍有不同。

明史卷七十九

志第五十五

食貨三

漕運　倉庫

歷代以來，漕粟所都，給官府廩食，各視道里遠近以爲準。太祖都金陵，四方貢賦，由江以達京師，道近而易。自成祖遷燕，道里遼遠，法凡三變。初支運，次兌運、支運相參，至支運悉變爲長運而制定。

洪武元年北伐，命浙江、江西及蘇州等九府，運糧三百萬石於汴梁。已而大將軍徐達令忻、崞、代、堅、臺五州運糧大同。中書省符下山東行省，募水工發萊州洋海倉餉永平衞。其後海運餉北平、遼東爲定制。其西北邊則浚開封漕河餉陝西，自陝西轉餉寧夏、河州。其西南令川、貴納米中鹽，以省遠運。於時各路皆就近輸，得利便矣。

永樂元年納戶部尙書郁新言，始用淮船受三百石以上者，道淮及沙河抵陳州潁岐口跌坡，別以巨舟入黃河抵八柳樹，車運赴衞河輸北平，與海運相參。時駕數臨幸，百費仰給，不止餉邊也。淮、海運道凡二，而臨淸倉儲河南、山東粟，亦以輸北平，合而計之爲三運。惟海運用官軍，其餘則皆民運云。

自濬會通河，帝命都督賈義、尙書宋禮以舟師運。禮以海船大者千石，工窳輒敗，乃造淺船五百艘，運淮、揚、徐、兗糧百萬，以當海運之數。平江伯陳瑄繼之，頗增至三千餘艘。時淮、徐、臨淸、德州各有倉。江西、湖廣、浙江民運糧至淮安倉，分遣官軍就近輓運。自淮至徐以浙、直軍，自徐至德以京衞軍，自德至通以山東、河南軍。以次遞運，歲凡四次，可三百萬餘石，名曰支運。支運之法，支者，不必出當年之民納；納者，不必供當年之軍支。通數年以爲裒益，期不失常額而止。由是海陸二運皆罷，惟存遮洋船，每歲於河南、山東、小灘等水次，兌糧三十萬石，十二輸天津，十八由直沽入海輸薊州而已。不數年，官軍多所調遣，遂復民運，道遠數愆期。

宣德四年，瑄及尙書黃福建議復支運法，乃令江西、湖廣、浙江民運百五十萬石於淮安倉，蘇、松、寧、池、廬、安、廣德民運糧二百七十四萬石於徐州倉，應天、常、鎭、淮、揚、鳳、太、滁、和、徐民運糧二百二十萬石於臨淸倉，令官軍接運入京、通二倉。民糧旣就近入倉，力大減省，乃量地近遠，糧多寡，抽民船十一或十三、五之一以給官軍。惟山東、河南、北直隸則徑赴京倉，不用支運。尋令南陽、懷慶、汝寧糧運臨清倉，開封、彰德、衞輝糧運德州倉，其後山東、河南皆運德州倉。

六年，瑄言：「江南民運糧諸倉，往返幾一年，誤農業。令民運至淮安、瓜洲，兌與衞所。官軍運載至北，給與路費耗米，則軍民兩便。」是爲兌運。命羣臣會議。吏部蹇義等上官軍兌運民糧加耗則例，以地遠近爲差。每石，湖廣八斗，江西、浙江七斗，南直隸六斗，北直隸五斗。民有運至淮安兌與軍運者，止加四斗，如有兌運不盡，仍令民自運赴諸倉，不願兌者，亦聽其自運。軍旣加耗，又給輕齎銀爲洪閘盤撥之費，且得附載他物，皆樂從事，而民亦多以遠運爲艱。於是兌運者多，而支運者少矣。軍與民兌米，往往恃強勒索。帝知其弊，敕戶部委正官監臨，不許私兌。已而頗減加耗米，遠者不過六斗，近者至二斗五升。以三分爲率，二分與米，一分以他物準。正糧斛面銳，耗糧俱平概。運糧四百萬石，京倉貯十四，通倉貯十六。臨、徐、淮三倉各遣御史監收。

正統初，運糧之數四百五十萬石，而兌運者二百八十萬餘石，淮、徐、臨、德四倉支運者十之三四耳。土木之變，復盡留山東、直隸軍操備。蘇、松諸府運糧仍屬民。景泰六年，瓦剌入貢，乃復軍運。天順末，兌運法行久，倉人覬耗餘，入庾率兌斛面，且求多索，軍困甚。

憲宗卽位，漕運參將袁佑上言便宜。帝曰：「律令明言，收糧令納戶平準，石加耗不過五升。今運軍顧明加，則倉吏侵害過多可知。今後令軍自概，每石加耗五升，毋溢，勒索者治罪。」後從督倉中官言，加耗至八升。久之，復溢收如故，屢禁不能止也。

初，運糧京師，未有定額。成化八年始定四百萬石，自後以爲常。北糧七十五萬五千六百石，南糧三百二十四萬四千四百石，其內兌運者三百三十萬石，由支運改兌者七十萬石。兌運之中，湖廣、山東、河南折色十七萬七千七百石。通計兌運、改兌加以耗米入京、通兩倉者，凡五百十八萬九千七百石。而南直隸正糧獨百八十萬，蘇州一府七十萬，加耗在外。浙賦視蘇減數萬。江西、湖廣又殺焉。天津、薊州、密雲、昌平，共給米六十四萬餘石，悉支兌運米。而臨、德二倉，貯預備米十九萬餘石，取山東、河南改兌米充之。遇災傷，則撥二倉米以補運，務足四百萬之額，不令缺也。

至成化七年，乃有改兌之議。時應天巡撫滕昭令運軍赴江南水次交兌，加耗外，復石增米一斗爲渡江費。後數年，帝乃命淮、徐、臨、德四倉支運七十萬石之米，悉改水次交兌。由是悉變爲改兌，而官軍長運遂爲定制。然是時，司倉者多苛取，甚至有額外罰，運軍展轉稱貸不支。弘治元年，都御史馬文升疏論運軍之苦，言：「各直省運船，皆工部給價，令有司監造。近者，漕運總兵以價不時給，請領價自造。而部臣慮軍士不加愛護，議令本部出料四分，軍衞任三分，舊船抵三分。軍衞無從措辦，皆軍士賣資產、鬻男女以供之，此造船之苦也。正軍逃亡數多，而額數不減，俱以餘丁充之，一戶有三、四人應役者。春兌秋歸，艱辛萬狀。船至張家灣，又僱車盤撥，多稱貸以濟用，此往來之苦也。其所稱貸，運官因以侵漁，責償倍息。而軍士或自載土產以易薪米，又格於禁例，多被掠奪。今宜加造船費每艘銀二十兩，而禁約運官及有司科害搜檢之弊，庶軍困少甦。」詔從其議。五年，戶部尚書葉淇言：「蘇、松諸府，連歲荒歉，民買漕米，每石銀二兩。而北直隸、山東、河南歲供宣、大二邊糧料，每石亦銀一兩。去歲，蘇州兌運已折五十萬石，每石銀一兩。今請推行於諸府，而稍差其直。災重者，石七錢，稍輕者，石仍一兩。俱解部轉發各邊，抵北直隸三處歲供之數，而收三處本色以輸京倉，則費省而事易集。」從之。自後歲災，輒權宜折銀，以水次倉支運之糧充其數，而折價以六七錢爲率，無復至一兩者。

先是，成化間行長運之法。江南州縣運糧至南京，令官軍就水次兌支，計省加耗輸輓之費，得餘米十萬石有奇，貯預備倉以資緩急之用。至是，巡撫都御史以兌支有弊，請令如舊上倉而後放支。戶部言：「兌支法善，不可易。」詔從部議，以所餘就貯各衞倉，作正支銷。又從戶部言，山東改兌糧九萬石，仍聽民自運臨、德二倉，令官軍支運。正德二年，漕運官請疏通水次倉儲，言：「往時民運至淮、徐、臨、德四倉，以待衞軍支運，後改附近州縣水次交兌。已而幷支運七十萬石亦令改兌。但七十萬石之外，猶有交兌不盡者，民仍運赴四倉，久無支銷，以致陳腐。請將浙江、江西、湖廣正兌糧米三十五萬石，折銀解京，而令三省衞軍赴臨、德等倉，支運如所折之數。則諸倉米不腐，三省漕卒便於支運。歲漕額外，又得三十五萬折銀，一舉而數善具矣。」帝命部臣議，如其請。六年，戶部侍郎邵寶以漕運遲滯，請復支運法。戶部議，支運法廢久，不可卒復，事遂寢。

臨、德二倉之貯米也，凡十九萬，計十年得百九十萬。自世宗初，災傷撥補日多，而山東、河南以歲歉，數請輕減，且二倉囤積多朽腐。於是改折之議屢興，而倉儲漸耗矣。嘉靖元年，漕運總兵楊宏，請以輕齎銀聽運官道支，爲顧僦舟車之費，不必裝鞘印封，計算羨餘，以苦漕卒。給事、御史交駁之。戶部言：「科道官之論，主於防奸，是也。但輕齎本資轉般費，今慮官軍侵耗，盡取其贏餘以歸太倉，則以脚價爲正糧，非立法初意也。」乃議運船至通州，巡倉御史覈驗，酌量支用實數，著爲定規。有羨餘，不輸太倉，即用以修船，官旗漁蠹者重罪。輕齎銀者，憲宗以諸倉改兌，給路費，始各有耗米；兌運米，俱一平一銳，故有銳米；自隨船給運四斗外，餘折銀，謂之輕齎。凡四十四萬五千餘兩。後頗入太倉矣。

隆慶中，運道艱阻，議者欲開膠萊河，復海運。由淮安淸江浦口，歷新壩、馬家壕至海倉口，徑抵直沽，止循海套，不泛大洋。疏上，遣官勘報，以水多沙磧而止。

神宗時，漕運總督舒應龍言：「國家兩都並建，淮、徐、臨、德，實南北咽喉。自兌運久行，臨、德尚有歲積，而淮、徐二倉無粒米。請自今山東、河南全熟時，盡徵本色上倉。計臨、德已足五十餘萬，則令納於二倉，亦積五十萬石而止。」從之。當是時，折銀漸多。萬曆三十年，漕運抵京，僅百三十八萬餘石。而撫臣議截留漕米以濟河工，倉場侍郎趙世卿爭之，言：「太倉入不當出，計二年後，六軍萬姓將待新漕舉炊，倘輸納愆期，不復有京師矣。」蓋災傷折銀，本折漕糧以抵京軍月俸。其時混支以給邊餉，遂致銀米兩空，故世卿爭之。自後倉儲漸匱，漕政亦益弛。迨於啓、禎，天下蕭然煩費，歲供愈不足支矣。

運船之數，永樂至景泰，大小無定，爲數至多。天順以後，定船萬一千七百七十，官軍十二萬人。許令附載土宜，免徵稅鈔。孝宗時限十石，神宗時至六十石。

憲宗立運船至京期限，北直隸、河南、山東五月初一日，南直隸七月初一日，其過江支兌者，展一月，浙江、江西、湖廣九月初一日。通計三年考成，違限者，運官降罰。武宗列水程圖格，按日次塡行止站地，違限之米，頓德州諸倉，曰寄囤。世宗定過淮程限，江北十二月，江南正月，湖廣、浙江、江西三月，神宗時改爲二月。又改至京限五月者，縮一月，七八九月者，遞縮兩月。後又通縮一月。神宗初，定十月開倉，十一月兌竣，大縣限船到十日，小縣五日。十二月開幫，二月過淮，三月過洪入閘。皆先期以樣米呈戶部，運糧到日，比驗相同乃收。

凡災傷奏請改折者，毋過七月。題議後期及臨時改題者，立案免覆。漂流者，抵換食米。大江漂流爲大患，河道爲小患；二百石外爲大患，二百石內爲小患。小患把總勘報，大患具奏，其後不計多寡，概行奏勘矣。

初，船用楠杉，下者乃用松。三年小修，六年大修，十年更造。每船受正耗米四百七十二石。其後船數缺少，一船受米七八百石。附載夾帶日多，所在稽留違限。一遇河決，卽有漂流，官軍因之爲奸。水次折乾，沿途侵盜，妄稱水火，至有鑿船自沉者。

明初，命武臣督海運，嘗建漕運使，尋罷。成祖以後用御史，又用侍郎、都御史催督，郎中、員外分理，主事督兌，其制不一。景泰二年始設漕運總督於淮安，與總兵、參將同理漕事。漕司領十二總，十二萬軍，與京操十二營軍相準。初，宣宗令運糧總兵官、巡撫、侍郎歲八月赴京，會議明年漕運事宜，及設漕運總督，則并令總督赴京。至萬曆十八年後始免。凡歲正月，總漕巡揚州，經理瓜、淮過閘。總兵駐徐、邳，督過洪入閘，同理漕參政管押赴京。攢運則有御史、郎中，押運則有參政，監兌、理刑、管洪、管廠、管閘、管泉、監倉則有主事，淸江、衞河有提舉。兌畢過淮過洪，巡撫、漕司、河道各以職掌奏報。有司米不備，軍衞船不備，過淮誤期者，責在巡撫。米具船備，不卽驗放，非河梗而壓幫停泊，過洪誤期因而漂凍者，責在漕司。船糧依限，河渠淤淺，疏濬無法，閘坐啓閉失時，不得過洪抵灣者，責在河道。

明初，於漕政每加優恤，仁、宣禁役漕舟，宥遲運者。英宗時始扣口糧均攤，而運軍不守法度爲民害。自後漕政日弛，軍以耗米易私物，道售稽程。比至，反買倉米補納，多不足數。而糧長率攙沙水於米中，河南、山東尤甚，往往蒸溼浥爛不可食。權要貸運軍銀以罔厚利，至請撥關稅給船料以取償。漕運把總率由賄得。倉場額外科取，歲至十四萬。世宗初政，諸弊多釐革，然漂流、違限二弊，日以滋甚。中葉以後，益不可究詰矣。

漕糧之外，蘇、松、常、嘉、湖五府，輸運內府白熟粳糯米十七萬四十餘石，內折色八千餘石，各府部糙粳米四萬四千餘石，內折色八千八百餘石，令民運，謂之白糧船。自長運法行，糧皆軍運，而白糧民運如故。穆宗時，陸樹德言：「軍運以充軍儲，民運以充官祿。人知軍運之苦，不知民運尤苦也。船戶之求索，運軍之欺陵，洪閘之守候，入京入倉，厥弊百出。嘉靖初，民運尙有保全之家，十年後無不破矣。以白糧令軍帶運甚便。」疏入，下部議。不從。

凡諸倉應輸者有定數，其或改撥他鎭者，水次應兌漕糧，卽令坐派鎭軍領兌者給價，州縣官督車戶運至遠倉，或給軍價就令關支者，通謂之改運。九邊之地，輸糧大率以車，宣德時，餉開平亦然，而蘭、甘、松潘，往往使民背負。永樂中，又嘗令廣東海運二十萬石給交阯云。

明初，京衞有軍儲倉。洪武三年增置至二十所，且建臨濠、臨清二倉以供轉運。各行省有倉，官吏俸取給焉。邊境有倉，收屯田所入以給軍。州縣則設預備倉，東南西北四所，以振凶荒。自鈔法行，頗有省革。二十四年儲糧十六萬石於臨清，以給訓練騎兵。二十八年置皇城四門倉，儲糧給守禦軍。增京師諸衞倉凡四十一。又設北平、密雲諸縣倉，儲糧以資北征。永樂中，置天津及通州左衞倉，且設北京三十七衞倉。益令天下府縣多設倉儲，預備倉之在四鄉者移置城內。迨會通河成，始設倉於徐州、淮安、德州，而臨清因洪武之舊，并天津倉凡五，謂之水次倉，以資轉運。旣，又移德州倉於臨清之永清壩，設武清衞倉於河西務，設通州衞倉於張家灣。宣德中，增造臨清倉，容三百萬石。增置北京及通州倉。京倉以御史、戶部官、錦衣千百戶季更巡察。外倉則布政、按察、都司關防之。各門，以致仕武官二，率老幼軍丁十人守之，半年一更。英宗初，命廷臣集議，天下司府州縣，有倉者以衞所倉屬之，無倉者以衞所改隸。惟遼東、甘肅、寧夏、萬全及沿海衞所，無府州縣者仍其舊。正統中，增置京衞倉凡七。自兌運法行，諸倉支運者少，而京、通倉不能容，乃毀臨清、德州、河西務倉三分之一，改爲京、通倉。景泰初，移武清衞諸倉於通州。成化初，廢臨、德預備倉在城外者，而以城內空廠儲預備米。名臨清者曰常盈，德州者曰常豐。凡京倉五十有六，通倉十有六。直省府州縣、藩府、邊隘、堡站、衞所屯戍皆有倉，少者一二，多者二三十云。

預備倉之設也，太祖選耆民運鈔糴米，以備振濟，即令掌之。天下州縣多所儲蓄，後漸廢弛。于謙撫河南、山西，修其政。周忱撫南畿，別立濟農倉。他人不能也。正統時，重侵盜之罪，至僉妻充軍。且定納穀千五百石者，敕獎爲義民，免本戶雜役。凡振饑米一石，俟有年，納稻穀二石五斗還官。弘治三年限州縣十里以下積萬五千石，二十里積二萬石；衞千戶所萬五千石，百戶所三百石。考滿之日，稽其多寡以爲殿最。不及三分者奪俸，六分以上降調。十八年令贖罪贓罰，皆糴穀入倉。正德中，令囚納紙者，以其八折米入倉。軍官有犯者，納穀準立功。初，預備倉皆設倉官，至是革，令州縣官及管糧倉官領其事。嘉靖初，諭德顧鼎臣言：「成、弘時，每年以存留餘米入預備倉，緩急有備。今秋糧僅足兌運，預備無粒米。一遇災傷，輒奏留他糧及勸富民借穀，以應故事。乞急復預備倉糧以裕民。」帝乃令有司設法多積米穀，仍倣古常平法，春振貧民，秋成還官，不取其息。府積萬石，州四五千石，縣二三千石爲率。既，又定十里以下萬五千石，累而上之，八百里以下至十九萬石。其後積粟盡平糶，以濟貧民，儲積漸減。隆慶時，劇郡無過六千石，小邑止千石。久之數益減，科罰亦益輕。萬曆中，上州郡至三千石止，而小邑或僅百石。有司沿爲具文，屢下詔申飭，率以虛數欺罔而已。

弘治中，江西巡撫林俊嘗請建常平及社倉。嘉靖八年乃令各撫、按設社倉。令民二三十家爲一社，擇家殷實而有行義者一人爲社首，處事公平者一人爲社正，能書算者一人爲社副，每朔望會集，別戶上中下，出米四斗至一斗有差，斗加耗五合，上戶主其事。年饑，上戶不足者量貸，稔歲還倉。中下戶酌量振給，不還倉。有司造册送撫、按，歲一察覈。倉虛，罰社首出一歲之米。其法頗善，然其後無力行者。

兩京庫藏，先後建設，其制大略相同。內府凡十庫。內承運庫，貯緞匹、金銀、寶玉、齒角、羽毛，而金花銀最大，〔一〕歲進百萬兩有奇。廣積庫，貯硫黃、硝石。甲字庫，貯布匹、顏料。乙字庫，貯胖襖、戰鞋、軍士裘帽。丙字庫，貯棉花、絲纊。丁字庫，貯銅鐵、獸皮、蘇木。戊字庫，貯甲仗。贓罰庫，貯沒官物。廣惠庫，貯錢鈔。廣盈庫，貯紵絲、紗羅、綾錦、紬絹。六庫皆屬戶部。惟乙字庫屬兵部。戊字、廣積、廣盈庫屬工部。又有天財庫，亦名司鑰庫，貯各衙門管鑰，亦貯錢鈔。供用庫，貯秔稻、熟米及上供物。以上通謂之內庫。其在宮內者，又有內東裕庫、寶藏庫，謂之裏庫。凡裏庫不關於有司。其會歸門、〔二〕寶善門廼東及南城磁器諸庫，則謂之外庫。若內府諸監司局，神樂堂，犧牲所，太常、光祿寺，國子監，皆各以所掌，收貯應用諸物。太僕則馬價銀歸之。明初，嘗置行用庫於京城及諸府州縣，以收易昏爛之鈔。仁宗時罷。

英宗時，始設太倉庫。初，歲賦不徵金銀，惟坑冶稅有金銀，入內承運庫。其歲賦偶折金銀者，俱送南京供武臣祿。而各邊有緩急，亦取足其中。正統元年改折漕糧，歲以百萬爲額，盡解內承運庫，不復送南京。自給武臣祿十餘萬兩外，皆爲御用。所謂金花銀也。七年乃設戶部太倉庫，各直省派剩麥米，十庫中綿絲、絹布及馬草、鹽課、關稅，凡折銀者，皆入太倉庫。籍沒家財，變賣田產，追收店錢，援例上納者，亦皆入焉。專以貯銀，故又謂之銀庫。弘治時，內府供應繁多，每收太倉銀入內庫。又置南京銀庫。正德時，內承運庫中官，數言內府財用不充，請支太倉銀。戶部執奏不能沮。嘉靖初，內府供應視弘治時，其後乃倍之。初，太倉中庫積銀八百餘萬兩，續收者貯之兩廡，以便支發。而中庫不動，遂以中庫爲老庫，兩廡爲外庫。及是時，老庫所存者僅百二十萬兩。二十二年特令金花、子粒銀應解內庫者，並送太倉備邊用，然其後復入內庫。三十七年令歲進內庫銀百萬兩外，加預備欽取銀，後又取沒官銀四十萬兩入內庫。隆慶中，數取太倉銀入內庫，承運庫中官至以空劄下戶部取之。廷臣疏諫，皆不聽。又數取光祿太僕銀，工部尚書朱衡極諫，不聽。初，世宗時，太倉所入二百萬兩有奇。至神宗萬曆六年，太倉歲入凡四百五十餘萬兩，而內庫歲供金花銀外，又增買辦銀二十萬兩以爲常，後又加內操馬芻料銀七萬餘兩。久之，太倉、光祿、太僕銀，括取幾盡。邊賞首功，向發內庫者，亦取之太僕矣。

凡甲字諸庫，主事偕科道巡視。太倉庫，員外郎、主事領之，而以給事中巡視。嘉靖中，始兩月一報出納之數。時修工部舊庫，名曰節愼庫，以貯礦銀。尚書文明以給工價，帝詰責之，令以他銀補償，自是專以給內用焉。

其在外諸布政司、都司、直省府州縣衞所，皆有庫，以貯金銀、錢鈔、絲帛、贓罰諸物。巡按御史三歲一盤查。各運司皆有庫貯銀，歲終，巡鹽御史委官察之。凡府州縣稅課司局、河泊所，歲課、商稅、魚課、引由、契本諸課程，太祖令所司解州縣府司，以至於部，部劄之庫，其元封識，不擅發也。至永樂時，始委驗勘，中，方起解；至部復驗，同，乃進納。嘉靖時，建驗試廳，驗中，給進狀寄庫。月逢九，會巡視庫藏科道官，進庫驗收，不堪者駁易。正統十年設通濟庫於通州。世宗時罷。隆慶初，密雲、薊州、昌平諸鎭皆設庫，收貯主客年例、軍門公費及撫賞、修邊銀云。〔三〕

凡爲倉庫害者，莫如中官。內府諸庫監收者，橫索無厭。正德時，台州衞指揮陳良納軍器，稽留八載，至乞食於市。內府收糧，增耗嘗以數倍爲率，其患如此。諸倉初不設中官，宣德末，京、通二倉始置總督中官一人，後淮、徐、臨、德諸倉亦置監督，漕輓軍民被其害。世宗用孫交、張孚敬議，撤革諸中官，惟督諸倉者如故。久之，從給事中管懷理言，乃罷之。

初，天下府庫各有存積，邊餉不借支於內，京師不收括於外。成化時，巡鹽御史楊澄始請發各鹽運提舉司贓罰銀入京庫。弘治時，給事中曾昂請以諸布政司公帑積貯征徭羨銀，盡輸太倉。尚書周經力爭之，以爲用不足者，以織造、賞賚、齋醮、土木之故，必欲盡括天下財，非藏富於民意也。至劉瑾用事，遂令各省庫藏盡輸京師。世宗時，閩、廣進羨餘，戶部請責他省巡按，歲一奏獻如例。又以太倉庫匱，運南戶部庫銀八十萬兩實之。而戶部條上理財事宜，臨、德二倉積銀二十萬兩，錄以歸太倉。隆慶初，遣四御史分行天下，搜括庫銀。神宗時，御史蕭重望請覈府縣歲額銀進部，未報上。千戶何其賢乞敕內官與己督之，帝竟從其請，由是外儲日就耗。至天啓中，用操江巡撫范濟世策，下敕督歲進，收括靡有遺矣。南京內庫頗藏金銀珍寶，魏忠賢矯旨取進，盜竊一空。內外匱竭，遂至於亡。

校勘記

〔一〕內承運庫貯緞匹金銀寶玉齒角羽毛而金花銀最大　內承運庫，原作「承運庫」。按收貯金銀寶玉及金花銀的是內承運庫。據明史稿志六一食貨志、明會典卷三〇補。

〔二〕其會歸門　會歸門，明史稿志六一食貨志作「會極門」。

〔三〕收貯主客年例軍門公費及撫賞修邊銀云　撫賞修邊，明史稿志六一食貨志作「撫寇修邊」。

明史卷八十

志第五十六

食貨四

鹽法　茶法

煮海之利，歷代皆官領之。太祖初起，即立鹽法，置局設官，令商人販鬻，二十取一，以資軍餉。既而倍征之，用胡深言，復初制。丙午歲，始置兩淮鹽官。吳元年置兩浙。洪武初，諸產鹽地次第設官。都轉運鹽使司六：〔一〕曰兩淮，曰兩浙，曰長蘆，曰山東，曰福建，曰河東。鹽課提舉司七：曰廣東，曰海北，曰四川，曰雲南；雲南提舉司凡四，曰黑鹽井，白鹽井，安寧鹽井，五井。又陝西靈州鹽課司一。

兩淮所轄分司三，曰泰州，曰淮安，曰通州；批驗所二，曰儀眞，曰淮安；鹽場三十，各鹽課司一。洪武時，歲辦大引鹽三十五萬二千餘引。弘治時，改辦小引鹽，倍之。萬曆時同。

鹽行直隸之應天、寧國、太平、揚州、鳳陽、廬州、安慶、池州、淮安九府，滁、和二州，江西、湖廣二布政司，河南之河南、汝寧、南陽三府及陳州。正統中，貴州亦食淮鹽。成化十八年，湖廣衡州、永州改行海北鹽。正德二年，江西贛州、南安、吉安改行廣東鹽。所輸邊，甘肅、延綏、寧夏、宣府、大同、遼東、固原、山西神池諸堡。上供光祿寺、神宮監、內官監。歲入太倉餘鹽銀六十萬兩。

兩浙所轄分司四，曰嘉興，曰松江，曰寧紹，曰溫台；批驗所四，曰杭州，曰紹興，曰嘉興，曰溫州；鹽場三十五，各鹽課司一。洪武時，歲辦大引鹽二十二萬四百餘引。弘治時，改辦小引鹽，倍之。萬曆時同。鹽行浙江，直隸之松江、蘇州、常州、鎮江、徽州五府及廣德州，江西之廣信府。所輸邊，甘肅、延綏、寧夏、固原、山西神池諸堡。歲入太倉餘鹽銀十四萬兩。

明初，置北平河間鹽運司，後改稱河間長蘆。所轄分司二，曰滄州，曰青州；批驗所二，曰長蘆，曰小直沽；鹽場二十四，各鹽課司一。洪武時，歲辦大引鹽六萬三千一百餘引。弘治時，改辦小引鹽十八萬八百餘引。萬曆時同。鹽行北直隸，河南之彰德、衞輝二府。所輸邊，宣府、大同、薊州。上供郊廟百神祭祀、內府羞膳及給百官有司。歲入太倉餘鹽銀十二萬兩。

山東所轄分司二，曰膠萊，曰濱樂；批驗所一，曰濼口；鹽場十九，各鹽課司一。洪武時，歲辦大引鹽十四萬三千三百餘引。弘治時，改辦小引鹽，倍之。萬曆時，九萬六千一百餘引。鹽行山東，直隸徐、邳、宿三州，河南開封府，後開封改食河東鹽。所輸邊，遼東及山西神池諸堡。歲入太倉餘鹽銀五萬兩。

福建所轄鹽場七，各鹽課司一。洪武時，歲辦大引鹽十萬四千五百餘引。弘治時，增七百餘引。萬曆時，減千引。其引曰依山，曰附海。依山納折色。附海行本色，神宗時亦改折色。鹽行境內。歲入太倉銀二萬二千餘兩。

河東所轄解鹽，初設東場分司於安邑，成祖時，增設西場於解州，〔二〕尋復幷於東。正統六年復置西場分司。弘治二年增置中場分司。洪武時，歲辦小引鹽三十萬四千引。弘治時，增八萬引。萬曆中，又增二十萬引。〔三〕鹽行陝西之西安、漢中、延安、鳳翔四府，河南之歸德、懷慶、河南、汝寧、南陽五府及汝州，山西之平陽、潞安二府，澤、沁、遼三州。地有兩見者，鹽得兼行。隆慶中，延安改食靈州池鹽。崇禎中，鳳翔、漢中二府亦改食靈州鹽。歲入太倉銀四千餘兩，給宣府鎮及大同代府祿糧，抵補山西民糧銀，共十九萬兩有奇。

陝西靈州有大小鹽池，又有漳縣鹽井、西和鹽井。洪武時，歲辦鹽，西和十三萬一千五百斤有奇，漳縣五十一萬五千六百斤有奇，靈州二百八十六萬七千四百斤有奇。弘治時同。萬曆時，三處共辦千二百五十三萬七千六百餘斤。鹽行陝西之鞏昌、臨洮二府及河州。歲解寧夏、延綏、固原餉銀三萬六千餘兩。

廣東所轄鹽場十四，海北所轄鹽場十五，各鹽課司一。洪武時，歲辦大引鹽，廣東四萬六千八百餘引，海北二萬七千餘引。弘治時，廣東如舊，海北萬九千四百餘引。萬曆時，廣東小引生鹽三萬二百餘引，小引熟鹽三萬四千六百餘引；海北小引正耗鹽一萬二千四百餘引。鹽有生有熟，熟貴生賤。廣東鹽行廣州、肇慶、惠州、韶州、南雄、潮州六府。海北鹽行廣東之雷州、高州、廉州、瓊州四府，湖廣之桂陽、郴二州，廣西之桂林、柳州、梧州、潯州、慶遠、南寧、平樂、太平、思明、鎮安十府，田、龍、泗城、奉議、利五州。歲入太倉鹽課銀萬一千餘兩。

四川鹽井轄鹽課司十七。洪武時，歲辦鹽一千一十二萬七千餘斤。弘治時，辦二千一十七萬六千餘斤。〔四〕萬曆中，九百八十六萬一千餘斤。鹽行四川之成都、敍州、順慶、保寧、夔州五府，潼川、嘉定、廣安、雅、廣元五州縣。歲解陝西鎮鹽課銀七萬一千餘兩。

雲南黑鹽井轄鹽課司三，白鹽井、安寧鹽井各轄鹽課司一，五井轄鹽課司七。洪武時，歲辦大引鹽萬七千八百餘引。弘治時，各井多寡不一。萬曆時與洪武同。鹽行境內。歲入太倉鹽課銀三萬五千餘兩。

成祖時，嘗設交阯提舉司，其後交阯失，乃罷。遼東鹽場不設官，軍餘煎辦，召商易粟以給軍。凡大引四百斤，小引二百斤。

鹽所產不同。解州之鹽，風水所結。寧夏之鹽，刮地得之。淮、浙之鹽，熬波。川、滇之鹽，汲井。閩、粵之鹽，積鹵。淮南之鹽，煎。淮北之鹽，曬。山東之鹽，有煎有曬。此其大較也。

有明鹽法，莫善於開中。洪武三年，山西行省言：「大同糧儲，自陵縣運至太和嶺，〔五〕路遠費煩。請令商人於大同倉入米一石，太原倉入米一石三斗，給淮鹽一小引。商人鬻畢，卽以原給引目赴所在官司繳之。如此則轉運費省而邊儲充。」帝從之。召商輸糧而與之鹽，謂之開中。其後各行省邊境，多召商中鹽以爲軍儲。鹽法邊計，相輔而行。

四年定中鹽例，輸米臨濠、開封、陳橋、襄陽、安陸、荊州、歸州、大同、太原、孟津、北平、河南府、陳州、北通州諸倉，計道里近遠，自五石至一石有差。先後增減，則例不一，率視時緩急，米直高下，中納者利否。道遠地險，則減而輕之。編置勘合及底簿，發各布政司及都司、衞所。商納糧畢，書所納糧及應支鹽數，齎赴各轉運提舉司照數支鹽。轉運諸司亦有底簿比照，勘合相符，則如數給與。鬻鹽有定所，刊諸銅版，犯私鹽者罪至死，僞造引者如之，鹽與引離，卽以私鹽論。

成祖卽位，以北京諸衞糧乏，悉停天下中鹽，專於京衞開中。惟雲南金齒衞、楚雄府，四川鹽井衞，陝西甘州衞，開中如故。不數年，京衞糧米充羨，而大軍征安南多費，甘肅軍糧不敷，百姓疲轉運。迨安南新附，餉益難繼，於是諸所復召商中鹽，他邊地復以次及矣。

仁宗立，以鈔法不通，議所以斂之之道。戶部尙書夏原吉請令有鈔之家中鹽，遂定各鹽司中鹽則例，滄州引三百貫，河東、山東半之，〔六〕福建、廣東百貫。宣德元年停中鈔例。三年，原吉以北京官吏、軍、匠糧餉不支，條上預備策，言：「中鹽舊則太重，商賈少至，請更定之。」乃定每引自二斗五升至一斗五升有差，召商納米北京。戶部尙書郭敦言：「中鹽則例已減，而商來者少，請以十分爲率，六分支與納米京倉者，四分支與遼東、永平、山海、甘肅、大同、宣府、萬全已納米者。他處中納悉停之。」又言：「洪武中，中鹽客商年久物故，代支者多虛冒，請按引給鈔十錠。」帝皆從之，而命倍給其鈔。甘肅、寧夏、大同、宣府、獨石、永平道險遠，趨中者少，許寓居官員及軍餘有糧之家納米豆中鹽。

正統三年，寧夏總兵官史昭以邊軍缺馬，而延慶、平涼官吏軍民多養馬，乃奏請納馬中鹽。上馬一匹與鹽百引，次馬八十引。既而定邊諸衞遞增二十引。其後河州中納者，上馬二十五引，中減五引；松潘中納者，上馬三十五引，中減五引。〔七〕久之，復如初制。中馬之始，驗馬乃掣鹽，既而納銀於官以市馬，銀入布政司，宗祿、屯糧、修邊、振濟展轉支銷，銀盡而馬不至，而邊儲亦自此告匱矣。於是召商中淮、浙、長蘆鹽以納之，令甘肅中鹽者，淮鹽十七，浙鹽十三。淮鹽惟納米麥，浙鹽兼收豌豆、青稞。因淮鹽直貴，商多趨之，故令淮、浙兼中也。

明初仍宋、元舊制，所以優恤竈戶者甚厚，給草場以供樵採，堪耕者許開墾，仍免其雜役，又給工本米，引一石。置倉於場，歲撥附近州縣倉儲及兌軍餘米以待給，兼支錢鈔，以米價爲準。尋定鈔數，淮、浙引二貫五百文，河間、廣東、海北、山東、福建、四川引二貫。竈戶雜犯死罪以上止予杖，計日煎鹽以贖。後設總催，多朘削竈戶。至正統時，竈戶貧困，逋逃者多，松江所負課六十餘萬。民訴於朝，命直隸巡撫周忱兼理鹽課。忱條上鑄鐵釜、恤鹵丁、選總催、嚴私販四事，且請於每年正課外，帶徵逋課。帝從其請。命分逋課爲六，以六載畢徵。

當是時，商人有自永樂中候支鹽，祖孫相代不得者。乃議倣洪武中例，而加鈔錠以償之，願守支者聽。又以商人守支年久，雖減輕開中，少有上納者，議他鹽司如舊制，而淮、浙、長蘆以十分爲率，八分給守支商，曰常股，二分收貯於官，曰存積，遇邊警，始召商中納。常股、存積之名由此始。凡中常股者價輕，中存積者價重，然人甚苦守支，爭趨存積，而常股壅矣。景帝時，邊圉多故，存積增至六分。中納邊糧，兼納穀草、秋青草，秋青草三當穀草二。

廣東之鹽，例不出境，商人率市守關吏，越市廣西。巡撫葉盛以爲任之則廢法，禁之則病商，請令入米餉邊，乃許出境，公私交利焉。成化初，歲洊災，京儲不足，召商於淮、徐、德州水次倉中鹽。

舊例中鹽，戶部出榜召商，無徑奏者。富人呂銘等託勢要奏中兩淮存積鹽，中旨允之。戶部尚書馬昂不能執正，鹽法之壞自此始。勢豪多攙中，商人既失利，江南、北軍民因造遮洋大船，列械販鹽。乃爲重法，私販、窩隱俱論死，家屬徙邊衞，夾帶越境者充軍。然不能遏止也。十九年頗減存積之數，常股七分，而存積三分。然商人樂有見鹽，報中存積者爭至，遂仍增至六分。淮、浙鹽猶不能給，乃配支長蘆、山東以給之。一人兼支數處，道遠不及親赴，邊商輒貿引於近地富人。自是有邊商、內商之分。內商之鹽不能速獲，邊商之引又不賤售，〔八〕報中寖怠，存積之滯遂與常股等。憲宗末年，閹宦竊勢，奏討淮、浙鹽無算，兩淮積欠至五百餘萬引，〔九〕商引壅滯。

至孝宗時，而買補餘鹽之議興矣。餘鹽者，竈戶正課外所餘之鹽也。洪武初制，商支鹽有定場，毋許越場買補；勤竈有餘鹽送場司，二百斤爲一引，給米一石。其鹽召商開中，不拘資次給與。成化後，令商收買，而勸借米麥以振貧竈。至是清理兩淮鹽法，侍郎李嗣請令商人買餘鹽補官引，而免其勸借，且停各邊開中，俟逋課完日，官爲賣鹽，三分價直，二充邊儲，而留其一以補商人未交鹽價。〔一〇〕由是以餘鹽補充正課，而鹽法一小變。

明初，各邊開中商人，招民墾種，築臺堡自相保聚，邊方菽粟無甚貴之時。成化間，始有折納銀者，然未嘗著爲令也。弘治五年，商人困守支，戶部尚書葉淇請召商納銀運司，類解太倉，分給各邊。每引輸銀三四錢有差，視國初中米直加倍，而商無守支之苦，一時太倉銀累至百餘萬。然赴邊開中之法廢，商屯撤業，菽粟翔貴，邊儲日虛矣。

武宗之初，以鹽法日壞，令大臣王瓊、張憲等分道清理，而慶雲侯周壽、〔一一〕壽寧侯張鶴齡各令家人奏買長蘆、兩淮鹽引。戶部尚書韓文執不可，中旨許之。織造太監崔杲又奏乞長蘆鹽一萬二千引，戶部以半予之。〔一二〕帝欲全予，大學士劉健等力爭，李東陽語尤切。帝不悅。健等復疏爭，乃從部議。權要開中既多，又許買餘鹽，一引有用至十餘年者。正德二年始申截舊引角之令，立限追繳，而每引增納紙價及振濟米麥。引價重而課壅如故矣。

先是成化初，都御史韓雍於肇慶、梧州、清遠、南雄立抽鹽廠，官鹽一引，抽銀五分，許帶餘鹽四引，引抽銀一錢。都御史秦紘許增帶餘鹽六引，抽銀六錢。及是增至九錢，而不復抽官引。引目積滯，私鹽通行，乃用戶部郎中丁致祥請，復紘舊法。而他處商人夾帶餘鹽，掣割納價，惟多至三百斤者始罪之。

淮、浙、長蘆引鹽，常股四分，以給各邊主兵及工役振濟之需；存積六分，非國家大事，邊境有警，未嘗妄開。開必邊臣奏討，經部覆允，未有商人擅請及專請淮鹽者。弘治間，存積鹽甚多。正德時，權倖遂奏開殘鹽，改存積、常股皆爲正課，且皆折銀。邊臣緩急無備，而勢要占中賣窩，價增數倍。商人引納銀八錢，無所獲利，多不願中，課日耗絀。姦黠者夾帶影射，弊端百出。鹽臣承中璫風旨，復列零鹽、所鹽諸目以假之。世宗登極詔，首命裁革。未幾，商人遂俊等夤緣近倖，以增價爲名，奏買殘餘等鹽。戶部尚書秦金執不允，帝特令中兩淮額鹽三十萬引於宣府。金言：「姦人占中淮鹽，賣窩罔利，使山東、長蘆等鹽別無搭配，積之無用。虧國用，誤邊儲，莫此爲甚。」御史高世魁亦爭之。詔減淮引十萬，分兩浙、長蘆鹽給之。金復言：「宣、大俱重鎮，不宜令姦商自擇便利，但中宣府。」帝可之。已而俊等請以十六人中宣府，十一人中大同，竟從其請。

嘉靖五年從給事中管律奏，乃復常股存積四六分之制。然是時，餘鹽盛行，正鹽守支日久，願中者少；餘鹽第領勘合，即時支賣，願中者多。自弘治時以餘鹽補正課，初以償逋課，後令商人納價輸部濟邊。至嘉靖時，延綏用兵，遼左缺餉，盡發兩淮餘鹽七萬九千餘引於二邊開中。自是餘鹽行。其始尚無定額，未幾，兩淮增引一百四十餘萬，每引增餘鹽二百六十五斤。引價，淮南納銀一兩九錢，淮北一兩五錢，又設處置、科罰名色，以苛斂商財。於是正鹽未派，先估餘鹽，商竈俱困。姦黠者藉口官買餘鹽，夾販私煎。法禁無所施，鹽法大壞。

十三年，給事中管懷理言：「鹽法之壞，其弊有六。開中不時，米價騰貴，召糴之難也。勢豪大家，專擅利權，報中之難也。官司科罰，吏胥侵索，輸納之難也。下場挨掣，動以數年，守支之難也。定價太昂，息不償本，取贏之難也。私鹽四出，官鹽不行，市易之難也。有此六難，正課壅矣，而司計者因設餘鹽以佐之。餘鹽利厚，商固樂從，然不以開邊而以解部，雖歲入距萬，無益軍需。嘗考祖宗時，商人中鹽納價甚輕，而竈戶煎鹽工本甚厚，今鹽價十倍於前，而工本不能十一，何以禁私鹽使不行也？故欲通鹽法，必先處餘鹽，欲處餘鹽，必多減正價。大抵正鹽賤，則私販自息。今宜定價，每引正鹽銀五錢，餘鹽二錢五分，不必解赴太倉，俱令開中關支，餘鹽以盡收爲度。正鹽價輕，既利於商；餘鹽收盡，又利於竈。未有商竈俱利，而國課不充者也。」事下所司，戶部覆，以爲餘鹽銀仍解部如故，而邊餉益虛矣。至二十年，帝以變亂鹽法由餘鹽，敕罷之。淮、浙、長蘆悉復舊法，夾帶者割沒入官，應變賣者以時估爲準。御史吳瓊又請各邊中鹽者皆輸本色。然令甫下，吏部尚書許讚卽請復開餘鹽以足邊用。戶部覆從之，餘鹽復行矣。

先是，十六年令兩浙僻邑，官商不行之處，山商每百斤納銀八分，給票行鹽。其後多侵奪正引，官商課缺，引壅二百萬，候掣必五六載。於是有預徵、執抵、季掣之法。預徵者，先期輸課，不得私爲去留。執抵者，執現在運鹽水程，復持一引以抵一引。季掣，則以納課先後爲序，春不得遲於夏，夏不得超於春也。然票商納稅即掣賣，預徵諸法徒厲引商而已。靈州鹽池，自史昭中馬之議行，邊餉虧缺，甘肅米直石銀五兩，戶部因奏停中馬，召商納米中鹽。

二十七年令開中者止納本色糧草。三十二年令河東以六十二萬引爲額，〔一三〕合正餘鹽爲一，而革餘鹽名。時都御史王紳、御史黃國用議：兩淮竈戶餘鹽，每引官給銀二錢，以充工本，增收三十五萬引，名爲工本鹽。令商人中額鹽二引，帶中工本鹽一引，抵主兵年例十七萬六千兩有奇。從其請。

初，淮鹽歲課七十萬五千引，〔一四〕開邊報中爲正鹽，後益餘鹽納銀解部。至是通前額凡一百五萬引，額增三之一。行之數年，積滯無所售，鹽法壅不行。言事者屢陳工本爲鹽贅疣。戶部以國用方絀，年例無所出，因之不變。江西故行淮鹽三十九萬引，後南安、贛州、吉安改行廣鹽，惟南昌諸府行淮鹽二十七萬引。既而私販盛行，袁州、臨江、瑞州則私食廣鹽，撫州、建昌私食福鹽。於是淮鹽僅行十六萬引。數年之間，國計大絀。巡撫馬森疏其害，請於峽江縣建橋設關，扼閩、廣要津，盡復淮鹽額，稍增至四十七萬引。未久橋毀，增額二十萬引復除矣。

三十九年，帝欲整鹽法，乃命副都御史鄢懋卿總理淮、浙、山東、長蘆鹽法。懋卿，嚴嵩黨也，苞苴無虛日。兩淮額鹽銀六十一萬有奇，自設工本鹽，增九十萬，懋卿復增之，遂滿百萬。半年一解。又搜括四司殘鹽，共得銀幾二百萬，〔一五〕一時詡爲奇功。乃立剋限法，每卒一人，季限獲私鹽有定數；不及數，輒削其僱役錢。邏卒經歲有不得支一錢者，乃共爲私販，以牟大利，甚至劫估船，誣以鹽盜而執之，流毒遍海濱矣。嵩失勢，巡鹽御史徐爌言：「兩淮鹽法，曰常股，曰存積，曰水鄉，共七十萬引有奇。引二百斤，納銀八分。永樂以後，引納粟二斗五升，下場關支，四散發賣，商人之利亦什五焉。近年，正鹽之外，加以餘鹽；餘鹽之外，又加工本；工本不足，乃有添單；添單不足，又加添引。懋卿趨利目前，不顧其後，是誤國亂政之尤者。方今災荒疊告，鹽場淹沒，若欲取盈百萬，必至逃亡。弦急欲絕，不棘於此。」於是悉罷懋卿所增者。

四十四年，巡鹽御史朱炳如奏罷兩淮工本鹽。自葉淇變法，邊儲多缺。嘉靖八年以後，稍復開中，邊商中引，內商守支。末年，工本鹽行，內商有數年不得掣者，於是不樂買引，而邊商困，因營求告掣河鹽。河鹽者，不上廩囷，在河徑自超掣，易支而獲利捷。河鹽行，則守支存積者愈久，而內商亦困，引價彌賤。於是姦人專以收買邊引爲事，名曰囤戶，告掣河鹽，坐規厚利。時復議於正鹽外附帶餘鹽，以抵工本之數，囤戶因得賤買餘鹽而貴售之，邊商與內商愈困矣。隆慶二年，屯鹽都御史龐尙鵬疏言：「邊商報中，內商守支，事本相須。但內商安坐，邊商遠輸，勞逸不均，故掣河鹽者以惠邊商也。然河鹽既行，淮鹽必滯，內商無所得利，則邊商之引不售。今宜停掣河鹽，但別邊商引價，自見引及起紙關引到司勘合，別爲三等，定銀若干。邊商倉鈔已到，內商不得留難。蓋河鹽停則淮鹽速行，引價定則開中自多，邊商內商各得其願矣。」帝從之。四年，御史李學詩議罷官買餘鹽。報可。

是時廣西古田平，巡撫都御史殷正茂請官出資本買廣東鹽，至桂林發賣，七萬餘包可獲利二萬二千有奇。從之。

自嘉靖初，復常股四分，存積六分之制。後因各邊多故，常股、存積並開，淮額歲課七十萬五千餘引，又增各邊新引歲二十萬。萬曆時，以大工搜遠年違沒廢引六十餘萬，胥出課額之外，無正鹽，止令商買補餘鹽。餘鹽久盡，惟計引重科，加煎飛派而已。時兩淮引價餘銀百二十餘萬增至百四十五萬，新引日益，正引日壅。千戶尹英請配賣沒官鹽，可得銀六萬兩。大學士張位等爭之。二十六年，以鴻臚寺主簿田應璧奏，〔一六〕命中官魯保鬻兩淮沒官餘鹽。給事中包見捷極陳利害。不聽。保既視事，遂議開存積鹽。戶部尚書楊俊民言：「明旨覈沒官鹽，而存積非沒官也。額外加增，必虧正課。保奏不可從。」御史馬從聘亦爭之。俱不聽。保乃開存積八萬引，引重五百七十斤，越次超掣，壓正鹽不行。商民大擾，而姦人蠭起。董璉、吳應麒等爭言鹽利。山西、福建諸稅監皆領鹽課矣。百戶高時夏奏浙、閩餘鹽歲可變價三十萬兩，巡撫金學曾勘奏皆罔。疏入不省。於是福建解銀萬三千兩有奇，浙江解三萬七千兩有奇，借名苛斂，商困引壅。戶部尚書趙世卿指其害由保，因言：「額外多取一分，則正課少一分，而國計愈絀，請悉罷無名浮課。」不報。三十四年夏至明年春，正額逋百餘萬，保亦惶懼，請罷存積引鹽。保尋死。有旨罷之，而引斤不能減矣。

李太后薨，帝用遺誥蠲各運司浮課，商困稍甦，而舊引壅滯。戶部上鹽法十議，正行見引，附銷積引，以疏通之。巡鹽御史龍遇奇立鹽政綱法，以舊引附見引行，淮南編爲十綱，淮北編爲十四綱，計十餘年，則舊引盡行。從之。天啓時，言利者恣搜括，務增引超掣。魏忠賢黨郭興治、崔呈秀等，巧立名目以取之，所入無算。論者比之絕流而漁。崇禎中，給事中黃承昊條上鹽政，頗欲有所釐革。是時兵餉方大絀，不能行也。

初，諸王府則就近地支鹽，官民戶口食鹽皆計口納鈔，自行關支。而官吏食鹽多冒增口數，有一官支二千餘斤，一吏支五百餘斤者。乃限吏典不得過十口，文武官不過三十口；

大口鈔十二貫支鹽十二斤，小口半之。景泰三年始以鹽折給官吏俸糧，以百四十斤當米一石。京官歲遣吏下場，恣爲姦利。錦衣吏益暴，率聯巨艦私販，有司不能詰。巡鹽御史乃定百司食鹽數，擅束以給吏，禁毋下場。納鈔、僦輓，費無所出，吏多亡。嘉靖中，吏部郎中陸光祖言於尚書嚴訥，疏請革之。自後百司停支食鹽，惟戶部及十三道御史歲支如故。軍民計口納鈔者，浙江月納米三升，買鹽一斤，而商賈持鹽赴官，官爲斂散，追徵之急過於租賦。正統時，從給事中鮑輝言，令民自買食鹽於商，罷納米令，且鬻十斤以下者勿以私鹽論，而鹽鈔不除。後條鞭法行，遂編入正賦。

巡鹽之官，洪、永時，嘗一再命御史視鹽課。正統元年始命侍郎何文淵、王佐，副都御史朱與言提督兩淮、長蘆、兩浙鹽課，命中官御史同往。未幾，以鹽法已淸，下敕召還。後遂令御史視鹺，依巡按例，歲更代以爲常。十一年以山東諸鹽場隸長蘆巡鹽御史。十四年命副都御史耿九疇淸理兩淮鹽法。成化中，特遣中官王允中、僉都御史高明整治兩淮鹽法。明請增設副使一人，判官二人。孝宗初，鹽法壞，戶部尚書李敏請簡風憲大臣淸理，乃命戶部侍郎李嗣於兩淮，刑部侍郎彭韶於兩浙，俱兼都御史，賜敕遣之。弘治十四年，僉都御史王璟督理兩淮鹽法。正德二年，兩淮則僉都御史王瓊，閩、浙則僉都御史張憲。後惟兩淮賦重，時遣大臣。十年，則刑部侍郎藍章。嘉靖七年，則副都御史黃臣。三十二年，則副都御史王紳。至三十九年，特命副都御史鄢懋卿總理四運司，〔一七〕事權尤重。自隆慶二年，副都御史龐尙鵬總理兩淮、長蘆、山東三運司後，〔一八〕遂無特遣大臣之事。

番人嗜乳酪，不得茶，則困以病。故唐、宋以來，行以茶易馬法，用制羌、戎，而明制尤密。有官茶，有商茶，皆貯邊易馬。官茶間徵課鈔，商茶輸課略如鹽制。

初，太祖令商人於產茶地買茶，納錢請引。引茶百斤，輸錢二百，不及引曰畸零，別置由帖給之。無由、引及茶引相離者，人得告捕。置茶局批驗所，稱較茶引不相當，卽爲私茶。凡犯私茶者，與私鹽同罪。私茶出境，與關隘不譏者，並論死。後又定茶引一道，輸錢千，照茶百斤；茶由一道，輸錢六百，照茶六十斤。〔一九〕旣，又令納鈔，每引由一道，納鈔一貫。

洪武初，定令：凡賣茶之地，令宣課司三十取一。四年，戶部言：「陝西漢中、金州、石泉、漢陰、平利、西鄉諸縣，茶園四十五頃，茶八十六萬餘株。四川巴茶三百十五戶，〔二〇〕茶二百三十八萬餘株。宜定令每十株官取其一。無主茶園，令軍士薅采，十取其八，〔二一〕以易番馬。」從之。於是諸產茶地設茶課司，定稅額，陝西二萬六千斤有奇，四川一百萬斤。設茶馬司於秦、洮、河、雅諸州，自碉門、黎、雅抵朶甘、烏思藏，行茶之地五千餘里。山後歸德諸州，西方諸部落，無不以馬售者。

碉門、永寧、筠、連所產茶，名曰剪刀麤葉，惟西番用之，而商販未嘗出境。四川茶鹽都轉運使言：「宜別立茶局，徵其稅，易紅纓、氈衫、米、布、椒、蠟以資國用。而居民所收之茶，依江南給引販賣法，公私兩便。」於是永寧、成都、筠、連皆設茶局矣。

川人故以茶易毛布、毛纓諸物以償茶課。自定課額，立倉收貯，專用以市馬，民不敢私採，課額每虧，民多賠納。四川布政司以爲言，乃聽民採摘，與番易貨。又詔天全六番司民，免其徭役，專令蒸烏茶易馬。

初制，長河西等番商以馬入雅州易茶，由四川巖州衞入黎州始達。茶馬司定價，馬一匹，茶千八百斤，於碉門茶課司給之。番商往復迂遠，而給茶太多。巖州衞以爲言，請置茶馬司於巖州，而改貯碉門茶於其地，且驗馬高下以爲茶數。詔茶馬司仍舊，而定上馬一匹，給茶百二十斤，中七十斤，駒五十斤。

三十年改設秦州茶馬司於西寧，敕右軍都督曰：「近者私茶出境，互市者少，馬日貴而茶日賤，啓番人玩侮之心。檄秦、蜀二府，發都司官軍於松潘、碉門、黎、雅、河州、臨洮及入西番關口外，巡禁私茶之出境者。」又遣駙馬都尉謝達諭蜀王椿曰：「國家榷茶，本資易馬。邊吏失譏，私販出境，惟易紅纓雜物。使番人坐收其利，而馬入中國者少，豈所以制戎狄哉！爾其諭布政司、都司，嚴爲防禁，毋致失利。」

當是時，帝綢繆邊防，用茶易馬，固番人心，且以强中國。嘗謂戶部尚書郁新：「用陝西漢中茶三百萬斤，可得馬三萬匹，四川松、茂茶如之。販鬻之禁，不可不嚴。」以故遣僉都御史鄧文鏗等察川、陝私茶；〔一二〕駙馬都尉歐陽倫以私茶坐死。又製金牌信符，命曹國公李景隆齎入番，與諸番要約，篆文上曰「皇帝聖旨」，左曰「合當差發」，右曰「不信者斬」。凡四十一面：洮州火把藏思囊日等族，牌四面，納馬三千五十匹；河州必里衞西番二十九族，〔一三〕牌二十一面，納馬七千七百五匹；西寧曲先、阿端、罕東、安定四衞，巴哇、申中、申藏等族，牌十六面，納馬三千五十匹。下號金牌降諸番，上號藏內府以爲契，三歲一遣官合符。其通道有二，一出河州，一出碉門，運茶五十餘萬斤，獲馬萬三千八百匹。太祖之馭番如此。

永樂中，帝懷柔遠人，遞增茶斤。由是市馬者多，而茶不足。茶禁亦稍弛，多私出境。碉門茶馬司至用茶八萬餘斤，僅易馬七十匹，又多瘦損。乃申嚴茶禁，設洮州茶馬司，又設甘肅茶馬司於陝西行都司地。十三年特遣三御史巡督陝西茶馬。

太祖之禁私茶也，自三月至九月，月遣行人四員，巡視河州、臨洮、碉門、黎、雅。半年以內，遣二十四員，往來旁午。宣德十年，乃定三月一遣。自永樂時停止金牌信符，至是復給。未幾，番人爲北狄所侵掠，徙居內地，金牌散失。而茶司亦以茶少，止以漢中茶易馬，且不給金牌，聽其以馬入貢而已。

先是，洪武末，置成都、重慶、保寧、播州茶倉四所，令商人納米中茶。宣德中，定官茶百斤，加耗什一。中茶者，自遣人赴甘州、西寧，而支鹽於淮、浙以償費。商人恃文憑恣私販，官課數年不完。正統初，都御史羅亨信言其弊，乃罷運茶支鹽例，令官運如故，以京官總理之。

景泰中，罷遣行人。成化三年命御史巡茶陝西。番人不樂御史，馬至日少。乃取回御史，仍遣行人，且令按察司巡察。已而巡察不專，兵部言其害，乃復遣御史，歲一更，著爲令。又以歲饑待振，復令商納粟中茶，且令茶百斤折銀五錢。商課折色自此始。

弘治三年，御史李鸞言：「茶馬司所積漸少，各邊馬耗，而陝西諸郡歲稔，無事易粟。請於西寧、河西、洮州三茶馬司召商中茶，每引不過百斤，每商不過三十引，官收其十之四，餘者始令貨賣，可得茶四十萬斤，易馬四千匹，數足而止。」從之。十二年，御史王憲又言：「自中茶禁開，遂令私茶莫遏，而易馬不利。請停糧茶之例。異時，或兵荒，乃更圖之。」部覆從其請。四川茶課司舊徵數十萬斤易馬。永樂以後，番馬悉由陝西道，川茶多浥爛。乃令以三分爲率，一分收本色，二分折銀，糧茶停二年。延綏饑，復召商納糧草，中四百萬斤。尋以御史王紹言，復禁止，并罷正額外召商開中之例。

十六年取回御史，以督理馬政都御史楊一清兼理之。一清復議開中，言：「召商買茶，官貿其三之一，每歲茶五六十萬斤，可得馬萬匹。」帝從所請。正德元年，一清又建議，商人不願領價者，以半與商，令自賣。遂著爲例永行焉。一清又言金牌信符之制當復，且請復設巡茶御史兼理馬政。乃復遣御史，而金牌以久廢，卒不能復。後武宗寵番僧，許西域人例外帶私茶。自是茶法遂壞。

番人之市馬也，不能辨權衡，止訂篦中馬。篦大，則官虧其直；小，則商病其繁。十年，巡茶御史王汝舟酌爲中制，〔二四〕每千斤爲三百三十篦。

嘉靖三年，御史陳講以商茶低僞，悉徵黑茶，地產有限，乃第茶爲上中二品，印烙篦上，書商名而考之。旋定四川茶引五萬道，二萬六千道爲腹引，二萬四千道爲邊引。芽茶引三錢，葉茶引二錢。中茶至八十萬斤而止，不得太濫。

十五年，御史劉良卿言：「律例：『私茶出境與關隘失察者，並凌遲處死。』蓋西陲藩籬，莫切於諸番。番人恃茶以生，故嚴法以禁之，易馬以酬之，以制番人之死命，壯中國之籓籬，斷匈奴之右臂，非可以常法論也。洪武初例，民間蓄茶不得過一月之用。弘治中，召商中茶，或以備振，或以儲邊，然未嘗禁內地之民使不得食茶也。今減通番之罪，止於充軍，禁內地之茶，使不得食，又使商私課茶，悉聚於三茶馬司。夫茶司與番爲鄰，私販易通，而禁復嚴於內郡，是毆民爲私販而授之資也。以故大姦闌出而漏網，小民負升斗而罹法。今計三茶馬司所貯，洮河足三年，西寧足二年，而商、私、課茶又日益增，積久腐爛而無所用。茶法之弊如此。番地多馬而無所市，吾茶有禁而不得通，其勢必相求，而制之之機在我。今茶司居民，竊易番馬以待商販，歲無虛日，及官易時，而馬反耗矣。請敕三茶馬司，止留二年之用，每年易馬當發若干。正茶之外，分毫毋得夾帶。令茶價踴貴，番人受制，良馬將不可勝用。且多開商茶，通行內地，官榷其半以備軍餉，而河、蘭、階、岷諸近番地，禁賣如故，更重通番之刑如律例。洮、岷、河責邊備道，臨洮、蘭州責隴右分巡，西寧責兵備，各選官防守。失察者以罷軟論。」奏上，報可。於是茶法稍飭矣。

御史劉崙、總督尚書王以旂等，請復給諸番金牌信符。兵部議，番族變詐不常，北狄抄掠無已，金牌亟給亟失，殊損國體。番人納馬，意在得茶，嚴私販之禁，則番人自順，雖不給金牌，馬可集也。若私販盛行，吾無以繫其心制其命，雖給金牌，馬亦不至。乃定議發勘合予之。

其後陝西歲饑，茶戶無所資，頗逋課額。三十六年，戶部以全陝災震，邊餉告急，國用大絀，上言：「先時，正額茶易馬之外，多開中以佐公家，有至五百萬斤者。近者御史劉良卿亦開百萬，後止開正額八十萬斤，幷課茶、私茶通計僅九十餘萬。宜下巡茶御史議，召商多中。」御史楊美益言：「歲祲民貧，即正額尚多虧損，安有贏羨。今第宜守每年九十萬斤招番易馬之規。凡通內地以息私販，增開中以備振荒，悉從停罷，毋使與馬分利。」戶部以帑藏方匱，請如弘治六年例，易馬外仍開百萬斤，召納邊鎮以備軍餉。詔從之。末年，御史潘一桂言：「增中商茶，頗壅滯，宜裁減十四五。」又言：「松潘與洮、河近，私茶往往闌出，宜停松潘引目，申嚴入番之禁。」皆報可。

四川茶引之分邊腹也，邊茶少而易行，腹茶多而常滯。隆慶三年裁引萬二千，以三萬引屬黎、雅，四千引屬松潘諸邊，四千引留內地，稅銀共萬四千餘兩，解部濟邊以爲常。五年令甘州倣洮、河、西寧事例，歲以六月開中，兩月內中馬八百匹。立賞罰例，商引一二年銷完者賞有差，踰三年者罪之，[三五]沒其附帶茶。

萬曆五年，俺答欵塞，請開茶市。御史李時成言：「番以茶爲命，北狄若得，藉以制番，番必從狄，貽患匪細。」部議給百餘篦，而勿許其市易。自劉良卿弛內地之禁，楊美益以爲非，其後復禁止。十三年，以西安、鳳翔、漢中不與番鄰，開其禁，招商給引，抽十三入官，餘聽自賣。御史鍾化民以私茶之闌出多也，請分任責成。陝之漢中，關南道督之，府佐一人專駐魚渡壩；川之保寧，川北道督之，府佐一人專駐雞猴壩。率州、縣官兵防守。」從之。

中茶易馬，惟漢中、保寧，而湖南產茶，其直賤，商人率越境私販，中漢中、保寧者，僅一二十引。茶戶欲辦本課，輒私販出邊，番族利私茶之賤，因不肯納馬。二十三年，御史李楠請禁湖茶，言：「湖茶行，茶法、馬政兩弊，宜令巡茶御史召商給引，願報漢、興、保、夔者，準中。越境下湖南者，禁止。且湖南多假茶，食之刺口破腹，番人亦受其害。」既而御史徐僑言：「漢、川茶少而直高，湖南茶多而直下。湖茶之行，無妨漢中。漢茶味甘而薄，湖茶味苦，於酥酪爲宜，亦利番也。但宜立法嚴覈，以遏假茶。」戶部折衷其議，以漢茶爲主，湖茶佐之。各商中引，先給漢、川畢，乃給湖南。如漢引不足，則補以湖引。報可。

二十九年，陝西巡按御史畢三才言：「課茶徵輸，歲有定額。先因茶多餘積，園戶解納艱難，以此改折。今商人絕跡，〔二六〕五司茶空。請令漢中五州縣仍輸本色，每歲招商中五百引，可得馬萬一千九百餘匹。」部議，西寧、河、洮、岷、甘、莊浪六茶司共易馬九千六百匹，著爲令。天啓時，增中馬二千四百匹。

明初嚴禁私販，久而姦弊日生。洎乎末造，商人正引之外，多給賞由票，使得私行。番人上駟盡入姦商，茶司所市者乃其中下也。番得茶，叛服自由；而將吏又以私馬竄番馬，冒支上茶。茶法、馬政、邊防於是俱壞矣。

其他產茶之地，南直隸常、廬、池、徽，浙江湖、嚴、衢、紹，江西南昌、饒州、南康、九江、吉安，湖廣武昌、荊州、長沙、寶慶，四川成都、重慶、嘉定、夔、瀘，商人中引則於應天、宜興、杭州三批驗所，徵茶課則於應天之江東瓜埠。自蘇、常、鎭、徽、廣德及浙江、河南、廣西、貴州皆徵鈔，雲南則徵銀。

其上供茶，天下貢額四千有奇，福建建寧所貢最爲上品，有探春、先春、次春、紫筍及薦新等號。舊皆採而碾之，壓以銀板，爲大小龍團。太祖以其勞民，罷造，惟令採茶芽以進，復上供戶五百家。凡貢茶，第按額以供，不具載。

校勘記

〔一〕都轉運鹽使司六　原脫「司」字，據明史稿志六二食貨志、明會典卷三二補。

〔二〕成祖時增設西場於解州　成祖時，當作「洪武時」。按太祖實錄卷二一六洪武二十五年二月庚辰條稱監察御史李謙言：「西池地高水淺，鹽花易結，倍於東池，宜別設西場於解州。」「從之」。是設西場爲洪武時事。

〔三〕洪武時歲辦小引鹽三十萬四千引弘治時增八萬引萬曆中又增二十萬引　此處所列歲辦小引鹽數字與明會典卷三三所列數字有異。明會典稱「弘治間歲辦鹽四十二萬引」。四十二萬引減去洪武時的三十萬四千引，計增十一萬六千引，與志文的「增八萬引」不同。又明會典成化二十二年「增河東歲辦鹽課一十六萬六千引，共爲四十二萬引」，即弘治間歲辦鹽引數。嘉靖三十二年「定以六十二萬爲額」，卽萬曆間歲辦鹽引數。此與志文所稱弘治萬曆時「增」，又有不同。

〔四〕弘治時辦二千一十七萬六千餘斤　按此數卽明會典卷三三所列弘治時四川十三鹽課司歲辦數。另有「福興等井鹽課司，見辦如舊額」，志文未計算在內。所謂「舊額」，卽洪武間歲辦所列「福興等六井鹽課司歲辦鹽四十九萬七百九十斤」。

〔五〕自陵縣運至太和嶺　明史稿志六二食貨志、太祖實錄卷五三洪武三年六月辛巳條「陵縣」下尙有「長蘆」二字。

〔六〕遂定各鹽司中鹽則例滄州引三百貫河東山東半之　河東、山東，原作「河南、山西」。按明會典卷三二所載的鹽司，無論是都司或分司，都沒有河南、山西。明書卷八一敍此作河東、山東，據改。

〔七〕松潘中納者上馬三十五引中減五引　五引，原作「十引」。英宗實錄卷二五二景泰六年四月庚子條，「上等馬三十五引，中等馬三十引，下等馬二十五引」。是中等馬減於上等馬五引。據改。

〔八〕內商之鹽不能速獲邊商之引又不賤售　明史稿志六二食貨志「內商」作「邊商」，「邊商」作「內商」。

〔九〕兩淮積欠至五百餘萬引　積欠，原作「積久」，據明史稿志六二食貨志、孝宗實錄卷二一五弘治二年四月乙未條改。

〔一〇〕而留其一以補商人未交鹽價　未交鹽價，明史稿志六二食貨志作「未支之價」。

〔一一〕慶雲侯周壽　慶雲侯，原作「慶寧侯」，據本書卷三〇〇周能傳、武宗實錄卷五弘治十八年九月癸未條改。

〔一二〕織造太監崔杲又奏乞長蘆鹽一萬二千引戶部以半予之　一萬二千引，原作「二萬引」，據本書卷一八一劉健傳、武宗實錄卷一七正德元年九月丁丑條改。實錄作「一萬二千引，戶部止與六千引」。

〔一三〕三十二年令河東以六十二萬引爲額　三十二年，原作「三十一年」。明會典卷三三「三十二年提准，河東鹽引革去餘鹽名目，定以六十二萬爲額」。又本志下文「時都御史王紳、御史黃國用議」，見世宗實錄卷三九三嘉靖三十二年正月辛丑條。據改。

〔一四〕淮鹽歲課七十萬五千引　引，原作「兩」，據明會典卷三二改。本志上文兩淮歲辦大引鹽三十五萬二千餘引，改辦小引鹽，倍之，正合七十萬五千引。

〔一五〕又搜括四司殘鹽共得銀幾二百萬　四司，當作「三司」。按世宗實錄卷五〇一嘉靖四十年九月癸巳條，鄢懋卿奏：「河東運司未派殘鹽」「計可得銀八十萬有奇」，「長蘆運司積有殘鹽」「計可得銀一十六萬有奇」，儀眞、淮安二所積有殘鹽」「計可得銀百萬有奇」。儀眞、淮安二所屬兩淮運司，計共三司，非「四司」。

〔一六〕以鴻臚寺主簿田應璧奏　璧，原作「壁」，據明史稿志六二食貨志、神宗實錄卷三二四萬曆二十六年七月丙戌條改。

〔一七〕至三十九年特命副都御史鄢懋卿總理四運司　三十九年，原作「二十九年」，據本志上文和世宗實錄卷四八二嘉靖三十九年三月丙子條改。

〔一八〕副都御史龐尚鵬總理兩淮長蘆山東三運司後　原脫「山東」，據穆宗實錄卷一七隆慶二年二月癸卯條補。

〔一九〕輸錢六百照茶六十斤　六十斤，原作「六百斤」，據明史稿志六三食貨志、明會典卷三七、明書卷八二改。按本志上文「輸錢千，照茶百斤」，與「輸錢六百，照茶六十斤」正合。

〔二〇〕四川巴茶三百十五戶　戶，原作「頃」，據太祖實錄卷七二洪武五年二月乙巳條、稽璜續文獻通考卷二二改。

〔二一〕十取其八　八，原作「一」，據明史稿志六三食貨志、太祖實錄卷七〇洪武四年十二月庚寅條改。

〔二二〕以故遣僉都御史鄧文鏗等察川陝私茶　鏗，原作「鑑」，據嵇璜續文獻通考卷二二、明進士題名碑錄洪武乙丑科改。續通考稱：「文鏗，志亦誤作文鑑。」

〔二三〕河州必里衞西番二十九族　二十九族，原作「二十六族」，據明會典卷三七、明經世文編卷一一五頁一〇七二楊一淸修復茶馬舊制疏改。

〔三四〕巡茶御史王汝舟酌爲中制　酌，原作「約」，據明史稿志六三食貨志、明會典卷三七改。

〔三五〕商引一二年銷完者賞有差踰三年者罪之　賞，原作「罰」。明會典卷三七、明經世文編卷三八六頁四一八一楊鈇條議茶馬事宜疏都作：「今後報商引內註定，一年完者厚賞，二年量賞，三年免究，四年問罪。」據改。

〔三六〕今商人絕跡　今，原作「令」，據明史稿志六三食貨志改。

明史卷八十一

志第五十七

食貨五

錢鈔　坑冶附鐵冶銅場　商稅　市舶　馬市

錢幣之興，自九府圜法，歷代遵用。鈔始於唐之飛錢，宋之交會，金之交鈔。元世始終用鈔，錢幾廢矣。

太祖初置寶源局於應天，鑄「大中通寶」錢，與歷代錢兼行。以四百文爲一貫，四十文爲一兩，四文爲一錢。及平陳友諒，命江西行省置貨泉局，頒大中通寶錢，大小五等錢式。即位，頒「洪武通寶」錢，其制凡五等：曰「當十」、「當五」、「當三」、「當二」、「當一」。「當十」錢重一兩，餘遞降至重一錢止。各行省皆設寶泉局，與寶源局並鑄，而嚴私鑄之禁。洪武四年改鑄大中、洪武通寶大錢爲小錢。初，寶源局錢鑄「京」字於背，後多不鑄，民間無「京」

字者不行，故改鑄小錢以便之。尋令私鑄錢作廢銅送官，償以錢。是時有司責民出銅，民毀器皿輸官，頗以爲苦。而商賈沿元之舊習用鈔，多不便用錢。

七年，帝乃設寶鈔提舉司。明年始詔中書省造大明寶鈔，命民間通行。以桑穰爲料，其制方，高一尺，廣六寸，質青色，外爲龍文花欄。〔一〕橫題其額曰「大明通行寶鈔」。其內上兩旁，復爲篆文八字，曰「大明寶鈔，天下通行」。中圖錢貫，十串爲一貫。其下云：「中書省奏准印造大明寶鈔與銅錢通行使用，僞造者斬，告捕者賞銀二十五兩，〔二〕仍給犯人財產。」若五百文則畫錢文爲五串，餘如其制而遞減之。其等凡六：曰一貫，曰五百文、四百文、三百文、二百文、一百文。每鈔一貫，準錢千文，銀一兩；四貫準黃金一兩。禁民間不得以金銀物貨交易，違者罪之；以金銀易鈔者聽。遂罷寶源、寶泉局。越二年，復設寶泉局，鑄小錢與鈔兼行，百文以下止用錢。商稅兼收錢鈔，錢三鈔七。十三年，以鈔用久昏爛，立倒鈔法，令所在置行用庫，〔三〕許軍民商賈以昏鈔納庫易新鈔，量收工墨直。會中書省廢，乃以造鈔屬戶部，鑄錢屬工部，而改寶鈔文「中書省」爲「戶部」，與舊鈔兼行。十六年，置戶部寶鈔廣源庫、廣惠庫；〔四〕入則廣源掌之，出則廣惠掌之。在外衞所軍士，月鹽皆給鈔，各鹽場給工本鈔。十八年，天下有司官祿米皆給鈔，二貫五百文準米一石。

二十二年詔更定錢式：生銅一斤，鑄小錢百六十，折二錢半之，「當三」至「當十」，準是爲差。更造小鈔，自十文至五十文。二十四年諭榷稅官吏，凡鈔有字貫可辨者，不問爛損，卽收受解京，抑勒與僞充者罪之。二十五年設寶鈔行用庫於東市，凡三庫，各給鈔三萬錠爲鈔本，倒收舊鈔送內府。令大明寶鈔與歷代錢兼行，鈔一貫準錢千文，提舉司於三月內印造，十月內止，所造鈔送內府充賞賚。明年罷行用庫，又罷寶泉局。時兩浙、江西、閩、廣民重錢輕鈔，有以錢百六十文折鈔一貫者，由是物價翔貴，而鈔法益壞不行。〔五〕三十年乃更申交易用金銀之禁。

成祖初，犯者以姦惡論，惟置造首飾器皿，不在禁例。永樂二年詔犯者免死，徙家戍興州。陝西都司僉事張豫，坐抵易官鈔論戍。江夏民父死，以銀營葬具，當戍邊。帝以其迫於治葬，非玩法，特矜宥之。都御史陳瑛言：「比歲鈔法不通，皆緣朝廷出鈔太多，收斂無法，以致物重鈔輕。莫若暫行戶口食鹽法。天下人民不下千萬戶，官軍不下二百萬家，誠令計口納鈔食鹽，可收五千餘萬錠。」帝令戶部會羣臣議。大口月食鹽一斤，納鈔一貫，小口半之。從其議。設北京寶鈔提舉司，稅糧課程贓罰俱折收鈔，其直視洪武初減十之九。後又令鹽官納舊鈔支鹽，發南京抽分場積薪、龍江提舉司竹木鬻之軍民，收其鈔。應天歲辦蘆柴，徵鈔十之八。帝初卽位，戶部尙書夏原吉請更鈔板篆文爲「永樂」。帝命仍其舊。自後終明世皆用洪武年號云。

仁宗監國，令犯笞杖者輸鈔。及卽位，以鈔不行詢原吉。原吉言：「鈔多則輕，少則重。民間鈔不行，緣散多斂少，宜爲法斂之。請市肆門攤諸稅，度量輕重，加其課程。鈔入官，官取昏軟者悉燬之。自今官鈔宜少出，民間得鈔難，則自然重矣。」乃下令曰：「所增門攤課程，鈔法通，卽復舊，金銀布帛交易者，亦暫禁止。」然是時，民卒輕鈔。至宣德初，米一石用鈔五十貫，乃弛布帛米麥交易之禁。凡以金銀交易及匿貨增直者罰鈔，府縣衛所倉糧積至十年以上者，〔六〕鹽糧悉收鈔，秋糧亦折鈔三分，門攤課鈔增五倍，塌房、店舍月納鈔五百貫，果園、贏車並令納鈔。戶部言民間交易，惟用金銀，鈔滯不行。乃益嚴其禁，交易用銀一錢者，罰鈔千貫，贓吏受銀一兩者，追鈔萬貫，更追免罪鈔如之。

英宗卽位，收賦有米麥折銀之令，遂減諸納鈔者，而以米銀錢當鈔，弛用銀之禁。朝野率皆用銀，其小者乃用錢，惟折官俸用鈔，鈔壅不行。十三年復申禁令，阻鈔者追一萬貫，全家戍邊。天順中，始弛其禁。憲宗令內外課程錢鈔兼收，官俸軍餉亦兼支錢鈔。是時鈔一貫不能直錢一文，而計鈔徵之民，則每貫徵銀二分五釐，民以大困。

弘治元年，京城稅課司，順天、山東、河南戶口食鹽，俱收鈔，各鈔關俱錢鈔兼收。其後乃皆改折用銀。而洪武、永樂、宣德錢積不用，詔發之，令與歷代錢兼用。戶部請鼓鑄，乃復開局鑄錢。凡納贖收稅，歷代錢、制錢各收其半；無制錢卽收舊錢，二以當一。制錢者，國朝錢也。舊制，工部所鑄錢入太倉、司鑰二庫；諸關稅錢亦入司鑰庫。共貯錢數千百萬，中官掌之，京衞軍秋糧取給焉，每七百當銀一兩。武宗之初，部臣請察覈侵蝕；又以錢當俸糧者，僅及銀數三之一，請於承運庫給銀。時中官方用事，皆不聽。已而司鑰庫太監龐瑮言：「自弘治間榷關折銀入承運庫，錢鈔缺乏，支放不給，請遵成化舊制，錢鈔兼收。」從之。正德三年，以太倉積錢給官俸，十分爲率，錢一銀九。又從太監張永言，發天財庫及戶部布政司庫錢，關給徵收，每七十文徵銀一錢，且申私鑄之禁。嘉靖四年，令宣課分司收稅，鈔一貫折銀三釐，錢七文折銀一分。是時鈔久不行，錢亦大壅，益專用銀矣。

明初鑄洪武錢。成祖九年鑄永樂錢。宣德九年鑄宣德錢。弘治十六年以後，鑄弘治錢。至世宗嘉靖六年，大鑄嘉靖錢。每文重一錢三分，且補鑄累朝未鑄者。三十二年鑄洪武至正德九號錢，每號百萬錠，嘉靖錢千萬錠，一錠五千文。而稅課抽分諸廠，專收嘉靖錢。民患錢少，乃發內庫新舊錢八千一百萬文折給俸糧。又令通行歷代錢，有銷新舊錢及以銅造像製器者，罪比盜鑄。先是，民間行濫惡錢，率以三四十錢當銀一分。後益雜鉛錫，薄劣無形製，至以六七十文當銀一分。翦楮夾其中，不可辨。用給事中李用敬言，以制錢與前代雜錢相兼行，上品者俱七文當銀一分，餘視錢高下爲三等，下者二十一文當銀一分；私造濫惡錢悉禁不行，犯者置之法。小錢行久，驟革之，民頗不便。又出內庫錢給文武官俸，不論新舊美惡，悉以七文折算。諸以俸錢市易者，亦悉以七文抑勒予民，民亦騷然。

屬連歲大侵，四方流民就食京師，死者相枕藉。論者謂錢法不通使然。於是御史何廷鈺條奏，請許民用小錢，以六十文當銀一分。戶部執不從。廷鈺訐奏尚書方鈍及郎中劉爾牧。帝怒，斥爾牧，採廷鈺議，命從民便。且定嘉靖錢七文，洪武諸錢十文，前代錢三十文，當銀一分。然諸濫惡小錢，以初禁之嚴，雖奉旨間行，竟不復用，而民間競私鑄嘉靖通寶錢，與官錢並行焉。

給事中殷正茂言：「兩京銅價大高，鑄錢得不償費。宜採雲南銅，運至岳州鼓鑄，費工本銀三十九萬，可得錢六萬五千萬文，直銀九十三萬餘兩，足以少佐國家之急。」戶部覆言：「雲南地僻事簡，即山鼓鑄爲便。」乃敕巡撫以鹽課銀二萬兩爲工本。未幾，巡撫王昺言費多入少，乞罷鑄。帝以小費不當惜，仍命行之。越數年，巡按王諍復言宜罷鑄。部議：「錢法壅滯者，由宣課司收稅以七文當一分。姦民乘機阻撓，錢多則惡濫相欺，錢少則增直罔利，故禁愈繁而錢愈滯。自今準折聽民便，不必定文數，而課稅及官俸且俱用銀。」乃罷雲南鑄錢，而從戶部議。

時所鑄錢有金背，有火漆，有鏇邊。議者以鑄錢艱難，工匠勞費，革鏇車用鑪鑠。於是鑄工競雜鉛錫便剉治，而輪郭粗糲，色澤黯黲。姦僞倣傚，盜鑄日滋，金背錢反阻不行。死罪日報，終不能止。帝患之，問大學士徐階。階陳五害，請停寶源局鑄錢，應支給錢者悉予銀。帝乃鞫治工匠侵料減工罪，而停鼓鑄。自後稅課徵銀而不徵錢。且民間止用制錢，不用古錢，而私鑄者多。

隆慶初，錢法不行，兵部侍郎譚綸言：「欲富民，必重布帛菽粟而賤銀；欲賤銀，必制錢法以濟銀之不足。今錢惟布於天下，而不以輸於上，故其權在市井。請令民得以錢輸官，則錢法自通。」於是課稅銀三兩以下復收錢，民間交易一錢以下止許用錢。時錢八文折銀一分，禁民毋得任意低昂。直隸巡按楊家相請鑄大明通寶錢，不識年號。部議格不行。高拱再相，言：「錢法朝議夕更，迄無成說。小民恐今日得錢，而明日不用，是以愈更愈亂，愈禁愈疑。請一從民便，勿多爲制以亂人耳目。」帝深然之。錢法復稍稍通矣。寶鈔不用垂百餘年，課程亦鮮有收鈔者，惟俸錢獨支鈔如故。四年始以新鑄隆慶錢給京官俸云。

萬曆四年命戶工二部，準嘉靖錢式鑄「萬曆通寶」金背及火漆錢，一文重一錢二分五釐，又鑄鏇邊錢，一文重一錢三分，頒行天下，俸糧皆銀錢兼給。雲南巡按郭庭梧言：「國初京師有寶源局，各省有寶泉局，自嘉靖間省局停廢，民用告匱。滇中產銅，不行鼓鑄，而反以重價購海肥，非利也。」遂開局鑄錢。尋命十三布政司皆開局。採工部言，以五銖錢爲準，用四火黃銅鑄金背，二火黃銅鑄火漆，粗惡者罪之。蓋以費多利少則私鑄自息也。久之，戶部言：「錢之輕重不常，輕則斂，重則散，故無壅閼匱乏之患。初鑄時，金背十文直銀一分，今萬曆金背五文，嘉靖金背四文，各直銀一分，火漆鏇邊亦如之。僅踰十年，而輕重不啻相半，錢重而物價騰踴，宜發庫貯以平其直。」從之。時王府皆鑄造私錢，吏不敢訐。古錢阻滯不行，國用不足，乃命南北寶源局拓地增爐鼓鑄。而北錢視南錢昂直三之一，南鑄大抵輕薄。然各循其舊，並行不廢。

天啓元年鑄泰昌錢。兵部尚書王象乾，請鑄當十、當百、當千三等大錢，用龍文，略倣白金三品之制，於是兩京皆鑄大錢。後有言大錢之弊者，詔兩京停鑄大錢，〔七〕收大錢發局改鑄。當是時，開局遍天下，重課錢息。

崇禎元年，南京鑄本七萬九千餘兩，獲息銀三萬九千有奇；戶部鑄錢獲息銀二萬六千有奇。其所鑄錢，皆以五十五文當銀一錢，計息取盈，工匠之賠補，行使之折閱，不堪命矣。寶泉局銅本四十萬兩，舊例錢成還本太倉，次年再借，至是令永作鑄本。三年，御史饒京言：「鑄錢開局，本通行天下，今乃苦於無息，旋開旋罷，自南北兩局外，僅存湖廣、陝西、四川、雲南及宣、密二鎮。而所鑄之息，不盡歸朝廷，復苦無鑄本，蓋以買銅而非採銅也。乞遵洪武初及永樂九年、嘉靖六年例，遣官各省鑄錢，採銅於產銅之地，置官吏駐兵，倣銀礦法，十取其三。銅山之利，朝廷擅之，小民所採，仍予直以市。」帝從之。是時鑄廠並開，用銅益多，銅至益少。南京戶部尚書鄭三俊請專官買銅。戶部議原籍產銅之人駐鎭遠、荆、常銅鉛會集處，所謂採銅於產銅之地也。帝俱從之。既，又採絳、孟、垣曲、聞喜諸州縣銅鉛。荆州抽分主事朱大受言：「荆州上接黔、蜀，下聯江、廣，商販銅鉛畢集，一年可以四鑄，四鑄之息，兩倍於南，三倍於北。」因陳便宜四事，卽命大受專督之。遂定錢式，每文重一錢，每千直銀一兩。南都錢輕薄，屢旨嚴飭，乃定每文重八分。初，嘉靖錢最工，隆、萬錢加重半銖，自啓、禎新鑄出，舊錢悉棄置。然日以惡薄，大半雜鉛砂，百不盈寸，捽擲輒破碎。末年敕鑄當五錢，不及鑄而明亡。

初制，歷代錢與制錢通行。自神宗初，從僉都御史龐尚鵬議，古錢止許行民間，輸稅贖罪俱用制錢。啓、禎時廣鑄錢，始括古錢以充廢銅，民間市易亦擯不用矣。莊烈帝初卽位，御平臺召對，給事中黃承昊疏有銷古錢之語。大學士劉鴻訓言：「北方皆用古錢，若驟廢之，於民不便。」帝以爲然。旣而以御史王燮言，收銷舊錢，但行新錢，於是古錢銷毁頓盡。蓋自隋世盡銷古錢，至是凡再見云。

鈔法自弘、正間廢，天啓時，給事中惠世揚復請造行。崇禎末，有蔣臣者申其說，擢爲戶部司務。倪元璐方掌部事，力主之，然終不可行而止。

坑冶之課，金銀、銅鐵、鉛汞、硃砂、青綠，而金銀礦最爲民害。徐達下山東，近臣請開銀場。太祖謂銀場之弊，利於官者少，損於民者多，不可開。其後有請開陝州銀礦者，帝曰：「土地所產，有時而窮。歲課成額，徵銀無已。言利之臣，皆戕民之賊也。」臨淄丞乞發山海之藏以通寶路，帝黜之。成祖斥河池民言採礦者。仁、宣仍世禁止，塡番禺坑洞，罷嵩縣白泥溝發礦。〔八〕然福建尤溪縣銀屛山銀場局爐冶四十二座，始於洪武十九年。〔九〕浙江溫、處、麗水、平陽等七縣，亦有場局。歲課皆二千餘兩。

永樂間，開陝西商縣鳳皇山銀坑八所。〔一〇〕遣官湖廣、貴州採辦金銀課，復遣中官、御史往覈之。又開福建浦城縣馬鞍等坑三所，設貴州太平溪、交阯宣光鎭金場局，葛容溪銀場局，〔一一〕雲南大理銀冶。其不產金銀者，亦屢有革罷。而福建歲額增至三萬餘兩，浙江增至八萬餘。宣宗初，頗減福建課，其後增至四萬餘，而浙江亦增至九萬餘。英宗下詔封坑穴，撤閘辦官，民大蘇息，而歲額未除。歲辦，皆洪武舊額也。閘辦者，永、宣所新增也。既而禁革永煎。姦民私開坑穴相殺傷，嚴禁不能止。下詔宥之，不悛。言者復請開銀場，則利歸於上，而盜無所容。乃命侍郞王質往經理，定歲課，福建銀二萬餘，浙江倍之。又分遣御史曹祥、馮傑提督，供億過公稅，民困而盜愈衆。鄧茂七、葉宗留之徒流毒浙、閩，久之始定。

景帝嘗封閉，旋以盜礦者多，兵部尙書孫原貞請開浙江銀場，因並開福建，命中官戴細保提督之。天順四年命中官羅永之浙江，羅珪之雲南，馮讓之福建，何能之四川。課額浙、閩大略如舊，雲南十萬兩有奇，四川萬三千有奇，總十八萬三千有奇。成化中，開湖廣金場，武陵等十二縣凡二十一場，歲役民夫五十五萬，死者無算，得金僅三十五兩，〔三〕於是復閉。而浙江銀礦以缺額量減，雲南屢開屢停。

弘治元年始減雲南二萬兩，溫、處萬兩餘，罷浦城廢坑銀冶。至十三年，雲南巡撫李士實言：「雲南九銀場，四場礦脈久絕，乞免其課。」報可。四川、山東礦穴亦先後封閉。武宗初，從中官秦文等奏，復開浙、閩銀礦。既而浙江守臣言礦脈已絕，乃令歲進銀二萬兩，劉瑾誅乃止。世宗初，閉大理礦場。其後薊、豫、齊、晉、川、滇所在進礦砂金銀，復議開採，以助大工。既獲玉旺峪礦銀，帝諭閣臣廣開採。戶部尙書方鈍等請令四川、山東、河南撫按嚴督所屬，一一搜訪，以稱天地降祥之意。於是公私交騖礦利，而浙江、江西盜礦者且劫徽、寧，天下漸多事矣。

隆慶初，罷薊鎭開採。南中諸礦山，亦勒石禁止。萬曆十二年，姦民屢以礦利中上心。諸臣力陳其弊。帝雖從之，意怏怏。二十四年，張位秉政，前衞千戶仲春請開礦，位不能止。開採之端啓，廢弁白望獻礦峒者日至，於是無地不開。中使四出：昌平則王忠，眞、保、薊、永、房山、蔚州則王虎，昌黎則田進，河南之開封、彰德、衞輝、懷慶、葉縣、信陽則魯坤，山東之濟南、青州、濟寧、沂州、滕、費、蓬萊、福山、棲霞、招遠、文登則陳增，山西之太原、平陽、潞安則張忠，南直之寧國、池州則郝隆、劉朝用，湖廣之德安則陳奉，浙江之杭、嚴、金、衢、孝豐、諸暨則曹金，後代以劉忠，陝西之西安則趙鑒、趙欽，四川則丘乘雲，遼東則高淮，廣東則李敬，廣西則沈永壽，江西則潘相，福建則高寀，雲南則楊榮。皆給以關防，幷偕原奏官往。礦脈微細無所得，勒民償之。而姦人假開採之名，乘傳橫索民財，陵轢州縣。有司恤民者，罪以阻撓，逮問罷黜。時中官多暴橫，而陳奉尤甚。富家鉅族則誣以盜礦，良田美宅則指以爲下有礦脈，率役圍捕，辱及婦女，甚至斷人手足投之江，其酷虐如此。帝縱不問。自二十五年至三十三年，諸璫所進礦稅銀幾及三百萬兩，羣小藉勢誅索，不啻倍蓰，民不聊生。山西巡撫魏允貞上言：〔一三〕「方今水旱告災，天鳴地震，星流氣射，四方日報。中外軍興，百姓困敝。而嗜利小人，借開採以肆饕餮。倘釁由中作，則礦夫冗役爲禍尤烈。至是而後，求投珠抵璧之說用之晚矣。」河南巡按姚思仁亦言：「開採之弊，大可慮者有八。礦盜哨聚，易於召亂，一也。礦頭累極，勢成土崩，二也。礦夫殘害，逼迫流亡，三也。僱民糧缺，饑餓嘷呼，四也。礦洞徧開，無益浪費，五也。礦砂銀少，强科民買，六也。民皆開礦，農桑失業，七也。奏官强橫，淫刑激變，八也。今礦頭以賠累死，平民以逼買死，礦夫以傾壓死，以爭鬬死。及今不止，雖傾府庫之藏，竭天下之力，亦無濟於存亡矣。」疏入，皆不省。識者以爲明亡蓋兆於此。

鐵冶所，洪武六年置。江西進賢、新喻、分宜，湖廣興國、黃梅，山東萊蕪，廣東陽山，陝西鞏昌，山西吉州二，太原、澤、潞各一，凡十三所，歲輸鐵七百四十六萬餘斤。河南、四川亦有鐵冶。十二年益以茶陵。〔一四〕十五年，廣平吏王允道言：「磁州產鐵，元時置官，歲收百餘萬斤，請如舊。」帝以民生甫定，復設必重擾，杖而流之海外。十八年罷各布政司鐵冶。既而工部言：「山西交城產雲子鐵，舊貢十萬斤，繕治兵器，他處無有。」乃復設。已而武昌、吉州以次復焉。末年，以工部言，復盡開，令民得自採鍊，每三十分取其二。永樂時，設四川龍州、遼東都司三萬衞鐵冶。景帝時，辦事吏請復陝西、寧遠鐵礦，工部劾其違法，下獄。給事中張文質以爲不宜塞言路，乃釋之。弘治十七年，廣東歸善縣請開鐵冶，有司課外索賂，唐大鬓等因作亂，都御史劉大夏討平之。正德十四年，廣州置鐵廠，以鹽課提舉司領之，禁私販如鹽法。嘉靖三十四年開建寧、延平諸府鐵冶。隆、萬以後，率因舊制，未嘗特開云。

銅場，明初，惟江西德興、鉛山。其後四川梁山，山西五臺，陝西寧羌、略陽及雲南皆採水銀、青綠。太祖時，廉州巡檢言：「階州界西戎，〔一五〕有水銀坑冶及青綠、紫泥，願得兵取其地。」帝不許。惟貴州大萬山長官司有水銀、硃砂場局，而四川東川府會川衞山產青綠、銀、銅，〔一六〕以與外番接境，虞軍民潛取生事，特禁飭之。成化十七年封閉雲南路南州銅坑。弘治十八年裁革板場坑水銀場局。〔一七〕正德九年，軍士周達請開雲南諸銀礦，因及銅、錫、青綠。詔可，遂次第開採。嘉靖、隆、萬間，因鼓鑄，屢開雲南諸處銅場，久之所獲漸少。崇禎時，遂括古錢以供爐冶焉。

關市之征，宋、元頗繁瑣。明初務簡約，其後增置漸多，行齎居鬻，所過所止各有稅。其名物件析榜於官署，按而征之，惟農具、書籍及他不鬻於市者勿算，應征而藏匿者沒其半。買賣田宅頭匹必投稅，〔一八〕契本別納紙價。凡納稅地，置店曆，書所止商氏名物數。官司有都稅，有宣課，有司，有局，有分司，有抽分場局，有河泊所。所收稅課，有本色，有折色。稅課司局，京城諸門及各府州縣市集多有之，凡四百餘所。其後以次裁併十之七。抽分在南京者，曰龍江、大勝港；在北京者，曰通州、白河、盧溝、通積、廣積；在外者，曰眞定、杭州、荆州、太平、蘭州、廣寧。又令軍衞自設場分，收貯柴薪。河泊所惟大河以南有之，河北止鹽山縣。凡稅課，徵商估物貨；抽分，科竹木柴薪；河泊，取魚課。又有門攤課鈔，領於有司。太祖初，征酒醋之稅，收官店錢。卽吳王位，減收官店錢，改在京官店爲宣課司，府縣官店爲通課司。

凡商稅，三十而取一，過者以違令論。洪武初，命在京兵馬指揮領市司，每三日一校勘街市度量權衡，稽牙儈物價；在外，城門兵馬，亦令兼領市司。彰德稅課司，稅及蔬果、飲食、畜牧諸物。帝聞而黜之。山西平遙主簿成樂秩滿來朝，〔一九〕上其考曰「能恢辦商稅」。帝曰：「稅有定額，若以恢辦爲能，是剝削下民，失吏職也。州考非是。」命吏部移文以訊。十年，戶部奏：「天下稅課司局，征商不如額者百七十八處。〔二〇〕遂遣中官、國子生及部委官各一人覈實，立爲定額。十三年，吏部言：「稅課司局歲收額米不及五百石者，凡三百六十四處，宜罷之。」報可。胡惟庸伏誅，帝諭戶部曰：「曩者姦臣聚斂，稅及纖悉，朕甚恥焉。自今軍民嫁娶喪祭之物，舟車絲布之類，皆勿稅。」罷天下抽分竹木場。明年令以野獸皮輸魚課，製裘以給邊卒。

初，京師軍民居室皆官所給，比舍無隙地。商貨至，或止於舟，或貯城外，駔儈上下其價，商人病之。帝乃命於三山諸門外，瀕水爲屋，名塌房，以貯商貨。

永樂初定制，嫁娶喪祭時節禮物、自織布帛、農器、食品及買既稅之物、車船運己貨物、魚蔬雜果非市販者，俱免稅。準南京例，置京城官店塌房。七年遣御史、監生於收課處榷辦課程。二十一年，山東巡按陳濟言：「淮安、濟寧、東昌、臨清、德州、直沽，商販所聚。今都北平，百貨倍往時。其商稅宜遣人監榷一年，以爲定額。」帝從之。

洪熙元年增市肆門攤課鈔。宣德四年，以鈔法不通，由商居貨不稅，由是於京省商賈湊集地、市鎮店肆門攤稅課，增舊凡五倍。兩京蔬果園不論官私種而鬻者，塌房、庫房、店舍居商貨者，騾驢車受僱裝載者，悉令納鈔。委御史、戶部、錦衣衛、兵馬司官各一，於城門察收。舟船受僱裝載者，計所載料多寡、路近遠納鈔。鈔關之設自此始。其倚勢隱匿不報者，物盡沒官，仍罪之。於是有漷縣、濟寧、徐州、淮安、揚州、上新河、滸墅、九江、金沙洲、臨清、北新諸鈔關，量舟大小修廣而差其額，謂之船料，不稅其貨。惟臨清、北新則兼收貨稅，各差御史及戶部主事監收。自南京至通州，經淮安、濟寧、徐州、臨清，每船百料，納鈔百貫。侍郎曹弘言：「塌房月鈔五百貫，良苦，有鬻子女輸課者。」帝令覈除之。及鈔法通，減北京蔬地課鈔之半，船料百貫者減至六十貫。

正統初，詔凡課程門攤，俱遵洪武舊額，〔三〕不得藉口鈔法妄增。未幾，以兵部侍郎于謙奏，革直省稅課司局，領其稅於有司；罷濟寧、徐州及南京上新河船料鈔，移漷縣鈔關於河西務；船料當輸六十貫者減爲二十貫。商民稱便。九年，王佐掌戶部，置彰義門官房，收商稅課鈔，復設直省稅課司官，征榷漸繁矣。景泰元年，于謙柄國，船料減至十五貫，減張家瀞及遼陽課稅之半。大理卿薛瑄言：「抽分薪炭等匿不報者，準船商匿番貨罪，盡沒之，過重。請得比匿稅律。」帝從之。成化七年增置蕪湖、荊州、杭州三處工部官。初抽分竹木，止取鈔，其後易以銀，至是漸益至數萬兩。尋遣御史榷稅。孝宗初，御史陳瑤言：「崇文門監稅官以掊克爲能，非國體。」乃命客貨外，車輛毋得搜阻。又從給事中王敞言，取回蕪湖、荊州、杭州抽分御史，以府州佐貳官監收其稅。十三年復遣御史。正德十一年始收泰山碧霞元君祠香錢，從鎮守太監言也。十二年，御史胡文靜請革新設諸抽分廠。未一年，太監鄭璽請復設於順德、廣平。工部尚書李鐩依阿持兩端，横征之端復起。尋命中官李文、馬俊之湖廣、浙江抽分廠，與主事中分榷稅。世宗初，抽分中官及江西、福建、廣東稅課司局多所裁革，又革眞定諸府抽印木植中官。

京城九門之稅，弘治初歲入鈔六十六萬餘貫，錢二百八十八萬餘文，至末年，數大減。自正德七年以後，鈔增四倍，錢增三十萬。嘉靖三年，詔如弘治初年例，仍減錢三十萬。直省關稅，成化以來，折收銀，其後復收錢鈔。八年復收銀，遂爲定制。始時鈔關估船料定稅，既而以估料難核，乃度梁頭廣狹爲準，自五尺至三丈六尺有差。帝令以成尺爲限，勿科畸零。太監李能請於山海關榷商稅，行之數年，主事鄔閱言：「廣寧八里鋪前屯衞既有榷場，不宜再榷。」罷之。其後復山海關稅，罷八里鋪店錢。四十二年令各關歲額定數之外，餘饒悉入公帑。隆慶二年始給鈔關主事關防敕書，尋令鈔關去府近者，知府收解；去府遠者，令佐貳官收貯府庫，季解部。主事掌覈商所報物數以定稅數，收解無有所與。

神宗初，令商貨進京者，河西務給紅單，赴崇文門并納正、條、船三稅；其不進京者，河西務止收正稅，免條、船二稅。萬曆十一年革天下私設無名稅課。然自隆慶以來，凡橋梁、道路、關津私擅抽稅，罔利病民，雖累詔察革，不能去也。迨兩宮三殿災，營建費不貲，始開礦增稅。而天津店租，廣州珠榷，兩淮餘鹽，京口供用，浙江市舶，成都鹽茶，重慶名木，湖口、長江船稅，荊州店稅，寶坻魚葦及門攤商稅、油布雜稅，中官遍天下，非領稅卽領礦，驅脅官吏，務朘削焉。

榷稅之使，自二十六年千戶趙承勳奏請始。其後高寀於京口，暨祿於儀眞，劉成於浙，李鳳於廣州，陳奉於荊州，馬堂於臨淸，陳增於東昌，孫隆於蘇、杭，魯坤於河南，孫朝於山西，丘乘雲於四川，梁永於陝西，李道於湖口，王忠於密雲，張曄於盧溝橋，沈永壽於廣西，或徵市舶，或徵店稅，或專領稅務，或兼領開採。姦民納賄於中官，輒給指揮千戶劄，用爲爪牙。水陸行數十里，卽樹旗建廠。視商賈懦者肆爲攘奪，沒其全貲。負戴行李，亦被搜索。又立土商名目，窮鄉僻塢，米鹽雞豕，皆令輸稅。所至數激民變，帝率庇不問。諸所進稅，或稱遺稅，或稱節省銀，或稱罰贖，或稱額外贏餘。又假買辦、孝順之名，金珠寶玩、貂皮、名馬，雜然進奉，帝以爲能。甚至稅監劉成因災荒請暫寬商稅，中旨仍徵課四萬，其嗜利如此。三十三年始詔罷採礦，以稅務歸有司，而稅使不撤。李道詭稱有司固却，乞如舊便。帝遽從之。又聽福府承奉謝文銓言，設官店於崇文門外，以供福邸。戶部尚書趙世卿屢疏。不聽。世卿又言：「崇文門、河西務、臨清、九江、滸墅、揚州、北新、淮安各鈔關，歲徵本折約三十二萬五千餘兩，萬曆二十五年增銀八萬二千兩，此定額也。乃二十七年以後，歷歲減縮，至二十九年總解二十六萬六千餘兩。究厥所由，則以稅使苛斂，商至者少，連年稅使所供，卽此各關不足之數也。」疏入不省。寶坻銀魚廠，永樂時設，穆宗時，止令估直備廟祀上供。及是始以中官坐採，又徵其稅，後幷稅武淸等縣非產魚之處。增葦網諸稅，且及靑縣、天津。九門稅尤苛，舉子皆不免，甚至擊殺覲吏。事聞，詔法司治之，監豎爲小戢。至四十二年，李太后遺命減天下稅額三之一，免近京畸零小稅。〔三〕光宗立，始盡蠲天下額外稅，撤回稅監，其派入地畝、行戶、人丁、間架者，概免之。

天啓五年，戶部尚書李起元請復榷水陸衝要，依萬曆二十七八年例，量徵什一。允行之。崇禎初，關稅每兩增一錢，通八關增五萬兩。三年復增二錢，惟臨淸僅半，而崇文門、河西務俱如舊。戶部尚書畢自嚴，議增南京宣課司稅額一萬爲三萬。南京戶部尚書鄭三俊，以宣課所收落地稅無幾，請稅蕪湖以當增數。自嚴遂議稅蕪湖三萬兩，而宣課仍增一萬。

三俊悔，疏爭不能已。九年復議增稅課款項。十三年增關稅二十萬兩，而商民益困矣。

凡諸課程，始收鈔，間折收米，已而收錢鈔半，後乃折收銀，而折色、本色遞年輸收，本色歸內庫，折色歸太倉。

明初，東有馬市，西有茶市，皆以馭邊省戍守費。海外諸國入貢，許附載方物與中國貿易。因設市舶司，置提舉官以領之，所以通夷情，抑姦商，俾法禁有所施，因以消其釁隙也。洪武初，設於太倉黃渡，尋罷。復設於寧波、泉州、廣州。寧波通日本，泉州通琉球，廣州通占城、暹羅、西洋諸國。琉球、占城諸國皆恭順，任其時至入貢。惟日本叛服不常，故獨限其期為十年，人數為二百，舟為二艘，以金葉勘合表文為驗，以防詐偽侵軼。後市舶司暫罷，輒復嚴禁瀕海居民及守備將卒私通海外諸國。

永樂初，西洋剌泥國回回哈只馬哈沒奇等來朝，附載胡椒與民互市。有司請徵其稅。帝曰：「商稅者，國家抑逐末之民，豈以為利。今夷人慕義遠來，乃侵其利，所得幾何，而虧辱大體多矣。」不聽。三年，以諸番貢使益多，乃置驛於福建、浙江、廣東三市舶司以館之。福建曰來遠，浙江曰安遠，廣東曰懷遠。尋設交阯雲屯市舶提舉司，〔三〕接西南諸國朝貢者。初，入貢海舟至，有司封識，俟奏報，然後起運。宣宗命至卽馳奏，不待報隨送至京。

武宗時，提舉市舶太監畢眞言：「舊制，泛海諸船，皆市舶司專理，近領於鎭巡及三司官，乞如舊便。」禮部議：市舶職司進貢方物，其泛海客商及風泊番船，非敕旨所載，例不當預。中旨令如熊宣舊例行。宣先任市舶太監也，嘗以不預滿剌加諸國番舶抽分，奏請兼理，爲禮部所劾而罷。劉瑾私眞，謬以爲例云。

嘉靖二年，日本使宗設、宋素卿分道入貢，互爭眞僞。市舶中官賴恩納素卿賄，右素卿，宗設遂大掠寧波。給事中夏言言倭患起於市舶。遂罷之。市舶既罷，日本海賈往來自如，海上姦豪與之交通，法禁無所施，轉爲寇賊。二十六年，倭寇百艘久泊寧、台，數千人登岸焚劫。浙江巡撫朱紈訪知舶主皆貴官大姓，市番貨皆以虛直，轉鬻牟利，而直不時給，以是構亂。乃嚴海禁，毀餘皇，奏請鐫諭戒大姓，不報。二十八年，紈又言：「長澳諸大俠林恭等勾引夷舟作亂，而巨姦關通射利，因爲嚮導，躪我海濱，宜正典刑。」部覆不允。而通番大猾，紈輒以便宜誅之。御史陳九德劾紈措置乖方，專殺啓釁。帝逮紈聽勘。紈既黜，姦徒益無所憚，外交內訌，釀成禍患。汪直、徐海、陳東、麻葉等起，而海上無寧日矣。三十五年，倭寇大掠福建、浙、直，都御史胡宗憲遣其客蔣洲、陳可願使倭宣諭。還報，倭志欲通貢市。兵部議不可，乃止。

三十九年，鳳陽巡撫唐順之議復三市舶司。部議從之。四十四年，浙江以巡撫劉畿言，仍罷。福建開而復禁。萬曆中，復通福建互市，惟禁市硝黃。已而兩市舶司悉復，以中官領職如故。

永樂間，設馬市三：一在開原南關，以待海西；一在開原城東五里，一在廣寧，皆以待朶顏三衞。定直四等：上直絹八疋，布十二，次半之，下二等各以一遞減。旣而城東、廣寧市皆廢，惟開原南關馬市獨存。

大同馬市始正統三年，巡撫盧睿請令軍民平價市駝馬，達官指揮李原等通譯語，禁市兵器、銅鐵。〔二四〕帝從之。十四年，都御史沈固請支山西行都司庫銀市馬。時也先貢馬互市，中官王振裁其馬價，也先大舉入寇，遂致土木之變。

成化十四年，陳鉞撫遼東，復開三衞馬市。通事劉海、姚安肆侵牟，朶顏諸部懷怨，擾廣寧，不復來市。兵部尙書王越請令參將、布政司官各一員監之，毋有所侵剋。遂治海、安二人罪。尋令海西及朶顏三衞入市；開原月一市，廣寧月二市，以互市之稅充撫賞。正德時，令驗放入市者，依期出境，不得挾弓矢，非互市日，毋輒近塞垣。

嘉靖三十年，以總兵仇鸞言，詔於宣府、大同開馬市，命侍郎史道總理之。兵部員外郎楊繼盛諫。不從。俺答旋入寇抄，大同市則寇宣府，宣府市則寇大同。幣未出境，警報隨至。帝始悔之，召道還。然諸部嗜馬市利，未敢公言大舉，而邊臣亦多畏懾，以互市啗之。明年罷大同馬市，宣府猶未絕，抄掠不已，乃幷絕之。隆慶四年，俺答孫把漢那吉來降，於是封貢互市之議起。而宣、大互市復開，邊境稍靜。然撫賞甚厚，朝廷爲省客兵餉、減哨銀以充之。頻年加賞，而要求滋甚，司事者復從中乾沒，邊費反過當矣。

遼東義州木市，萬曆二十三年開，事具李化龍傳。二十六年從巡撫張思忠奏，罷之，遂幷罷馬市。其後總兵李成梁力請復，而薊遼總督萬世德亦疏於朝。二十九年復開馬、木二市，〔三〕後以爲常。

校勘記

〔一〕外爲龍文花欄　龍，原作「撗」，據明史稿志六二食貨志、太祖實錄卷九八洪武八年三月辛酉條、明會典卷三一改。

〔二〕告捕者賞銀二十五兩　二十五兩，太祖實錄卷九八洪武八年三月辛酉條、明會典卷三一都作「二百五十兩」。

〔三〕十三年以鈔用久昏爛立倒鈔法令所在置行用庫　按洪武九年七月甲子「立倒鈔法」，「令所在置行用庫，每昏爛鈔一貫，收工墨直三十文」。是所在置行用庫爲九年事。十三年四月己亥令「行用庫收換昏鈔」，「貫伯昏爛，方許入庫」，「在外行用庫裁革已久，今宜復置」。以上分見太祖實錄卷一〇七和一三一。是在外行用庫十三年復置，非十三年置。

〔四〕十六年寘戶部寶鈔廣源庫廣惠庫　十六年，原作「十五年」，據太祖實錄卷一五四洪武十六年五月乙卯條改。

〔五〕而鈔法益壞不行　鈔，原作「錢」，據太祖實錄卷二三四洪武二十七年八月乙酉條、稽璜續文獻通考卷一〇改。

〔六〕府縣衞所倉糧積至十年以上者　十年，原作「十五年」，據明史稿志六三食貨志、宣宗實錄卷六七宣德五年六月乙丑條改。

〔七〕詔兩京停鑄大錢　兩京，原作「南京」，據熹宗實錄卷五九天啓五年十月庚寅條、稽璜續文獻通考卷一一改。

〔八〕罷嵩縣白泥溝發礦　發礦，一作「銀礦」。宣宗實錄卷八三宣德六年九月丙戌條稱「嵩縣白泥溝地產銀礦」，「所得不償所費」，「罷之」。稽璜續文獻通考卷二三同。

〔九〕然福建尤溪縣銀屏山銀場局爐冶四十二座始於洪武十九年　爐冶，原作「爐局」，據明史稿志

六四、太祖實錄卷二〇六洪武二十三年十二月戊子條改。十九年，原作「末年」，據太祖實錄卷一七八洪武十九年五月己丑條改。

〔一〇〕開陝西商縣鳳皇山銀坑八所　陝西，原作「陝州」，據太宗實錄卷一四洪武三十五年十一月庚寅條改。

〔一一〕設貴州太平溪交阯宣光鎮金場局葛容溪銀場局　葛容溪，原作「葛溪」，據太宗實錄卷九六永樂十三年六月乙未條改。

〔一二〕得金僅三十五兩　三十五，原作「五十三」，據明史稿志六三食貨志、憲宗實錄卷一三六成化十年十二月戊子條、明書卷八二改。

〔一三〕山西巡撫魏允貞上言　山西，原作「雲南」，據本書卷二三二魏允貞傳、王圻續文獻通考卷二七改。

〔一四〕十二年益以茶陵　十二，原作「十四」，據太祖實錄卷一二三洪武十二年三月辛巳條「置長沙府茶陵鐵冶所」改。

〔一五〕廉州巡檢言階州界西戎　原脫「階」字，據明史稿志六三食貨志、太祖實錄卷一四四洪武十五年四月辛巳條補。

〔一六〕而四川東川府會川衞山產青綠銀銅　青綠、銀、銅，原作「青銀銅綠」，據上下文三次稱「青綠」

改。

〔一七〕裁革板場坑水銀場局　板場坑，原作「板坑」，脫「場」字。讀史方輿紀要卷一二二，貴州婺川縣長錢山有板場，其地有板場坑。據改。

〔一八〕買賣田宅頭匹必投稅　原脫「稅」字，據明史稿志六三食貨志、明會典卷三五補。

〔一九〕山西平遙主簿成樂秩滿來朝　平遙，原作「平遠」，據太祖實錄卷一〇六洪武九年六月庚戌條改。

〔二〇〕征商不如額者百七十八處　七十八，原作「七八十」，據太祖實錄卷一一一洪武十年三月甲申條、稽璜續文獻通考卷一八改。

〔二一〕正統初詔凡課程門攤俱遵洪武舊額　正統，明史稿志六三食貨志作「英宗」。照洪武舊額課稅的詔書，見英宗實錄卷一宣德十年正月壬午條。

〔二二〕免近京畸零小稅　近京，原作「近今」，據明史稿志六三食貨志、神宗實錄卷五一九萬曆四十二年四月丙戌條改。

〔二三〕尋設交阯雲屯市舶提舉司　雲屯，原作「雲南」，據太宗實錄卷五五永樂六年正月戊辰條、又卷五九永樂六年正月庚子條改。

〔二四〕禁市兵器銅鐵　市，英宗實錄卷四一正統三年四月癸未條、稽璜續文獻通考卷二六作「貨」，這是禁以兵器銅鐵易馬，作「貨」較合。

〔二五〕二十九年復開馬木二市　二十九，原作「三十九」，據明史稿志六三食貨志、神宗實錄卷三六六萬曆二十九年十二月辛未條改。

明史卷八十二

志第五十八

食貨六

上供採造　採造　柴炭　採木　珠池　織造　燒造　俸餉

會計

採造之事，累朝侈儉不同。大約靡於英宗，繼以憲、武，至世宗、神宗而極。其事目繁瑣，徵索紛紜。最鉅且難者，曰採木。歲造最大者，曰織造、曰燒造。酒醴膳羞則掌之光祿寺，採辦成就則工部四司、內監司局或專差職之，柴炭則掌之惜薪司。而最爲民害者，率由中官。

明初，上供簡省。郡縣貢香米、人參、葡萄酒，太祖以爲勞民，却之。仁宗初，光祿卿井泉奏，歲例遣正官往南京採玉面貍，帝叱之曰：「小人不達政體。朕方下詔，盡罷不急之務以息民，豈以口腹細故，失大信耶！」宣宗時，罷永樂中河州官買乳牛造上供酥油者，以其牛給屯軍。命御史二人察視光祿寺，凡內外官多支及需索者，執奏。英宗初政，三楊當軸，減南畿孳牧黃牛四萬，糖蜜、果品、腒脯、酥油、茶芽、稉糯、粟米、藥材皆減省有差，撤諸處捕魚官。卽位數月，多所撙節。凡上用膳食器皿三十萬七千有奇，南工部造，金龍鳳白瓷諸器，饒州造，硃紅膳盒諸器，營膳所造，以進宮中食物，尙膳監率乾沒之。帝令備帖具書，如數還給。景帝時，從于謙言，罷眞定、河間採野味、直沽海口造乾魚內使。

天順八年，光祿果品物料凡百二十六萬八千餘斤，增舊額四之一。成化初，詔光祿寺牲口不得過十萬。明年，寺臣李春請增。禮部尙書姚夔言：「正統間，雞鵝羊豕歲費三四萬。天順以來增四倍，暴殄過多。請從前詔。」後二年，給事中陳鉞言：〔一〕「光祿市物，概以勢取。負販遇之，如被劫掠。夫光祿所供，昔皆足用，今不然者，宣索過額，侵漁妄費也。」大學士彭時亦言：「光祿寺委用小人買辦，假公營私，民利盡爲所奪。請照宣德、正統間例，斟酌供用，禁止買辦。」於是減魚果歲額十之一。弘治元年命光祿減增加供應。初，光祿俱預支官錢市物，行頭吏役因而侵蝕。乃令各行先報納而後償價，遂有游手號爲報頭，假以供應爲名，抑價倍取，以充私橐。御史李鸞以爲言，帝命禁止。十五年，光祿卿王珩，列上內外官役酒飯及所畜禽獸料食之數，凡百二十事。乃降旨，有仍舊者，有減半者，有停止者。

於是放去乾明門虎、南海子猫、西華門鷹犬、御馬監山猴、西安門大鴿等，減省有差，存者減其食料。自成化時，添坐家長隨八十餘員，傳添湯飯中官百五十餘員。天下常貢不足於用，乃責買於京師鋪戶。價直不時給，市井負累。兵部尚書劉大夏因天變言之，乃裁減中官，歲省銀八十餘萬。

武宗之世，各宮日進、月進，數倍天順時。廚役之額，當仁宗時僅六千三百餘名，及憲宗增四之一。世宗初，減至四千一百名，歲額銀撙節至十三萬兩。中年復增至四十萬。額派不足，借支太倉。太倉又不足，乃令原供司府依數增派。於是帝疑其乾沒，下禮部問狀，責光祿寺具數以奏。帝復降旨詰責，乃命御史稽覈月進揭帖，兩月間省銀二萬餘兩。自是歲以爲常。

先是上供之物，任土作貢，曰歲辦。不給，則官出錢以市，曰採辦。其後本折兼收，採辦愈繁。於是召商置買，物價多虧，商賈匿迹。二十七年，戶部言：「京師召商納貨取直，富商規避，應役者皆貧弱下戶，請覈實編審。」給事中羅崇奎言：「諸商所以重困者，物價賤則減，而貴則不敢增。且收納不時，一遭風雨，遂不可用，多致賠累。既收之後，所司更代不常，不卽給直，或竟沈閣。幸給直矣，官司折閱於上，番役齮齕於下，名雖平估，所得不能半。諸弊若除，商自樂赴，奚用編審。」帝雖納其言，而仍編審如戶部議。

穆宗朝，光祿少卿李鍵奏十事，〔三〕帝乃可之，頗有所減省：停止承天香米、外域珍禽奇獸，罷寶坻魚鮮。凡薦新之物，領於光祿寺，勿遣中官。又從太監李芳請，停徵加增細粳米、白青鹽，命一依成、弘間例。御史王宗載請停加派。部議悉準原額，果品百七萬八千餘斤，牲口銀五萬八千餘兩，免加派銀二萬餘。未行，而神宗立，詔免之。世宗末年，歲用止十七萬兩，穆宗裁二萬，止十五萬餘，經費省約矣。萬曆初年，益減至十三四萬，中年漸增，幾三十萬，而鋪戶之累滋甚。時中官進納索賂，名鋪墊錢，費不訾，所支不足相抵，民不堪命，相率避匿。乃僉京師富戶爲商。令下，被僉者如赴死，重賄營免。官司密鉤，若緝姦盜。宛平知縣劉曰淑言：「京民一遇僉商，取之不遺毫髮，貲本悉罄。請厚估先發，以甦民困。」御史王孟震斥其越職，曰淑自劾解官去。至熹宗時，商累益重，有輸物於官終不得一錢者。

洪武時，宮禁中市物，視時估率加十錢，其損上益下如此。永樂初，斥言採五色石者，且以溫州輸礬困民，罷染色布。然內使之出，始於是時。工役繁興，徵取稍急，非土所有，民破產購之。軍器之需尤無算。仁宗時，山場、園林、湖池、坑冶、果樹、蠭蜜官設守禁者，悉予民。宣宗罷閘辦金銀，其他紙靛、紵絲、紗羅、氁緞、香貨、銀硃、金箔、紅花、茜草、麂皮、香蠟、藥物、果品、海味、硃紅戧金龍鳳器物，多所罷減。副都御史弋謙言：「有司給買辦物料價，十不償一，無異空取。」帝嘉納之，諭工部察懲。又因泰安州稅課局大使郝智言，悉召還所遣官，敕自今更不許輒遣，自軍器、軍需外，凡買辦者盡停止。然寬免之詔屢下，內使屢敕撤還，而奉行不實，宦者輒名採辦，虐取於民。誅袁琦、阮巨隊等十餘人，患乃稍息。英宗立，罷諸處採買及造下西洋船木，諸冗費多敕省。正統八年，以買辦擾民，始令於存留錢糧內折納，就近解兩京。

先是仁宗時，令中官鎮守邊塞，英宗復設各省鎮守，又有守備、分守，中官布列天下。及憲宗時益甚，購書採藥之使，搜取珍玩，靡有孑遺。抑賣鹽引，私採禽鳥，糜官帑，納私賂，動以巨萬計。太嶽、太和山降眞諸香，通三歲用七千斤，至是倍之。內府物料，有至五六倍者。孝宗立，頗有減省。甘肅巡撫羅明言：「鎮守、分守內外官競尙貢獻，各遣使屬邊衞搜方物，〔三〕名曰採辦，實扣軍士月糧馬價，或巧取番人犬馬奇珍。且設膳乳諸房，僉廚役造酥油諸物。比及起運，沿途騷擾，乞悉罷之。」報可。然其後靡費漸多。至武宗任劉瑾，漁利無厭。鎭守中官率貢銀萬計，皇店諸名不一，歲辦多非土產。諸布政使來朝，各陳進貢之害，皆不省。

世宗初，內府供應減正德什九。中年以後，營建齋醮，採木採香，採珠玉寶石，吏民奔命不暇，用黃白蠟至三十餘萬斤。又有召買，有折色，視正數三倍。沈香、降香、海漆諸香至十餘萬斤。又分道購龍涎香，十餘年未獲，使者因請海舶入澳，久乃得之。方澤、朝日壇，爵用紅黃玉，求不得，購之陝西邊境，遣使覓於阿丹，去土魯番西南二千里。太倉之銀，頗取入承運庫，辦金寶珍珠。於是猫兒睛、祖母碌、石綠、撒孛尼石、紅剌石、北河洗石、金剛鑽、朱藍石、紫英石、甘黃玉，無所不購。穆宗承之，購珠寶益急。給事中李己、陳吾德疏諫。己下獄，吾德削籍。自是供億寖多矣。

神宗初，內承運庫太監崔敏請買金珠。張居正封還敏疏，事遂寢。久之，帝日黷貨，開採之議大興，費以鉅萬計，珠寶價增舊二十倍。戶部尚書陳蕖言庫藏已竭，宜加撙節。中旨切責。而順天府尹以大珠鴉青購買不如旨，鐫級。至於末年，內使雜出，採造益繁。內府告匱，至移濟邊銀以供之。熹宗一聽中官，採造尤夥。莊烈帝立，始務釐剔節省，而庫藏已耗竭矣。

永樂中，後軍都督府供柴炭，役宣府十七衞所軍士採之邊關。宣宗初，以邊木以扼敵騎，且邊軍不宜他役，詔免其採伐，令歲納銀二萬餘兩，後府召商買納。四年置易州山廠，〔四〕命工部侍郎督之，僉北直、山東、山西民夫轉運，而後府輸銀召商如故。

初，歲用薪止二千萬餘斤。弘治中，增至四千萬餘斤。轉運既艱，北直、山東、山西乃悉輸銀以召商。正德中，用薪益多，增直三萬餘兩。凡收受柴炭，加耗十之三，中官輒私加數倍。逋負日積，至以三年正供補一年之耗。尚書李鐩議，令正耗相準，而主收者復私加，乃以四萬斤爲萬斤，又有輸納浮費，民弗能堪。世宗登極，乃酌減之。隆慶六年，後府採納艱苦，改屬兵部武庫司。〔五〕萬曆中，歲計柴價銀三十萬兩，中官得自徵比諸商，酷刑悉索，而人以惜薪司爲陷阱云。

採木之役，自成祖繕治北京宮殿始。永樂四年遣尚書宋禮如四川，侍郎古朴如江西，〔六〕師逵、金純如湖廣，副都御史劉觀如浙江，僉都御史史仲成如山西。〔七〕禮言有數大木，一夕自浮大谷達於江。天子以爲神，名其山曰神木山，遣官祠祭。十年復命禮採木四川。仁宗立，已其役。宣德元年修南京天地山川壇殿宇，復命侍郎黃宗載、吳廷用採木湖廣。未幾，因旱災已之。尋復採大木湖廣，而諭工部酌省，未幾復罷。其他處亦時採時罷。弘治時，發內帑修清寧宮，停四川採木。

正德時，採木湖廣、川、貴，命侍郎劉丙督運。太監劉養劾其不中梁棟，責丙陳狀，工部尚書李鐩奪俸。嘉靖元年革神木千戶所及衞卒。二十年，宗廟災，遣工部侍郎潘鑑、副都御史戴金於湖廣、四川採辦大木。二十六年復遣工部侍郎劉伯躍採於川、湖、貴州，湖廣一省費至三百三十九萬餘兩。又遣官覈諸處遺留大木。郡縣有司，以遲悞大工逮治褫黜非一，並河州縣尤苦之。萬曆中，三殿工興，採楠杉諸木於湖廣、四川、貴州，費銀九百三十餘萬兩，徵諸民間，較嘉靖年費更倍。而採鷹平條橋諸木於南直、浙江者，商人逋直至二十五萬。科臣劾督運官遲延侵冒，不報。虛糜乾沒，公私交困焉。

廣東珠池，率數十年一採。宣宗時，有請令中官採東莞珠池者，繫之獄。英宗始使中官監守，天順間嘗一採之。至弘治十二年，歲久珠老，得最多，費銀萬餘，獲珠二萬八千兩，遂罷監守中官。正德九年又採，嘉靖五年又採，珠小而嫩，亦甚少。八年復詔採，兩廣巡撫林富言：「五年採珠之役，死者五十餘人，而得珠僅八十兩，天下謂以人易珠。恐今日雖以人易珠，亦不可得。」給事中王希文言：「雷、廉珠池，祖宗設官監守，不過防民爭奪。正德間，逆豎用事，傳奉採取，流毒海濱。陛下御極，革珠池少監，未久旋復。驅無辜之民，蹈不測之險，以求不可必得之物，而責以難足之數，非聖政所宜有。」皆不聽。隆慶六年詔雲南進寶石二萬塊，廣東採珠八千兩。神宗立，停罷。既而以太后進奉，諸王、皇子、公主册立、分封、婚禮，令歲辦金珠寶石。復遣中官李敬、李鳳廣東採珠五千一百餘兩。給事中包見捷力諫。不納。至三十二年始停採。四十一年，以指揮倪英言，復開。

明制，兩京織染，內外皆置局。內局以應上供，外局以備公用。南京有神帛堂、供應機房，蘇、杭等府亦各有織染局，歲造有定數。

洪武時，置四川、山西諸行省，浙江紹興織染局。又置藍靛所於儀真、六合，種青藍以供染事。未幾悉罷。又罷天下有司歲織緞匹。有賞賚，給以絹帛，於後湖置局織造。永樂中，復設歙縣織染局。令陝西織造駝𣯶。正統時，置泉州織造局。天順四年遣中官往蘇、松、杭、嘉、湖五府，於常額外，增造綵緞七千匹。工部侍郎翁世資請減之，下錦衣獄，謫衡州知府。增造坐派於此始。孝宗初立，停免蘇、杭、嘉、湖、應天織造。其後復設，乃給中官鹽引，鬻於淮以供費。

正德元年，尚衣監言：「內庫所貯諸色紵絲、紗羅、織金、閃色，蟒龍、斗牛、飛魚、麒麟、獅子通袖、膝襴，並胸背斗牛、飛仙、天鹿，俱天順間所織，欽賞已盡。乞令應天、蘇、杭諸府依式織造。」帝可之。乃造萬七千餘匹。蓋成、弘時，頒賜甚謹。自劉瑾用事，倖璫陳乞漸廣，有未束髮而僭冒章服者，濫賞日增。中官乞鹽引、關鈔無已，監督織造，威劫官吏。至世宗時，其禍未訖。即位未幾，即令中官監織於南京、蘇、杭、陝西。穆宗登極，詔撤中官，已而復遣。

萬曆七年，蘇、松水災，給事中顧九思等請取回織造內臣，帝不聽。大學士張居正力陳年饑民疲，不堪催督，乃許之。未幾復遣中官。居正卒，添織漸多。蘇、杭、松、嘉、湖五府歲造之外，又令浙江、福建，常、鎭、徽、寧、揚、廣德諸府州分造，增萬餘匹。陝西織造羊絨七萬四千有奇，南直、浙江紵絲、紗羅、綾紬、絹帛，山西潞紬，皆視舊制加丈尺。二三年間，費至百萬，取給戶、工二部，搜括庫藏，扣留軍國之需。部臣科臣屢爭，皆不聽。末年，復令稅監兼司，姦弊日滋矣。

明初設南北織染局，南京供應機房，各省直歲造供用，蘇、杭織造，間行間止。自萬曆中，頻數派造，歲至十五萬匹，相沿日久，遂以爲常。陝西織造絨袍，弘、正間偶行，嘉、隆時復遣，亦遂沿爲常例。

燒造之事，在外臨清甎廠，京師琉璃、黑窯廠，皆造甎瓦，以供營繕。宣宗始遣中官張善之饒州，造奉先殿几筵龍鳳文白瓷祭器，磁州造趙府祭器。踰年，善以罪誅，罷其役。正統元年，浮梁民進瓷器五萬餘，償以鈔。禁私造黃、紫、紅、綠、青、藍、白地青花諸瓷器，違者罪死。宮殿告成，命造九龍九鳳膳案諸器，既又造青龍白地花缸。王振以爲有璺，遣錦衣指揮杖提督官，敕中官往督更造。成化間，遣中官之浮梁景德鎮，燒造御用瓷器，最多且久，費不貲。孝宗初，撤回中官，尋復遣。弘治十五年復撤。正德末復遣。

自弘治以來，燒造未完者三十餘萬器。嘉靖初，遣中官督之。給事中陳皋謨言其大為民害，請罷之。帝不聽。十六年新作七陵祭器。三十七年遣官之江西，造內殿醮壇瓷器三萬，後添設饒州通判，專管御器廠燒造。是時營建最繁，近京及蘇州皆有甎廠。隆慶時，詔江西燒造瓷器十餘萬。萬曆十九年命造十五萬九千，既而復增八萬，至三十八年未畢工。自後役亦漸寢。

國家經費，莫大於祿餉。洪武九年定諸王公主歲供之數。親王，米五萬石，鈔二萬五千貫，錦四十匹，紵絲三百匹，紗、羅各百匹，絹五百匹，冬夏布各千匹，綿二千兩，鹽二百引，茶千斤，皆歲支。馬料草，月支五十匹。其緞匹，歲給匠料，付王府自造。靖江王，米二萬石，〔八〕鈔萬貫，餘物半親王，馬料草二十匹。公主未受封者，紵絲、紗、羅各十匹，絹、冬夏布各三十匹，綿二百兩；已受封，賜莊田一所，歲收糧千五百石，鈔二千貫。親王子未受封，視公主；女未受封者半之。子已受封郡王，米六千石，鈔二千八百貫，錦十匹，紵絲五十匹，紗、羅減紵絲之半，絹、冬夏布各百匹，綿五百兩，鹽五十引，茶三百斤，馬料草十匹。女已受封及已嫁，米千石，鈔千四百貫，其緞匹於所在親王國造給。皇太子之次嫡子并庶子，既封郡王，必俟出閤然後歲賜，與親王子已封郡王者同。女俟及嫁，與親王女已嫁者同。凡親王世子，與已封郡王同。郡王嫡長子襲封郡王者，半始封郡王。女已封縣主及已嫁者，米五百石，鈔五百貫，餘物半親王女已受封者。郡王諸子年十五，各賜田六十頃，除租稅爲永業，其所生子世守之，後乃令止給祿米。

二十八年詔以官吏軍士俸給彌廣，量減諸王歲給，以資軍國之用。乃更定親王萬石，郡王二千石，鎭國將軍千石，輔國將軍、奉國將軍、鎭國中尉以二百石遞減，輔國中尉、奉國中尉以百石遞減，公主及駙馬二千石，郡王及儀賓八百石，縣主、郡君及儀賓以二百石遞減，縣君、鄉君及儀賓以百石遞減。自後爲永制。仁宗卽位，增減諸王歲祿，非常典也。時鄭、越、襄、荆、淮、滕、梁七王未之藩，令暫給米歲三千石，遂爲例。正統十二年定王府祿米，將軍自賜名受封日爲始，縣主、儀賓自出閤成婚日爲始，於附近州縣秋糧內撥給。景泰七年定郡王將軍以下祿米，出閤在前，受封在後，以受封日爲始；受封在前，出閤在後，以出閤日爲始。

宗室有罪革爵者曰庶人。英宗初，頗給以糧。嘉靖中，月支米六石。萬曆中減至二石或一石。

初，太祖大封宗藩，令世世皆食歲祿，不授職任事，親親之誼甚厚。然天潢日繁，而民賦有限。其始祿米盡支本色，既而本鈔兼支。有中半者，有本多於折者，其則不同。厥後勢不能給，而冒濫轉益多。姦弊百出，不可究詰。自弘治間，禮部尚書倪岳卽條請節減，以寬民力。嘉靖四十一年，御史林潤言：「天下之事，極弊而大可慮者，莫甚於宗藩祿廩。天下歲供京師糧四百萬石，而諸府祿米凡八百五十三萬石。以山西言，存留百五十二萬石，而宗祿三百十二萬〔九〕；以河南言，存留八十四萬三千石，而宗祿百九十二萬。是二省之糧，借令全輸，不足供祿米之半，況吏祿、軍餉皆出其中乎？故自郡王以上，猶得厚享，將軍以下，〔一〇〕多不能自存，饑寒困辱，勢所必至，常號呼道路，聚詬有司。守土之臣，每懼生變。夫賦不可增，而宗室日益蕃衍，可不爲寒心。宜令大臣科道集議於朝，且諭諸王以勢窮弊極，不得不通變之意。令戶部會計賦額，以十年爲率，通計兵荒蠲免、存留及王府增封之數。共陳善後良策，斷自宸衷，以垂萬世不易之規。」下部覆議，從之。至四十四年乃定宗藩條例。郡王、將軍七分折鈔，中尉六分折鈔，郡縣主、郡縣鄉君及儀賓八分折鈔，他冒濫者多所裁減。於是諸王亦奏辭歲祿，少者五百石，多者至二千石，歲出爲稍紓，而將軍以下益不能自存矣。

明初，勳戚皆賜官田以代常祿。其後令還田給祿米。公五千石至二千五百石，侯千五百石至千石，伯千石至七百石。百官之俸，自洪武初，定丞相、御史大夫以下歲祿數，刻石官署，取給於江南官田。十三年重定內外文武官歲給祿米、俸鈔之制，而雜流吏典附焉。正從一二三四品官，自千石至三百石，每階遞減百石，皆給俸鈔三百貫。正五品二百二十石，從減五十石，鈔皆百五十貫。正六品百二十石，從減十石，鈔皆九十貫。正從七品視從六品遞減十石，鈔皆六十貫。正八品七十五石，從減五石，鈔皆四十五貫。正從九品視從八品遞減五石，鈔皆三十貫。勒之石。吏員月俸，一二品官司提控、都吏二石五斗，掾史、令史二石二斗，知印、承差、吏、典一石二斗；三四品官司令史、書吏、司吏二石，承差、吏、典半之；五品官司司吏一石二斗，吏、典八斗；六品以下司吏一石；光祿寺等吏、典六斗。教官之祿，州學正月米二石五斗，縣教諭、府州縣訓導月米二石。首領官之祿，凡內外官司提控、案牘、州吏目、縣典史皆月米三石。雜職之祿，凡倉、庫、關、場、司、局、鐵冶、遞運、批驗所大使月三石，副使月二石五斗，河泊所官月米二石，閘壩官月米一石五斗。天下學校師生廩膳米人日一升，魚肉鹽醯之屬官給之。宦官俸，月米一石。

二十五年更定百官祿。正一品月俸米八十七石，從一品至正三品，遞減十三石至三十五石，從三品二十六石，正四品二十四石，從四品二十一石，正五品十六石，從五品十四石，正六品十石，從六品八石，正七品至從九品遞減五斗，至五石而止。自後爲永制。

洪武時，官俸全給米，間以錢鈔兼給，錢一千，鈔一貫，抵米一石。成祖即位，令公、侯、伯皆全支米；文武官俸則米鈔兼支，官高者支米十之四、五，官卑者支米十之六、八；〔一〕惟九品、雜職、吏、典、知印、總小旗、軍，並全支米。其折鈔者，每米一石給鈔十貫。永樂二年乃命公、侯、伯視文武官吏，米鈔兼支。仁宗立，官俸折鈔，每石至二十五貫。宣德八年，禮部尚書胡濙掌戶部，議每石減十貫，而以十分爲準，七分折絹，絹一匹抵鈔二百貫。少師蹇義等以爲仁宗在春宮久，深憫官員折俸之薄，故即位特增數倍，此仁政也，詎可違？濙不聽，竟請於帝而行之，而卑官日用不贍矣。正統中，五品以上米二鈔八，六品以下米三鈔七。時鈔價日賤，每石十五貫者已漸增至二十五貫，而戶部尚書王佐復奏減爲十五貫。成化二年從戶部尚書馬昂請，又省五貫。舊例，兩京文武官折色俸，上半年給鈔，下半年給蘇木、胡椒。七年從戶部尚書楊鼎請，以甲字庫所積之布估給，布一匹當鈔二百貫。是時鈔法不行，一貫僅直錢二三文，米一石折鈔十貫，僅直二三十錢，而布直僅二三百錢，布一匹折米二十石，則米一石僅直十四五錢。自古官俸之薄，未有若此者。

十六年又令以三梭布折米，每匹抵三十石。其後粗闊棉布亦抵三十石，梭布極細者猶直銀二兩，粗布僅直三四錢而已。久之，定布一匹折銀三錢。於是官員俸給凡二：曰本色，曰折色。其本色有三：曰月米，曰折絹米，曰折銀米。月米，不問官大小，皆一石。折絹，絹一匹當銀六錢。折銀，六錢五分當米一石。其折色有二：曰本色鈔，曰絹布折鈔。本色鈔十貫折米一石，後增至二十貫。絹布折鈔，絹每匹折米二十石，布一匹折米十石。公侯之祿，或本折中半，或折多於本有差。文武官俸，正一品者，本色僅十之三，遞增至從九品，本色乃十之七。武職府衞官，惟本色米折銀例，每石二錢五分，與文臣異，餘並同。其三大營副將、參、遊、佐員，每月米五石，巡捕營提督、參將亦如之。巡捕中軍、把總官，月支口糧九斗，旗牌官半之。

天下衞所軍士月糧，洪武中，令京外衞馬軍月支米二石，步軍總旗一石五斗，小旗一石二斗，軍一石。城守者如數給，屯田者半之。民匠充軍者八斗，牧馬千戶所一石，民丁編軍操練者一石，江陰橫海水軍稍班、碇手一石五斗。陣亡病故軍給喪費一石，在營病故者半之。籍沒免死充軍者謂之恩軍，家四口以上一石，三口以下六斗，無家口者四斗。又給軍士月鹽，有家口者二斤，無者一斤，在外衞所軍士以鈔準。永樂中，始令糧多之地，旗軍月糧，八分支米，二分支鈔。後山西、陝西皆然，而福建、兩廣、四川則米七鈔三，江西則米鈔中半，惟京軍及中都留守司，河南、浙江、湖廣軍，仍全支米。已而定制，衞軍有家屬者，月米六斗，無者四斗五升，餘皆折鈔。凡各衞調至京操備軍兼工作者，米五斗。其後增損不一，而本折則例，各鎮多寡不同，不能具舉。

凡各鎮兵餉，有屯糧，有民運，有鹽引，有京運，有主兵年例，有客兵年例。屯糧者，明初，各鎮皆有屯田，一軍之田，足贍一軍之用，衞所官吏俸糧皆取給焉。民運者，屯糧不足，加以民糧。麥、米、豆、草、布、鈔、花絨運給戍卒，故謂之民運，後多議折銀。鹽引者，召商入粟開中，商屯出糧，與軍屯相表裏。其後納銀運司，名存而實亡。京運，始自正統中。後屯糧、鹽糧多廢，而京運日益矣。主兵有常數，客兵無常數。初，各鎮主兵足守其地，後漸不足，增以募兵，募兵不足，增以客兵。兵愈多，坐食愈衆，而年例亦日增云。

明田稅及經費出入之數，見於掌故者，皆略可考見。洪武二十六年，官民田總八百五十萬七千餘頃。夏稅，米麥四百七十一萬七千餘石，錢鈔三萬九千餘錠，絹二十八萬八千餘匹；秋糧，米二千四百七十二萬九千餘石，錢鈔五千餘錠。弘治時，官民田總六百二十二萬八千餘頃。夏稅，米麥四百六十二萬五千餘石，鈔五萬六千三百餘錠，絹二十萬二千餘匹；秋糧，米二千二百十六萬六千餘石，鈔二萬一千九百餘錠。萬曆時，官民田總七百一萬三千餘頃。夏稅，米麥總四百六十萬五千餘石，起運百九十萬三千餘石，餘悉存留，鈔五萬七千九百餘錠，絹二十萬六千餘匹；秋糧，米總二千二百三萬三千餘石，起運千三百三十六萬二千餘石，餘悉存留，鈔二萬三千六百餘錠。屯田六十三萬五千餘頃，花園倉基千九百餘所，徵糧四百五十八萬四千餘石。糧草折銀八萬五千餘兩，布五萬匹，鈔五萬餘貫，各運司提舉大小引鹽二百二十二萬八千餘引。

歲入之數，內承運庫，慈寧、慈慶、乾清三宮子粒銀四萬九千餘兩，金花銀一百一萬二千餘兩，金二千兩。廣惠庫、河西務等七鈔關，鈔二千九百二十八萬餘貫，錢五千九百七十七萬餘文。京衞屯鈔五萬六千餘貫。天財庫、京城九門鈔六十六萬五千餘貫，錢二百四十三萬餘文。京、通二倉，并薊、密諸鎮漕糧四百萬石。京衞屯豆二萬三千餘石。太倉銀庫，南北直隸、浙江、江西、山東、河南派剩麥米折銀二十五萬七千餘兩。絲綿、稅絲、農桑絹折銀九萬餘兩，綿布、苧布折銀三萬八千餘兩。百官祿米折銀二萬六千餘兩。馬草折銀三十五萬三千餘兩。京五草場折銀六萬三千餘兩。〔三〕各馬房倉麥豆草折銀二十餘萬兩。戶口鹽鈔折銀四萬六千餘兩。薊、密、永、昌、易、遼東六鎮，民運改解銀八十五萬三千餘兩。各鹽運提舉餘鹽、鹽課、鹽稅銀一百萬三千餘兩。黃白蠟折銀六萬八千餘兩。霸、大等馬房子粒銀二萬三千餘兩。備邊并新增地畝銀四萬五千餘兩。京衞屯牧地增銀萬八千餘兩。崇文門商稅、牙稅一萬九千餘兩，錢一萬八千餘貫。張家灣商稅二千餘兩，錢二千八百餘貫。諸鈔關折銀二十二萬三千餘兩。泰山香稅二萬餘兩。贓罰銀十七萬餘兩。商稅、魚課、富戶、曆日、民壯、弓兵并屯折、改折月糧銀十四萬四千餘兩。北直隸、山東、河南解各邊鎮麥、米、豆、草、鹽鈔折銀八十四萬二千餘兩。諸雜物條目繁瑣者不具載。所載歲入，但計起運京邊者，而存留不與焉。

歲出之數，公、侯、駙馬、伯祿米折銀一萬六千餘兩。官吏、監生俸米四萬餘石。官吏折俸絹布銀四萬四千餘兩，錢三千三百餘貫。倉庫、草場、官攢、甲斗，光祿、太常諸司及內府監局匠役本色米八萬六千餘石，折色銀一萬三千餘兩。錦衣等七十八衞所官吏、旗校、軍士、匠役本色米二百一萬八千餘石，折色銀二十萬六千餘兩。官員折俸絹布銀二十六萬八千餘兩。軍士冬衣折布銀八萬二千餘兩。五軍、神樞、神機三大營將卒本色米十二萬餘石，冬衣折布銀二千餘兩，官軍防秋三月口糧四萬三千餘石，營操馬匹本色料二萬四千餘石，草八十萬餘束。巡捕營軍糧七千餘石。京營、巡捕營，錦衣、騰驤諸衞馬料草折銀五萬餘兩。中都留守司，山東、河南二都司班軍行糧及工役鹽糧折銀五萬餘兩。京五草場商價一萬六千餘兩。〔一三〕御馬三倉象馬等房，商價十四萬八千餘兩。

諸邊及近京鎮兵餉。

宣府：主兵，屯糧十三萬二千餘石，折色銀二萬二千餘兩，民運折色銀七十八萬七千餘兩，兩淮、長蘆、河東鹽引銀十三萬五千餘兩，京運年例銀十二萬五千兩；客兵，淮、蘆鹽引銀二萬六千餘兩，京運年例銀十七萬一千兩。

大同：主兵，屯糧本色七萬餘石，折色銀一萬六千餘兩，牛具銀八千餘兩，鹽鈔銀一千餘兩，民運本色米七千餘石，折色銀四十五萬六千餘兩，屯田及民運本色草二百六十八萬餘束，折草銀二萬八千餘兩，淮、蘆鹽四萬三千餘引，京運年例銀二十六萬九千餘兩；客兵，京運銀十八萬一千兩，淮、蘆鹽七萬引。

山西：主兵，屯糧二萬八千餘石，折色銀一千餘兩，草九萬五千餘束，民運本色米豆二萬一千餘石，折色銀三十二萬二千餘兩，淮、浙、山東鹽引銀五萬七千餘兩，河東鹽課銀六萬四千餘兩，京運銀十三萬三千餘兩；客兵，京運銀七萬三千兩。

延綏：主兵，屯糧五萬六千餘石，地畝銀一千餘兩，民運糧料九萬七千餘石，折色銀十九萬七千餘兩，屯田及民運草六萬九千餘束，淮、浙鹽引銀六萬七千餘兩，京運年例銀三十五萬七千餘兩；客兵，淮、浙鹽引銀二萬九千餘兩，京運年例銀二萬餘兩。

寧夏：主兵，屯糧料十四萬八千餘石，折色銀一千餘兩，地畝銀一千餘兩，民運本色糧千餘石，折色銀十萬八千餘兩，屯田及民運草一百八十三萬餘束，淮、浙鹽引銀八萬一千餘兩，京運年例銀二萬五千兩；客兵，京運年例銀萬兩。

甘肅：屯糧料二十三萬二千餘石，草四百三十餘萬束，折草銀二千餘兩，民運糧布折銀二十九萬四千餘兩，京運銀五萬一千餘兩，淮、浙鹽引銀十萬二千餘兩。

固原：屯糧料三十一萬九千餘石，折色糧料草銀四萬一千餘兩，地畝牛具銀七千一百餘兩，民運本色糧料四萬五千餘石，折色糧料草布花銀二十七萬九千餘兩，屯田及民運草二十萬八千餘束，淮、浙鹽引銀二萬五千餘兩，京運銀六萬三千餘兩，犒賞銀一百九十餘兩。

遼東：主兵，屯糧二十七萬九千餘石，荒田糧四百餘兩，民運銀十五萬九千餘兩，兩淮、山東鹽引銀三萬九千餘兩，京運年例銀三十萬七千餘兩；客兵，京運年例銀十萬二千餘兩。

薊州：主兵，民運銀九千餘兩，漕糧五萬石，京運年例銀二十萬六千餘兩；客兵，屯糧料五萬三千餘石，地畝馬草折色銀萬六千餘兩，民運銀萬八千餘兩，山東民兵工食銀五萬六千兩，遵化營民壯工食銀四千餘兩，鹽引銀萬三千餘兩，京運年例銀二十萬八千餘兩，撫賞銀一萬五千兩，犒軍銀一萬三千餘兩。

永平：主兵，屯糧料三萬三千餘石，民運糧料二萬七千餘石，折色銀二萬八千餘兩，民壯工食銀萬二千餘兩，京運年例銀十二萬二千餘兩；客兵，屯草折銀三千餘兩，民運草三十一萬一千餘束，京運銀十一萬九千餘兩。

密雲：主兵，屯糧六千餘石，地畝銀二百九十兩，民運銀萬兩有奇，漕糧十萬四千餘石，京運銀十六萬兩有奇；客兵，民運銀萬六千餘兩，民壯工食銀九百餘兩，漕糧五萬石，京運銀二十三萬三千餘兩。

昌平：主兵，屯糧折色銀二千四百餘兩，地畝銀五百餘兩，折草銀一百餘兩，民運銀二萬兩有奇，漕糧十八萬九千餘石，京運年例銀九萬六千餘兩；客兵，京運年例銀四萬七千餘兩。

易州：主兵，屯糧二萬三千餘石，地畝銀六百餘兩，民運銀三十萬六千餘兩；客兵，京運銀五萬九千兩。

井陘：主兵，屯糧萬四千餘石，地畝銀八千餘兩，民運本色米麥一萬七千餘石，折色銀四萬八千餘兩；客兵，京運年例銀三千餘兩。

他雜費不具載。

校勘記

〔一〕給事中陳鉞言　陳鉞，原作「陳越」，據本書卷三〇四汪直傳、明史稿志六四食貨志、憲宗實錄卷五六成化四年七月丙戌條改。

〔二〕光祿少卿李鍵奏十事　李鍵，原作「李健」，據穆宗實錄卷一七隆慶二年二月庚寅條、又卷一八隆慶二年三月庚申條、明進士題名碑錄嘉靖丙辰科改。

〔三〕各遣使屬邊衞搜方物　孝宗實錄卷一七弘治元年八月己亥條「使」字下有「於所」兩字，疑是。

〔四〕四年置易州山廠　四年，原作「五年」，據本書卷七二職官志、明會典卷二〇五改。

〔五〕隆慶六年後府採納粗苦改屬兵部武庫司　六年，原作「五年」，武庫司，原作「車駕司」，據穆宗實錄卷六五隆慶六年正月乙酉條改。

〔六〕侍郎古朴如江西　古朴，原作「古析」，據本書卷一五〇古朴傳、明史稿志六四食貨志改。

〔七〕僉都御史史仲成如山西　史仲成，原作「史仲誠」，據太宗實錄卷四四永樂四年閏七月壬戌條、弇山堂別集卷六二改。

〔八〕靖江王米二萬石　原脫「二」字，據明史稿志六四、太祖實錄卷一〇四洪武九年二月丙戌條補。

〔九〕而宗祿三百十二萬　三，原作「二」，據世宗實錄卷五一四嘉靖四十一年十月乙亥條改。按山西存留百五十二萬石，不到三百十二萬石的半數，與下文所說「借令全輸，不足供祿米之半」正合。

〔一〇〕將軍以下　下，原作「上」，據明史稿志六四食貨志、世宗實錄卷五一四嘉靖四十一年十月乙亥條改。

〔一一〕官卑者支米十之六八　六八，原作「七八」。太宗實錄卷一五洪武三十五年十二月甲寅條：「五品六品（支米）什之六，七品八品什之八。」據改。

〔一二〕京五草場折銀六萬三千餘兩　京五草場折銀，明史稿志六四食貨志作「兩京五草場草折銀」。

〔一三〕京五草場商價一萬六千餘兩　京，明史稿志六四食貨志作「兩京」。

明史卷八十三

志第五十九

河渠一

黄河上

黃河，自唐以前，皆北入海。宋熙寧中，始分趨東南，一合泗入淮，一合濟入海。金明昌中，北流絕，全河皆入淮，元潰溢不時，至正中受害尤甚，濟寧、曹、鄆間，漂沒千餘里。賈魯爲總制，導使南，滙淮入海。

明洪武元年決曹州雙河口，入魚臺。徐達方北征，乃開塌場口，引河入泗以濟運，而徙曹州治於安陵。塌場者，濟寧以西、耐牢坡以南直抵魚臺南陽道也。八年，河決開封太黃寺堤。詔河南參政安然發民夫三萬人塞之。十四年決原武、祥符、中牟，有司請興築。帝以爲天災，令護舊堤而已。十五年春，決朝邑。七月決滎澤、陽武。十七年決開封東月堤，自陳橋至陳留橫流數十里。又決杞縣，入巴河。遣官塞河，蠲被災租稅。二十二年，河沒儀封，徙其治於白樓村。二十三年春，決歸德州東南鳳池口，逕夏邑、永城。發興武等十衞士卒，與歸德民併力築之。罪有司不以聞者。其秋，決開封西華諸縣，漂沒民舍。遣使振萬五千七百餘戶。二十四年四月，河水暴溢，決原武黑洋山，東經開封城北五里，又東南由陳州、項城、太和、潁州、潁上，東至壽州正陽鎮，全入於淮。而賈魯河故道遂淤。又由舊曹州、鄆城兩河口漫東平之安山，元會通河亦淤。明年復決陽武，氾陳州、中牟、原武、封丘、祥符、蘭陽、陳留、通許、太康、扶溝、杞十一州縣，有司具圖以聞。發民丁及安吉等十七衞軍士修築。其冬，大寒，役遂罷。三十年八月決開封，城三面受水。詔改作倉庫於滎陽高阜，以備不虞。冬，蔡河徙陳州。先是，河決，由開封北東行，至是下流淤，又決而之南。

永樂三年，河決溫縣堤四十丈，濟、滂二水交溢，〔二〕淹民田四十餘里，命修堤防。四年修陽武黃河決岸。八年秋，河決開封，壞城二百餘丈。民被患者萬四千餘戶，沒田七千五百餘頃。帝以國家藩屛地，特遣侍郎張信往視。信言：「祥符魚王口至中灤下二十餘里，有舊黃河岸，與今河面平。濬而通之，使循故道，則水勢可殺。」因繪圖以進。時尚書宋禮、侍郎金純方開會通河。帝乃發民丁十萬，命興安伯徐亨、侍郎蔣廷瓚偕純相治，併令禮總其役。九年七月，河復故道，自封丘金龍口，下魚臺塌場，會汶水，經徐、呂二洪南入於淮。是時，會通河已開，黃河與之合，漕道大通，遂議罷海運，而河南水患亦稍息。已而決陽武中鹽堤，漫中牟、祥符、尉氏。工部主事藺芳按視，言：「堤當急流之衝，夏秋泛漲，勢不可驟殺。宜捲土樹樁以資捍禦，無令重爲民患而已。」又言：「中灤導河分流，使由故道北入海，誠萬世利。但緣河堤埽，止用蒲繩泥草，不能持久。宜編木爲囤，塡石其中，則水可殺，堤可固。」詔皆從其議。十四年決開封州縣十四，經懷遠，由渦河入於淮。二十年，工部以開封土城堤數潰，請濬其東故道。報可。

宣德元年霪雨，溢開封州縣十。三年，以河患，徙靈州千戶所於城東。六年從河南布政使言，濬祥符抵儀封黃陵岡淤道四百五十里。是時，金龍口漸淤，而河復屢溢開封。十年從御史李懋言，濬金龍口。

正統二年築陽武、原武、滎澤決岸。又決濮州、范縣。三年，河復決陽武及邳州，灌魚臺、金鄉、嘉祥。越數年，又決金龍口、陽穀堤及張家黑龍廟口，而徐、呂二洪亦漸淺，太黃寺巴河分水處，水脈微細。十三年方從都督同知武興言，發卒疏濬。而陳留水夏漲，決金村堤及黑潭南岸。築垂竣，復決。其秋，新鄉八柳樹口亦決，漫曹、濮，抵東昌，衝張秋，潰壽張沙灣，壞運道，東入海。徐、呂二洪遂淺澀。命工部侍郎王永和往理其事。永和至山東，修沙灣未成，以冬寒停役。且言河決自衞輝，宜敕河南守臣修塞。帝切責之，令山東三司築沙灣，趣永和塞河南八柳樹，疏金龍口，使河由故道。明年正月，河復決聊城。至三月，永和濬黑洋山西灣，引其水由太黃寺以資運河。修築沙灣堤大半，而不敢盡塞，置分水閘，設三空放水，自大清河入海。且設分水閘二空於沙灣西岸，以泄上流，而請停八柳樹工。從之。是時，河勢方橫溢，而分流大清，不耑向徐、呂。徐、呂益膠淺，且自臨清以南，運道艱阻。

景泰二年特敕山東、河南巡撫都御史洪英、王暹協力合治，務令水歸漕河。暹言：「黃河自陝州以西，有山峽，不能爲害；陝州以東，則地勢平緩，水易泛溢，故爲害甚多。洪武二十四年改流，從汴梁北五里許，由鳳陽入淮者爲大黃河。〔三〕其支流出徐州以南者爲小黃河，以通漕運。自正統十三年以來，河復故道，從黑洋山後徑趨沙灣入海，但存小黃河從徐州出。岸高水低，隨濬隨塞，以是徐州之南不得飽水。臣自黑洋山東南抵徐州，督河南三司疏濬。臨清以南，請以責英。」未幾，給事中張文質劾暹、英治水無績，請引塌場水濟徐、呂二洪，濬潘家渡以北支流，殺沙灣水勢。且開沙灣浮橋以西河口，築閘引水，以灌臨清，而別命官以責其成。詔不允，仍命暹、英調度。

時議者謂：「沙灣以南地高，水不得南入運河。請引耐牢坡水以灌運，而勿使經沙灣，別開河以避其衝決之勢。」或又言：「引耐牢坡水南去，則自此以北枯澀矣。」甚者言：「沙灣水湍急，石鐵沉下若羽，非人力可爲。宜設齋醮符咒以禳之。」帝心甚憂念，命工部尚書石璞往治，而加河神封號。

璞至，濬黑洋山至徐州以通漕，而沙灣決口如故。乃命中官黎賢、阮洛，御史彭誼協治。璞等築石堤於沙灣，以禦決河，開月河二，引水以益運河，且殺其決勢。三年五月，河流漸微細，沙灣堤始成。乃加璞太子太保，而於黑洋山、沙灣建河神二新廟，歲春秋二祭。六月，大雨浹旬，復決沙灣北岸，掣運河之水以東，近河地皆沒。命英督有司修築。復敕中官黎賢、武艮，工部侍郞趙榮往治。四年正月，河復決新塞口之南，詔復加河神封號。至四月，決口乃塞。五月，大雷雨，復決沙灣北岸，掣運河水入鹽河，漕舟盡阻。帝復命璞往。乃鑿一河，長三里，以避決口，上下通運河，而決口亦築壩截之，令新河、運河俱可行舟。工畢奏聞。帝恐不能久，令璞且留處置，而命諭德徐有貞爲僉都御史耑治沙灣。

時河南水患方甚，原武、西華皆遷縣治以避水。巡撫還言：「黃河舊從開封北轉流東南入淮，不爲害。自正統十三年改流爲二。一自新鄉八柳樹，〔三〕由故道東經延津、封丘入沙灣。一決滎澤，漫流原武，抵祥符、扶溝、通許、洧川、尉氏、臨潁、郾城、陳州、商水、西華、項城、太康。沒田數十萬頃，而開封患特甚。雖嘗築大小堤於城西，皆三十餘里，然沙土易壞，隨築隨決，小堤已沒，大堤復壞其半。請起軍民夫協築，以防後患。」帝可其奏。

太僕少卿黃仕儁亦言：「河分兩派，一自滎澤南流入項城，一自新鄉八柳樹北流，入張秋會通河，並經六七州縣，約二千餘里。民皆蕩析離居，而有司猶徵其稅。乞敕所司覆視免徵。」帝亦可其奏。巡撫河南御史張瀾又言：〔四〕「原武黃河東岸嘗開二河，合黑洋山舊河道引水濟徐、呂。今河改決而北，二河淤塞不通，恐徐、呂乏水，必妨漕運，黑洋山北，河流稍紆迴，請因決口改挑一河以接舊道，灌徐、呂。」帝亦從之。

有貞至沙灣，上治河三策：「一置水閘門。臣聞水之性可使通流，不可使堙塞。禹鑿龍門，闢伊闕，爲疏導計也。故漢武堙瓠子終弗成功，漢明疏汴河踰年著績。今談治水者甚衆，獨樂浪王景所述制水門之法可取。蓋沙灣地土皆沙，易致坍決，故作壩作閘皆非善計。請依景法損益其間，置閘門於水，而實其底，令高常水五尺。小則拘之以濟運，大則疏之使趨海，則有通流之利，無堙塞之患矣。一開分水河。凡水勢大者宜分，小者宜合。今黃河勢大恒衝決，運河勢小恒乾淺，必分黃水合運河，則有利無害。請度黃河可分之地，開廣濟河一道，下穿濮陽、博陵及舊沙河二十餘里，上連東、西影塘及小嶺等地又數十餘里，其內則有古大金堤可倚以爲固，其外有八百里梁山泊可恃以爲泄。〔五〕至新置二閘亦頗堅牢，可以宣節，使黃河水大不至泛溢爲害，小亦不至乾淺以阻漕運。」其一挑深運河。帝諭有貞，如其議行之。

有貞乃踰濟、汶，沿衞、沁，循大河，道濮、范，相度地形水勢，上言：「河自雍而豫，出險固而之夷斥，水勢旣肆。由豫而兗，土益疏，水益肆。而沙灣之東，所謂大洪口者，適當其衝，於是決焉，而奪濟、汶入海之路以去。諸水從之而洩，堤以潰，渠以淤，澇則溢，旱則涸，漕道由此阻。然驟而堰之，則潰者益潰，淤者益淤。今請先疏其水，水勢平乃治其決，決止乃濬其淤。」於是設渠以疏之，起張秋金堤之首，西南行九里至濮陽濼，又九里至博陵陂，又六里至壽張之沙河，又八里至東、西影塘，又十有五里至白嶺灣，又三里至李𡽹，凡五十里。由李𡽹而上二十里至竹口蓮花池，又三十里至大瀦潭，〔六〕乃踰范暨濮，又上而西，凡數百里，經澶淵以接河、沁，築九堰以禦河流旁出者，長各萬丈，實之石而鍵以鐵。六年七月，功成，賜渠名廣濟。沙灣之決垂十年，至是始塞。亦會黃河南流入淮，有貞乃克奏功。凡費木鐵竹石累數萬，夫五萬八千有奇，工五百五十餘日。自此河水北出濟漕，而阿、鄄、曹、鄆間田出沮洳者，百數十萬頃。乃濬漕渠，由沙灣北至臨清，南抵濟寧，復建八閘於東昌，用王景制水門法以平水道，而山東河患息矣。

七年夏，河南大雨，河決開封、河南、彰德。其秋，畿輔、山東大雨，諸水並溢，高地丈餘，堤岸多衝決。仍敕有貞修築。未幾，事竣，還京入見。奬勞甚至，擢副都御史。

天順元年修祥符護城大堤。五年七月，河決汴梁土城，又決磚城，城中水丈餘，壞官民舍過半。周王府宮人及諸守土官皆乘舟筏以避，軍民溺死無算。襄城亦決縣城。命工部侍郎薛遠往視，恤災戶，蠲田租，公廨民居以次修理。明年二月，開祥符曹家溜，河勢稍平。

七年春，河南布政司照磨金景輝考滿至京，上言：「國初，黃河在封丘，後徙康王馬頭，去城北三十里，復有二支河：一由沙門注運河，一由金龍口達徐、呂入海。正統戊辰，決滎澤，轉趨城南，幷流入淮，舊河、支河俱堙，漕河因而淺澀。景泰癸酉，因水迫城，築堤四十里，勞費過甚，而水發輒潰，然尚未至決城壕爲人害也。至天順辛巳，水暴至，土城磚城並圮，七郡財力所築之堤，俱委諸無用，人心惶惶，未知所底。夫河不循故道，併流入淮，是爲妄行。今急宜疏導以殺其勢。若止委之一淮，而以堤防爲長策，恐開封終爲魚鼈之區。乞敕部檄所司，先疏金龍口寬闊以接漕河，然後相度舊河或別求泄水之地，挑濬以平水患，爲經久計。」命如其說行之。

成化七年命王恕爲工部侍郎，奉敕總理河道。總河侍郎之設，自恕始也。時黃河不爲患，恕耑力漕河而已。

十四年，河決開封，壞護城堤五十丈。巡撫河南都御史李衍言：「河南累有河患，皆下流壅塞所致。宜疏開封西南新城地，下抵梁家淺舊河口七里壅塞，以洩杏花營上流。又自八角河口直抵南頓，分導散漫，以免祥符、鄢陵、睢、陳、歸德之災。」乃敕衍酌行之。明年正月遷滎澤縣治以避水，而開封堤不久卽塞。

弘治二年五月，河決開封及金龍口，入張秋運河，又決埽頭五所入沁。郡邑多被害，汴梁尤甚，議者至請遷開封城以避其患。布政司徐恪持不可，乃止。命所司大發卒築之。九月命白昂爲戶部侍郎，修治河道，賜以特敕，令會山東、河南、北直隸三巡撫，自上源決口至運河，相機修築。

三年正月，昂上言：「臣自淮河相度水勢，抵河南中牟等縣，見上源決口，水入南岸者十三，入北岸者十七。南決者，自中牟楊橋至祥符界析爲二支：一經尉氏等縣，合潁水，下塗山，入於淮；一經通許等縣，入渦河，下荊山，入於淮。又一支自歸德州通鳳陽之亳縣，亦合渦河入於淮。北決者，自原武經陽武、祥符、封丘、蘭陽、儀封、考城，其一支決入金龍等口，至山東曹州，衝入張秋漕河。去冬，水消沙積，決口已淤，因併爲一大支，由祥符翟家口合沁河，出丁家道口，下徐州。此河流南北分行大勢也。合潁、渦二水入淮者，各有灘磧，水脈頗微，宜疏濬以殺河勢。合沁水入徐者，則以河道淺隘不能受，方有漂沒之虞。況上流金龍諸口雖暫淤，久將復決，宜於北流所經七縣，築爲堤岸，以衞張秋。但原敕治山東、河南、北直隸，而南直隸淮、徐境，實河所經行要地，尚無所統。」於是，併以命昂。

昂舉郎中婁性協治，乃役夫二十五萬，築陽武長堤，以防張秋。引中牟決河出滎澤陽橋以達淮，濬宿州古汴河以入泗，又濬睢河自歸德飲馬池，經符離橋至宿遷以會漕河，上築長堤，下修減水閘。又疏月河十餘以洩水，塞決口三十六，使河流入汴，汴入睢，睢入泗，泗入淮，以達海。水患稍寧。昂又以河南入淮非正道，恐卒不能容，復於魚臺、德州、吳橋修古長堤；又自東平北至興濟鑿小河十二道，入大清河及古黃河以入海。河口各建石堰，以時啓閉。蓋南北分治，而東南則以疏爲主云。

六年二月以劉大夏爲副都御史，治張秋決河。先是，河決張秋戴家廟，掣漕河與汶水合而北行，遣工部侍郎陳政督治。政言：「河之故道有二：一在滎澤孫家渡口，經朱仙鎭直抵陳州；一在歸德州飲馬池，與亳州地相屬。舊俱入淮，今已淤塞，因致上流衝激，勢盡北趨。自祥符孫家口、楊家口、車船口，蘭陽銅瓦廂決爲數道，俱入運河。於是張秋上下勢甚危急，自堂邑至濟寧堤岸多崩圮，而戴家廟減水閘淺隘不能洩水，亦有衝決。請濬舊河以殺上流之勢，塞決河以防下流之患。」政方漸次修舉，未幾卒官。帝深以爲憂，命廷臣會薦才識堪任者。僉舉大夏，遂賜敕以往。

十二月，巡按河南御史涂昇言：「黃河爲患，南決病河南，北決病山東。昔漢決酸棗，復決瓠子；宋決館陶，復決澶州；元決汴梁，復決蒲口。然漢都關中，宋都大梁，河決爲患，不過瀕河數郡而已。今京師專藉會通河歲漕粟數百萬石，河決而北，則大爲漕憂。臣博采與論，治河之策有四：

「一曰疏濬。滎、鄭之東，五河之西，飲馬、白露等河皆黃河由渦入淮之故道。其後南流日久，或河口以淤高不洩，或河身狹隘難容，水勢無所分殺，遂泛濫北決。今惟𤅢上流東南之故道，相度疏濬，則正流歸道，餘波就壑，下流無奔潰之害，北岸無衝決之患矣。二曰扼塞。既殺水勢於東南，必須築堤岸於西北。黃陵岡上下舊堤缺壞，當度下流東北形勢，去水遠近，補築無遺，排障百川悉歸東南，由淮入海，則張秋無患，而漕河可保矣。三曰用人，薦河南僉事張鼐。四曰久任，則請專信大夏，且於歸德或東昌建公廨，令居中裁決也。」帝以爲然。

七年五月命太監李興、平江伯陳銳往同大夏共治張秋。十二月築塞張秋決口工成。初，河流湍悍，決口闊九十餘丈，大夏行視之，曰：「是下流未可治，當治上流。」於是卽決口西南開越河三里許，使糧運可濟，乃濬儀封黃陵岡南賈魯舊河四十餘里，由曹出徐，以殺水勢。又濬孫家渡口，別鑿新河七十餘里，導使南行，由中牟、潁川東入淮。又濬祥符四府營淤河，由陳留至歸德分爲二。一由宿遷小河口，一由亳渦河，俱會於淮。然後沿張秋兩岸，東西築臺，立表貫索，聯巨艦穴而窒之，實以土。至決口，去窒沉艦，壓以大埽，且合且決，隨決隨築，連晝夜不息。決既塞，繚以石堤，隱若長虹，功乃成。帝遣行人齎羊酒往勞之，改張秋名爲安平鎮。

大夏等言：「安平鎮決口已塞，河下流北入東昌、臨淸至天津入海，運道已通，然必築黃陵岡河口，導河上流南下徐、淮，庶可爲運道久安之計。」廷議如其言。乃以八年正月築塞黃陵岡及荊隆等口七處，旬有五日而畢。蓋黃陵岡居安平鎮之上流，其廣九十餘丈，荊隆等口又居黃陵岡之上流，其廣四百三十餘丈。河流至此寬漫奔放，皆喉襟重地。諸口旣塞，於是上流河勢復歸蘭陽、考城，分流逕徐州、歸德、宿遷，南入運河，會淮水，東注於海，南流故道以復。而大名府之長堤，起胙城，歷滑縣、長垣、東明、曹州、曹縣抵虞城，凡三百六十里。其西南荊隆等口新堤起于家店，歷銅瓦廂、東橋抵小宋集，〔七〕凡百六十里。大小二堤相翼，而石壩俱培築堅厚，潰決之患於是息矣。帝以黃陵岡河口功成，敕建黃河神祠以鎮之，賜額曰昭應。其秋，召大夏等還京。荊隆卽金龍也。

十一年，河決歸德。管河工部員外郎謝緝言：「黃河一支，先自徐州城東小浮橋流入漕河，南抵邳州、宿遷。今黃河上流於歸德州小壩子等處衝決，與黃河別支會流，經宿州、睢寧，由宿遷小河口流入漕河。於是小河口北抵徐州水流漸細，河道淺阻。且徐、呂二洪，惟賴沁水接濟，自沁源、河內、歸德至徐州小浮橋流出，雖與黃河異源，而比年河、沁之流合而爲一。今黃河自歸德南決，恐牽引沁水俱往南流，則徐、呂二洪必至淺阻。請亟塞歸德決口，遏黃水入徐以濟漕，而挑沁水之淤，使入徐以濟徐、呂，則水深廣而漕便利矣。」帝從其請。

未幾，河南管河副使張鼐言：「臣嘗請修築侯家潭口決河，以濟徐、呂二洪。今自六月以來，河流四溢，潭口決齧彌深，工費浩大，卒難成功。臣嘗行視水勢，荆隆口堤內舊河通賈魯河，由丁家道口下徐、淮，其迹尚在。若於上源武陟木欒店別鑿一渠，下接荆隆口舊河，俟河流南遷，則引之入渠，庶沛然之勢可接二洪，而糧運無所阻矣。」帝爲下其議於總漕都御史李蕙。

越二歲，兗州知府龔弘上言：「副使鼐見河勢南行，欲自荆隆口分沁水入賈魯河，又自歸德西王牌口上下分水亦入賈魯河，俱由丁家道口入徐州。但今秋水從王牌口東行，不由丁家口而南，顧逆流東北至黃陵岡，又自曹縣入單，南連虞城。乞令守臣亟建疏濬修築之策。」於是河南巡撫都御史鄭齡言：「徐、呂二洪藉河、沁二水合流東下，以相接濟。今丁家道口上下河決堤岸者十有二處，共闊三百餘丈，而河淤三十餘里。上源奔放，則曹、單受害，而安平可虞；下流散溢，則蕭、碭被患，而漕流有阻。濬築誠急務也。」部覆從之，乃修丁家口上下堤岸。

初，黃河自原武、滎陽分而爲三：一自亳州、鳳陽至淸河口，通淮入海；一自歸德州過丁家道口，抵徐州小浮橋；一自窪泥河過黃陵岡，亦抵徐州小浮橋，即賈魯河也。迨河決黃陵岡，犯張秋，北流奪漕，劉大夏往塞之，仍出清河口。十八年，河忽北徙三百里，至宿遷小河口。正德三年又北徙三百里，至徐州小浮橋。四年六月又北徙一百二十里，至沛縣飛雲橋，俱入漕河。

是時，南河故道淤塞，水惟北趨，單、豐之間河窄水溢，決黃陵岡、尚家等口，曹、單田廬多沒，至圍豐縣城郭，兩岸闊百餘里。督漕及山東鎮巡官恐經鉅野、陽穀故道，則奪濟寧、安平運河，各陳所見以請。議未定。明年九月，河復衝黃陵岡，入賈魯河，汎溢橫流，直抵豐、沛。御史林茂達亦以北決安平鎮爲虞，而請濬儀封、考城上流故道，引河南流以分其勢，然後塞決口，築故堤。

工部侍郎崔巖奉命修理黃河，濬祥符董盆口、滎澤孫家渡，又濬賈魯河及亳州故河各數十里，且築長垣諸縣決口及曹縣外堤、梁靖決口。功未就而驟雨，堤潰。巖上疏言：「河勢衝蕩益甚，且流入王子河，亦河故道，若非上流多殺水勢，決口恐難卒塞。莫若於曹、單、豐、沛增築堤防，毋令北徙，庶可護漕。」且請別命大臣知水利者共議。於是帝責巖治河無方，而以侍郎李堂代之。〔八〕堂言：「蘭陽、儀封、考城故道淤塞，故河流俱入賈魯河，經黃陵岡至曹縣，決梁靖、楊家二口。侍郎巖亦嘗修濬，緣地高河澱，隨濬隨淤，水殺不多，而決口又難築塞。〔九〕今觀梁靖以下地勢最卑，故衆流奔注成河，直抵沛縣，藉令其口築成，而容受全流無地，必致迴激黃陵岡堤岸，而運道妨矣。至河流故道，堙者不可復疏，請起大名三春柳至沛縣飛雲橋，築堤三百餘里，以障河北徙。」從之。六年二月，功未竣，堂言：「陳橋集、銅瓦廂俱應增築，請設副使一人耑理。」會河南盜起，召堂還京，命姑已其不急者。遂委其事於副使，而堤役由此罷。

八年六月，河復決黃陵岡。部議以其地界大名、山東、河南，守土官事權不一，請耑遣重臣，乃命管河副都御史劉愷兼理其事。愷奏，率衆祭告河神，越二日，河已南徙。尚書李鐩因請祭河，且賜愷羊酒。愷於治河束手無策，特歸功於神。曹、單間被害日甚。

世宗初，總河副都御史龔弘言：「黃河自正德初載，變遷不常，日漸北徙。大河之水合成一派，歸入黃陵岡前乃折而南，出徐州以入運河。黃陵岡初築三埽，先已決去其二，懼山、陜諸水橫發，加以霖潦，決而趨張秋，復由故道入海。臣嘗築堤，起長垣，由黃陵岡抵山東楊家口，延袤二百餘里。今擬距堤十里許再築一堤，延袤高廣如之。卽河水溢舊堤，流至十里外，性緩勢平，可無大決。」從之。自黃陵岡決，開封以南無河患，而河北徐、沛諸州縣河徙不常。

嘉靖五年，督漕都御史高友璣請濬山東賈魯河、河南鴛鴦口，分洩水勢，毋偏害一方。

部議恐害山東、河南，不允。其冬，以章拯爲工部侍郎兼僉都御史治河。〔一〇〕

先是，大學士費宏言：「河入汴梁以東分爲三支，雖有衝決，可無大害。正德末，渦河等河日就淤淺，黃河大股南趨之勢既無所殺，乃從蘭陽、考城、曹、濮奔赴沛縣飛雲橋及徐州之溜溝，悉入漕河，泛溢瀰漫，此前數年河患也。近者，沙河至沛縣浮沙湧塞，官民舟楫悉取道昭陽湖。春夏之交，湖面淺涸，運道必阻，渦河等河必宜亟濬。」御史戴金言：「黃河入淮之道有三：自中牟至荊山合長淮曰渦河；自開封經葛岡小壩、丁家道口、馬牧集鴛鴦口至徐州小浮橋口曰汴河；自小壩經歸德城南飲馬池抵文家集，經夏邑至宿遷曰白河。弘治間，渦、白上源堙塞，而徐州獨受其害。宜自小壩至宿遷小河併賈魯河、鴛鴦口、文家集壅塞之處，盡行疏通，則趨淮之水不止一道，而徐州水患殺矣。」御史劉欒言：「曹縣梁靖口南岸，舊有賈魯河，南至武家口十三里，黃沙淤平，必宜開濬。武家口下至馬牧集鴛鴦口百十七里，即小黃河舊通徐州故道，水尚不涸，亦宜疏通。」督漕總兵官楊宏亦請疏歸德小壩、丁家道口、亳州渦河、宿遷小河。友瓘及拯亦屢以爲言。俱下工部議，以爲濬賈魯故道，開渦河上源，功大難成，未可輕舉，但議築堤障水，俾入正河而已。

是年，黃河上流驟溢，東北至沛縣廟道口，截運河，注雞鳴臺口，入昭陽湖。汶、泗南下之水從而東，而河之出飛雲橋者漫而北，淤數十里，河水沒豐縣，徙治避之。

明年，拯言：「滎澤北孫家渡、〔二〕蘭陽北趙皮寨，皆可引水南流，但二河通渦，東入淮，又東至鳳陽長淮衞，經壽春王諸園寢，爲患叵測。惟寧陵北坌河一道，通飲馬池，抵文家集，又經夏邑至宿州符離橋，出宿遷小河口，自趙皮寨至文家集，凡二百餘里，濬而通之，水勢易殺，而園寢無患。」乃爲圖說以聞。命刻期舉工。而河決曹、單，城武楊家、梁靖二口、吳士舉莊，衝入雞鳴臺，奪運河，沛地淤塡七八里，糧艘阻不進。御史吳仲以聞，因劾拯不能辦河事，乞擇能者往代。其冬，以盛應期爲總督河道右都御史。

是時，光祿少卿黃綰、詹事霍韜、左都御史胡世寧、兵部尙書李承勛各獻治河之議。綰言：

漕河資山東泉水，不必資黃河，莫若濬兗、冀間兩高中低之地，道河使北，至直沽入海。

韜言：

議者欲引河自蘭陽注宿遷。夫水溢徐、沛，猶有二洪爲之束捍，〔三〕東北諸山亙列如垣，有所底極，若道蘭陽，則歸德、鳳陽平地千里，河勢奔放，數郡皆壑，患不獨徐、沛矣。按衞河自衞輝汲縣至天津入海，猶古黃河也。今宜於河陰、原武、懷、孟間，審視地形，引河水注於衞河，至臨淸、天津，則徐、沛水勢可殺其半。且元人漕舟涉江入淮，至封丘北，陸運百八十里至淇門，入御河達京師。御河卽衞河也。今導河注衞，冬春泝衞河沿臨清至天津，夏秋則由徐、沛，此一舉而運道兩得也。

世寧言：

河自汴以來，南分二道：一出汴城西滎澤，經中牟、陳、潁，至壽州入淮；一出汴城東祥符，經陳留、亳州，至懷遠入淮。其東南一道自歸德、宿州，經虹縣、睢寧，至宿遷出其東〔三〕。分五道：一自長垣、曹、鄆至陽穀出；一自曹州雙河口至魚臺塌場口出；一自儀封、歸德至徐州小浮橋出；一自沛縣南飛雲橋出；一自徐、沛之中境山、北溜溝出。六道皆入漕河，而南會於淮。今諸道皆塞，惟沛縣一道僅存。合流則水勢旣大，河身亦狹不能容，故溢出爲患。近又漫入昭陽湖，以致流緩沙壅。宜因故道而分其勢，汴西則濬孫家渡抵壽州以殺上流，汴東南出懷遠、宿遷及正東小浮橋、溜溝諸道，各宜擇其利便者，開濬一道，以洩下流。或修武城南廢堤，抵豐、單接沛北廟道口，以防北流。此皆治河急務也。至爲運道計，則當於湖東滕、沛、魚臺、鄒縣間獨山、新安社地別鑿一渠，南接留城，北接沙河，不過百餘里。厚築西岸以爲湖障，令水不得漫，而以一湖爲河流散漫之區，乃上策也。

承勛言：

黃河入運支流有六。自渦河源塞，則北出小黃河、溜溝等處，不數年諸處皆塞，北併出飛雲橋，於是豐、沛受患，而金溝運道遂淤。然幸東面皆山，猶有所障，故昭陽湖得通舟。若益徙而北，則徑奔入海，安平鎭故道可慮，單縣、穀亭百萬生靈之命可虞。又益北，則自濟寧至臨清運道諸水俱相隨入海，運何由通？臣愚以爲相六道分流之勢，導引使南，可免衝決，此下流不可不疏濬也。欲保豐、沛、單縣、穀亭之民，必因舊堤築之，堤其西北使毋溢出，此上流不可不堤防也。

其論昭陽湖東引水爲運道，與世寧同。乃下總督大臣會議。

七年正月，應期奏上，如世寧策，請於昭陽湖東改爲運河。會河決，淤廟道口三十餘里，乃別遣官濬趙皮寨，孫家渡，南、北溜溝以殺上流，隄武城迤西至沛縣南，以防北潰。會旱災修省，言者請罷新河之役，乃召應期還京，以工部侍郎潘希曾代。希曾抵官，言：「邇因趙皮寨開濬未通，疏孫家渡口以殺河勢，請敕河南巡撫潘塤督管河副使，刻期成功。」帝從其奏。希曾又言：「漕渠廟道口以下忽淤數十里者，由決河西來橫衝口上，并掣閘河之水東入昭陽湖，致閘水不南，而飛雲橋之水時復北漫故也。今宜於濟、沛間加築東堤，以遏入湖之路，更築西堤以防黃河之衝，則水不散緩，而廟道口可永無淤塞之虞。」帝亦從之。

八年六月，單、豐、沛三縣長堤成。九年五月，孫家渡河堤成。逾月，河決曹縣。一自胡村寺東，東南至賈家壩入古黃河，由丁家道口至小浮橋入運河。一自胡村寺東北，分二支：一東南經虞城至碭山，合古黃河出徐州；一東北經單縣長堤抵魚臺，漫爲坡水，傍穀亭入運河。單、豐、沛三縣長堤障之，不爲害。希曾上言：「黃由歸德至徐入漕，故道也。永樂間，濬開封支河達魚臺入漕以濟淺。自弘治時，黃河改由單、豐出沛之飛雲橋，而歸德故道始塞，魚臺支河亦塞。今全河復其故道，則患害已遠，支流達於魚臺，則淺涸無虞，此漕運之利，國家之福也。」帝悅，下所司知之，乃召希曾還京。自是，豐、沛漸無患，而魚臺數溢。

十一年，總河僉都御史戴時宗請委魚臺爲受水之地，言：「河東北岸與運道鄰，惟西南流者，一由孫家渡出壽州，一由渦河口出懷遠，一由趙皮寨出桃源，一由梁靖口出徐州小浮橋。往年四道俱塞，全河南奔，故豐、沛、曹、單、魚臺以次受害。今患獨鍾於魚臺，宜棄以受水，因而道之，使入昭陽湖，過新開河，出留城、金溝、境山，乃易爲力。至塞河四道，惟渦河經祖陵，未敢輕舉，其三支河頗存故迹，宜乘魚臺壅塞，令開封河夫捲埽塡堤，逼使河水分流，則魚臺水勢漸減，俟水落畢工，幷前三河共爲四道，以分洩之，河患可已。」

明年，都御史朱裳代時宗，條上治河二事，大略言：「三大支河宜開如時宗計，而請塞梁靖口迤東由魚臺入運河之岔口，以捍黃河，則穀亭鎭迤南二百餘里淤者可濬，是謂塞黃河之口以開運河。黃河自穀亭轉入運河，順流而南，二日抵徐州，徐州逆流而北，四日乃抵穀亭，黃水之利莫大於此。恐河流北趨，或由魚臺、金鄉、濟寧漫安平鎭，則運河堤岸衝決；或三支一有壅淤，則穀亭南運河亦且衝決。宜繕築堤岸，束黃入運，是謂借黃河之水以資運河。」詔裳相度處置。

十三年正月，裳復言：

今梁靖口、趙皮寨已通，孫家渡方濬。惟渦河一支，因趙皮寨下流睢州野雞岡淤正河五十餘里，漫於平地，注入渦河。宜挑濬深廣，引導漫水歸入正河，而於睢州張見口築長堤至歸德郭村，凡百餘里，以防汎溢。更時疏梁靖口下流，且挑儀封月河入之，達於小浮橋，則北岸水勢殺矣。

夫河過魚臺，其流漸北，將有越濟寧、趨安平、東入於海之漸。嘗議塞岔河之口以安運河，而水勢洶湧，恐難遽塞。塞亦不能無橫決，黃陵岡、李居莊諸處不能無患。徐州迤上至魯橋泥沙停滯，山東諸泉水微，運道必澀。請創築城武至濟寧縷水大堤百五十餘里，以防北溢。而自魯橋至沛縣東堤百五十餘里修築堅厚，固之以石。自魚臺至穀亭開通淤河，引水入漕，以殺魚臺、城武之患，此順水之性不與水爭地者也。

孫家渡、渦河二支俱出懷遠，會淮流至鳳陽，經皇陵及壽春王陵至泗州，經祖陵。皇陵地高無慮，祖陵則三面距河，壽春王陵尤迫近。祖陵宜築土堤，壽春王陵宜砌石岸，然事體重大，不敢輕舉也。清江浦口正當黃、淮會合之衝，二河水漲漫入河口，以致淤塞滯運。宜濬深廣而又築堤，以防水漲，築壩以護行舟，皆不可緩。往時，淮水獨流入海，而海口又有套流，安東上下又有澗河、馬邏諸港以分水入海。今黃河匯入於淮，水勢已非其舊，而諸港套俱已堙塞，不能速洩，下壅上溢，梗塞運道。宜將溝港次第開濬，海口套沙，多置龍爪船往來爬盪，以廣入海之路，此所謂殺其下流者也。

河出魚臺雖借以利漕，然未有數十年不變者也。一旦他徙，則徐、沛必涸。宜大濬山東諸泉以匯於汶河，則徐、沛之渠不患乾涸，雖岔河口塞亦無虞矣。

工部覆如其議，帝允行之。未幾，裳憂去，命劉天和爲總河副都御史，代裳。

是歲，河決趙皮寨入淮，穀亭流絕，廟道口復淤。天和役夫十四萬濬之。已而，河忽自夏邑大丘、回村等集衝數口，轉向東北，流經蕭縣，下徐州小浮橋。天和言：「黃河自魚、沛入漕河，運舟通利者數十年，而淤塞河道、廢壞閘座、阻隔泉流、衝廣河身，爲害亦大。今黃河既改衝從虞城、蕭、碭，下小浮橋，而榆林集、侯家林二河分流入運者，俱淤塞斷流，利去而害獨存。宜濬魯橋至徐州二百餘里之淤塞。」制可。

十四年從天和言，自曹縣梁靖口東岔河口築壓口縷水堤，復築曹縣八里灣至單縣侯家林長堤各一道。是年冬，天和條上治河數事，中言：「魯橋至沛縣東堤，舊議築石以禦橫流，今黃河既南徙，可不必築。孫家渡自正統時全河從此南徙，弘治間淤塞，屢開屢淤，卒不能通。今趙皮寨河日漸衝廣，若再開渡口，併入渦河，不惟二洪水澀，恐亦有陵寢之虞，宜仍其舊勿治。舊議祥符盤石、蘭陽銅瓦廂、考城蔡家口各添築月堤。臣以爲黃河之當防者惟北岸爲重，當擇其去河遠者大堤中堤各一道，修補完築，使北岸七八百里間聯屬高厚，則前勘應築諸堤舉在其中，皆可罷不築。」帝亦從之。

十五年，督漕都御史周金言：「自嘉靖六年後，河流益南，其一由渦河直下長淮，而梁靖口、趙皮寨二支各入清河，匯於新莊閘，遂灌裏河。水退沙存，日就淤塞。故老皆言河自汴來本濁，而渦、淮、泗清，新莊閘正當二水之口，河、淮既合，昔之爲沛縣患者，今移淮安矣。因請於新莊更置一渠，立閘以資蓄洩。」從之。

十六年冬，從總河副都御史于湛言，開地丘店、野雞岡諸口上流四十餘里，由桃源集、丁家道口入舊黃河，〔一三〕截渦河水入河濟洪。十八年，總河都御史胡纘宗開考城孫繼口、孫祿口黃河支流，以殺歸、睢水患，且灌徐、呂，因於二口築長堤，及修築馬牧集決口。

二十年五月命兵部侍郎王以旂督理河道，協總河副都御史郭持平計議。〔一四〕先一歲，黃河南徙，決野雞岡，由渦河經亳州入淮，舊決口俱塞。其由孫繼口及考城至丁家道口，虞城入徐、呂者，亦僅十之二。持平久治弗效，降俸戴罪。以旂至，上言：「國初，漕河惟通諸泉及汶、泗，黃河勢猛水濁，遷徙不常，故徐有貞、白昂、劉大夏力排之，不資以濟運也。今幸黃河南徙，諸閘復舊，宜濬山東諸泉入野雞岡新開河道，以濟徐、呂；而築長堤沛縣以南，聚水如閘河制，務利漕運而已。」明年春，持平請濬孫繼口及扈運口、李景高口三河，使東由蕭、碭入徐濟運。其秋，從以旂言，於孫繼口外別開一渠洩水，以濟徐、呂。凡八月，三口工成，以旂、持平皆被奬，遂召以旂還。未幾，李景高口復淤。

先是，河決豐縣，遷縣治於華山，久之始復其故治。河決孟津、夏邑，皆遷其城。及野雞岡之決也，鳳陽沿淮州縣多水患，乃議徙五河、蒙城避之。而臨淮當祖陵形勝不可徙，乃用巡按御史賈太亨言，敕河撫二臣亟濬碭山河道，引入二洪，以殺南注之勢。

二十六年秋，河決曹縣，水入城二尺，漫金鄉、魚臺、定陶、城武，衝穀亭。總河都御史詹瀚請於趙皮寨諸口多穿支河，以分水勢。詔可。

三十一年九月，河決徐州房村集至邳州新安，運道淤阻五十里。總河副都御史曾鈞上治河方略，〔一三〕乃濬房村至雙溝、曲頭，築徐州高廟至邳州沂河。又言：「劉伶臺至赤晏廟凡八十里，乃黃河下流，淤沙壅塞，疏濬宜先。次則草灣老黃河口，衝激淹沒安東一縣，亦當急築，更築長堤磯嘴以備衝激。又三里溝新河口視舊口水高六尺，開舊口有沙淤之患，而爲害稍輕；開新口未免淹沒之虞，而漕舟頗便。宜暫閉新口，建置閘座，且增築高家堰長堤，而新莊諸閘甃石以遏橫流。」帝命侍郎吳鵬振災戶，而悉從鈞奏。

三里溝新河者，督漕都御史應檟以先年開清河口通黃河之水以濟運。今黃河入海，下流澗口、安東俱漲塞，河流壅而漸高，瀉入清河口，沙停易淤，屢濬屢塞。溝在淮水下流黃河未合之上，故閉清河口而開之，使船由通濟橋遡溝出淮，以達黃河者也。

時濬徐、邳將訖工，一夕，水湧復淤。帝用嚴嵩言，遣官祭河神。而鵬、鈞復共奏請急築濬草灣、劉伶臺，建閘三里溝，迎納泗水清流；且於徐州以上至開封濬支河一二，令水分殺。其冬，漕河工竣，進鈞秩侍郎。

三十七年七月，曹縣新集淤。新集地接梁靖口，歷夏邑、丁家道口、馬牧集、韓家道口、司家道口至蕭縣薊門出小浮橋，此賈魯河故道也。自河患亟，別開支河出小河以殺水勢，而本河漸澀。至是遂決，趨東北段家口，析而爲六，曰大溜溝、小溜溝、秦溝、濁河、胭脂溝、飛雲橋，俱由運河至徐洪。又分一支由碭山堅城集下郭貫樓，析而爲五，曰龍溝、母河、梁樓溝、楊氏溝、胡店溝，亦由小浮橋會徐洪，而新集至小浮橋故道二百五十餘里遂淤不可復矣。自後，河忽東忽西，靡有定向，水得分瀉者數年，不至壅潰。然分多勢弱，淺者僅二尺，識者知其必淤。

至四十四年七月，河決沛縣，上下二百餘里運道俱淤。全河逆流，自沙河至徐州以北，至曹縣棠林集而下，北分二支：南流者遶沛縣戚山楊家集，入秦溝至徐；北流者遶豐縣華山東北由三教堂出飛雲橋。又分而爲十三支，或橫絕，或逆流入漕河，至湖陵城口，散漫湖坡，達於徐州，浩渺無際，而河變極矣。乃命朱衡爲工部尙書兼理河漕，又以潘季馴爲僉都御史總理河道。明年二月，復遣工科給事中何起鳴往勘河工。

衡巡行決口，舊渠已成陸，而盛應期所鑿新河故跡尙在，地高，河決至昭陽湖不能復東，乃定計開濬。而季馴則以新河土淺泉湧，勞費不貲，留城以上故道初淤可復也。由是二人有隙。起鳴至沛，還，上言：「舊河之難復有五。黃河全徙必殺上流，新集、龐家屯、趙家圈皆上流也。以不貲之財，投於河流已棄之故道，勢必不能，一也。自留城至沛，莽爲巨浸，無所施工，二也。橫亙數十里，褰裳無路，十萬之衆何所棲身，三也。挑濬則淖陷，築岸則無土，且南塞則北奔，四也。夏秋淫潦，難保不淤，五也。新河開鑿費省，且可絕後來潰決之患。宜用衡言開新河，而兼採季馴言，不全棄舊河。」廷臣議定，衡乃決開新河。

時季馴持復故道之議，廷臣又多以爲然。遂勘議新集、郭貫樓諸上源地。衡言：

> 河出境山以北，則閘河淤；出徐州以南，則二洪涸；惟出境山至小浮橋四十餘里間，乃兩利而無害。自黃河橫流，碭山郭貫樓支河皆已淤塞，改從華山分爲南北二支：南出秦溝，正在境山南五里許，運河可資其利；惟北出沛縣西及飛雲橋，逆上魚臺，爲

患甚大。

朝廷不忍民罹水災，拳拳故道，命勘上源。但臣參考地形有五不可。自新集至兩河口皆平原高阜，無尺寸故道可因，郭貫樓抵龍溝頗有河形，又係新淤，無可駐足，其不可一也。黄河所經，鮮不爲患，由新集則商、虞、夏邑受之，由郭貫樓則蕭、碭受之，今改復故道，則魚、沛之禍復移蕭、碭，其不可二也。河西注華山，勢若建瓴，欲從中鑿渠，挽水南向，必當築壩横截，遏其東奔，於狂瀾巨浸之中，築壩數里，爲力甚難，其不可三也。役夫三十萬，曠日持久，騷動三省，其不可四也。大役踵興，工費數百萬，一有不繼，前功盡隳，其不可五也。惟當開廣秦溝，使下流通行，修築南岸長堤以防奔潰，可以甦魚、沛昏墊之民。

從之。衡乃開魚臺南陽抵沛縣留城百四十餘里，而濬舊河自留城以下，抵境山、茶城五十餘里，由此與黄河會。又築馬家橋堤三萬五千二百八十丈，石堤三十里，遏河之出飛雲橋者，趨秦溝以入洪。於是黄水不東侵，漕道通而沛流斷矣。方工未成，河復決沛縣，敗馬家橋堤。論者交章請罷衡。未幾，工竣。帝大喜，賦詩四章志喜，以示在直諸臣。

隆慶元年五月加衡太子少保。始河之決也，支流散漫遍陸地，既而南趨濁河。迨新河成，則盡趨秦溝，而南北諸支河悉併流焉。然河勢益大漲。三年七月決沛縣，自考城、虞城、曹、單、豐、沛抵徐州俱受其害，茶城淤塞，漕船阻邳州不能進。已雖少通，而黃河水橫溢沛地，秦溝、濁河口淤沙旋疏旋壅。朱衡已召還，工部及總河都御史翁大立皆請於梁山之南別開一河以漕，避秦溝、濁河之險，後所謂泇河者也。詔令相度地勢，未果行。

四年秋，黃河暴至，茶城復淤，而山東沙、薛、汶、泗諸水驟溢，決仲家淺運道，由梁山出戚家港，合於黃河。大立復請因其勢而濬之。是時，淮水亦大溢，自泰山廟至七里溝淤十餘里，而水從諸家溝傍出，至清河縣河南鎮以合於黃河。大立又言：「開新莊閘以通回船，復陳瑄故道，則淮可無虞。獨黃河在睢寧、宿遷之間遷徙未知所定，泗州陵寢可虞。請濬古睢河，由宿遷歷宿州，出小浮橋以洩二洪之水。且規復淸河、魚溝分河一道，下草灣，以免衝激之患，則南北運道庶幾可保。」時大立已內遷，方受代，而季馴以都御史復起總理河道。部議令區畫。

九月，河復決邳州，自睢寧白浪淺至宿遷小河口，淤百八十里，糧艘阻不進。大立言：「比來河患不在山東、河南、豐、沛，而專在徐、邳，故先欲開泇河口以遠河勢、開蕭縣河以殺河流者，正謂浮沙壅聚，河面增高，爲異日慮耳。今秋水洊至，橫溢爲災。權宜之計，在棄故道而就新衝；經久之策，在開泇河以避洪水。」乞決擇於二者。部議主塞決口，而令大立條利害以聞。大立遂以開泇口、就新衝、復故道三策並進，且言其利害各相參。會罷去，策未決，而季馴則主復故道。

時茶城至呂梁，黃水爲兩崖所束，〔一○〕不能下，又不得決。至五年四月，乃自靈璧雙溝而下，北決三口，南決八口，支流散溢，大勢下睢寧出小河，而匙頭灣八十里正河悉淤。季馴役丁夫五萬，盡塞十一口，且濬匙頭灣，築縷堤三萬餘丈，匙頭灣故道以復。旋以漕船行新溜中，多漂沒，季馴罷去。

六年春復命尚書衡經理河工，以兵部侍郎萬恭總理河道。二人至，罷泇河議，專事徐、邳河，修築長堤，自徐州至宿遷小河口三百七十里，併繕豐、沛大黃堤，正河安流，運道大通。衡乃上言：「河南屢被河患，大爲堤防，今幸有數十年之安者，以防守嚴而備禦素也。徐、邳爲糧運正道，既多方以築之，則宜多方以守之。請用夫每里十人以防，三里一鋪，四鋪一老人巡視。伏秋水發時，五月十五日上堤，九月十五日下堤，願攜家居住者聽。」詔如議。六月，徐、邳河堤工竣，遂命衡回部，賞衡及總理河道都御史萬恭等銀幣有差。

是歲，御史吳從憲言：「淮安而上清河而下，正淮、泗、河、海衝流之會。河潦內出，海潮逆流，停蓄移時，沙泥旋聚，以故日就壅塞。宜以春夏時濬治，則下流疏暢，汎溢自平。」帝卽命衡與漕臣勘議。而督理河道署郎中事陳應薦挑空海口新河，長十里有奇，濶五丈五尺，深一丈七尺，用夫六千四百餘人。

衡之被召將還也，上疏言：「國家治河，不過濬淺、築堤二策。濬淺之法，或爬或濚，或逼水而衝，或引水而避，此可人力勝者。然茶城與淮水會則在淸河，茶城、淸河無水不淺。蓋二水互爲勝負，黃河水勝則壅沙而淤，及其消也，淮漕水勝，則衝沙而通。水力蓋居七八，非專用人力也。築堤則有截水、縷水之異，截水可施於閘河，不可施於黃河。蓋黃河湍悍，挾川潦之勢，何堅不瑕，安可以一堤當之。縷水則兩岸築堤，不使旁潰，始得遂其就下入海之性。蓋以順爲治，非以人力勝水性，故至今百五六十年爲永賴焉。淸河之淺，應視茶城，遇黃河漲落時，輒挑河、潢，導淮水衝刷，雖遇漲而塞，必遇落而通，無足慮也。惟淸江浦水勢最弱，出口處所適與黃河相值。宜於黃水盛發時，嚴閉各閘，毋使沙淤。若海口則自隆慶三年海嘯，壅水倒灌低窪之地，積瀦難洩。宜時加疏濬，毋使積塞。至築黃河兩岸堤，第當縷水，不得以攔截爲名。」疏上，報聞而已。

校勘記

〔一〕永樂三年河決温縣堤四十丈濟濚二水交溢　四十丈，原作「四千丈」，濚，原作「潆」，據本書卷二八五行志、太宗實錄卷三四永樂三年三月戊午條改。按讀史方輿紀要卷四九濟水下稱「濚水在縣北十里」，與濟、滂交溢正合。

〔二〕由鳳陽入淮者爲大黄河　入淮，原作「入河」，據英宗實録卷二〇六景泰二年七月庚申條改。

〔三〕一自新鄉八柳樹　明史稿志二三河渠志、英宗實録卷二三〇景泰四年六月己丑條「樹」字下有「決」字。

〔四〕巡撫河南御史張瀾又言　「撫」字疑誤。按明制無御史任巡撫之制，且事在景泰四年，時河南巡撫爲王暹，「撫」字疑爲「按」字之譌。

〔五〕其外有八百里梁山泊可恃以爲泄　八百，原作「八十」，據明史稿志二三河渠志、明經世文編卷三七頁二八四徐有貞言河灣治河三策疏改。

〔六〕又三十里至大豬潭　大豬潭，明經世文編卷三七頁二八六徐有貞敕修河道工完碑略作「大伾之潭」。

〔七〕其西南荆隆等口新堤起于家店歷銅瓦廂東橋抵小宋集　于家店，原作「於家店」，據明史稿志二三河渠志、孝宗實録卷九七弘治八年二月己卯條改。又東橋，孝宗實録作「陳橋」。

〔八〕而以侍郎李堂代之　李堂，原作「李鏜」，據明史稿志二三河渠志、武宗實録卷六八正德五年十月己丑條、明進士題名碑録成化丁未科改。下同。

〔九〕水殺不多而決口又難築塞　殺，原作「勢」，據武宗實録卷六八正德五年十月己丑條改。

〔一〇〕其冬以章拯爲工部侍郎兼僉都御史治河　其冬，原作「六年冬」，據世宗實録卷七一嘉靖五年十二月丙子條删「六年」二字，又據下文「其冬」「其秋」例，增「其」字。

〔一一〕明年拯言滎澤北孫家渡　滎澤，原作「滎陽」，據世宗實録嘉靖六年六月丙午條、行水金鑑卷二二改。

〔一二〕猶有二洪爲之束捍　束，原作「東」，據明史稿志二三河渠志、世宗實録卷八一嘉靖六年十月壬申條、明經世文編卷一八六頁一九〇五霍韜議處黄河疏改。

〔一三〕由桃源集丁家道口入舊黄河　桃源集，明史稿志二三河渠志、世宗實録卷二〇七嘉靖十六年二月癸丑條作「桃園集」。

〔一四〕協總河副都御史郭持平計議　副都御史，世宗實録卷二四九、卷二五三嘉靖二十年五月丁亥條、九月壬子條作「都御史」。

〔一五〕總河副都御史曾鈞上治河方略　副都御史，世宗實録卷三九二嘉靖三十一年十二月壬子條、行水金鑑卷二五作「都御史」。

〔一六〕黃水爲兩崖所束　崖，原作「淮」，據明史稿志一三河渠志、行水金鑑卷二六改。

明史卷八十四

志第六十

河渠二

黃河下

萬曆元年，河決房村，築堤窪子頭至秦溝口。明年，給事中鄭岳言：「運道自茶城至淮安五百餘里，自嘉靖四十四年河水大發，淮口出水之際，海沙漸淤，今且高與山等。自淮而上，河流不迅，泥水愈淤。於是邳州淺，房村決，呂、梁二洪平，茶城倒流，皆坐此也。今不治海口之沙，乃日築徐、沛間堤岸，桃、宿而下，聽其所之。民之爲魚，未有已時也。」因獻宋李公義、王令圖濬川爬法。命河臣勘奏，從其所言。而是年秋，淮、河並溢。明年八月，河決碭山及邵家口、曹家莊、韓登家口而北，淮亦決高家堰而東，徐、邳、淮南北漂沒千里。自此桃、清上下河道淤塞，漕艘梗阻者數年，淮、揚多水患矣。總河都御史傅希摯改築碭山月堤，暫留三口爲洩水之路。其冬，並塞之。

四年二月，督漕侍郎吳桂芳言：「淮、揚洪潦奔衝，蓋緣海濱汊港久堙，入海止雲梯一徑，致海擁橫沙，河流汎溢，而鹽、安、高、寶不可收拾。國家轉運，惟知急漕，而不暇急民，故朝廷設官，亦主治河，而不知治海。請設水利僉事一員，專疏海道，審度地利，如草灣及老黃河皆可趨海，何必專事雲梯哉？」帝優詔報可。

桂芳復言：「黃水抵清河與淮合流，經清江浦外河，東至草灣，又折而西南，過淮安、新城外河，轉入安東縣前，直下雲梯關入海。近年關口多壅，河流日淺，惟草灣地低下，黃河衝決，駸駸欲奪安東入海，以縣治所關，屢決屢塞。去歲，草灣迤東自決一口，宜於決口之西開挑新口，以迎埽灣之溜，而於金城至五港岸築堤束水。語云：『救一路哭，不當復計一家哭。』今淮、揚、鳳、泗、邳、徐不啻一路矣。安東自衆流滙圍，祇文廟、縣署僅存椽瓦，其勢垂陷，不如委之，以拯全淮。」帝不欲棄安東，而命開草灣如所請。〔一〕八月，工竣，長萬一千一百餘丈，塞決口二十二，役夫四萬四千。帝以海口開濬，水患漸平，賚桂芳等有差。

未幾，河決韋家樓，又決沛縣縷水堤，豐、曹二縣長堤，豐、沛、徐州、睢寧、金鄉、魚臺、單、曹田廬漂溺無算，河流齧宿遷城。帝從桂芳請，遷縣治、築土城避之。於是御史陳世寶請復老黃河故道，言：「河自桃源三義鎭歷清河縣北，至大河口會淮入海。運道自淮安天妃廟亂淮而下，十里至大河口，從三義鎮出口向桃源大河而去，凡七十餘里，是爲老黄河。至嘉靖初，三義鎮口淤，而黄河改趨清河縣南與淮會，自此運道不由大河口而徑由清河北上矣。近者，崔鎮屢決，河勢漸趨故道。若仍開三義鎮口引河入清河北，或令出大河口與淮流合，或從清河西別開一河，引淮出河上游，則運道無恐，而淮、泗之水不爲黄流所漲。」部覆允行。

桂芳言：「淮水向經清河會黄河趨海。自去秋河決崔鎮，清江正河淤澱，淮口梗塞。於是淮弱河强，不能奪草灣入海之途，而全淮南徙，横灌山陽、高、寶間，向來湖水不踰五尺，堤僅七尺，今堤加丈二，而水更過之。宜急護湖堤以殺水勢。」部議以爲必淮有所歸，而後堤可保，請令桂芳等熟計。報可。

開河、護堤二說未定，而河復決崔鎮，宿、沛、清、桃兩岸多壞，黄河日淤墊，淮水爲河所迫，徙而南，時五年八月也。希摯議塞決口，束水歸漕。桂芳欲衝刷成河，以爲老黄河入海之路。帝令急塞決口，而俟水勢稍定，乃從桂芳言。時給事中湯聘尹議導淮入江以避黄，會桂芳言：「黄水向老黄河故道而去，下奔如駛，淮遂乘虛湧入清口故道，淮、揚水勢漸消。」部議行勘，以河、淮既合，乃寢其議。

管理南河工部郎中施天麟言：

淮、泗之水不下清口而下山陽，從黃浦口入海。浦口不能盡洩，浸淫高、寶邵伯諸湖，而湖堤盡沒，則以淮、泗本不入湖，而今入湖故也。淮、泗之入湖者，又緣清口向未淤塞，而今淤塞故也。清口之淤塞者，又緣黃河淤塞日高，淮水不得不讓河而南徙也。蓋淮水併力敵黃，勝負或亦相半，自高家堰廢壞，而清口內通濟橋、〔三〕朱家等口淮水內灌，於是淮、泗之力分，而黃河得以全力制其敝，此清口所以獨淤於今歲也。下流旣淤，則上流不得不決。

每歲糧艘以四五月畢運，而堤以六七月壞。水發之時不能爲力，水落之後方圖堵塞。甫及春初，運事又迫，僅完堤工，於河身無與。河身不挑則來年益高。上流之決，必及於徐、呂，而不止於邳、遷；下流之涸，將盡乎邳、遷，而不止於清、桃。須不惜一年糧運，不惜數萬帑藏，開挑正河，寬限責成，乃爲一勞永逸。

至高家堰、朱家等口，宜及時築塞，使淮、泗併力足以敵黃，則淮水之故道可復，高、寶之大患可減。若興、鹽海口堙塞，亦宜大加疏濬。而湖堤多建減水大閘，堤下多開支河。要未有不先黃河而可以治淮，亦未有不疏通淮水而可以固堤者也。

事下河漕諸臣會議。

淮之出清口也，以黃水由老黃河奔注，而老黃河久淤，未幾復塞，淮水仍漲溢。給事中劉鋐請亟開通海口，而簡大臣會同河漕諸臣往治。乃命桂芳爲工部尚書兼理河漕，而裁總河都御史官。桂芳甫受命而卒。

六年夏，潘季馴代。時給事中李淶請多濬海口，以導衆水之歸。給事中王道成則請塞崔鎭決口，築桃、宿長堤，修理高家堰，開復老黃河。並下河臣議。季馴與督漕侍郎江一麟相度水勢，言：

海口自雲梯關四套以下，闊七八里至十餘里，深三四丈。欲別議開鑿，必須深闊相類，方可注放，工力甚難。且未至海口，乾地猶可施工，其將入海之地，潮汐往來，與舊口等耳。舊口皆係積沙，人力雖不可濬，水力自能衝刷，海無可濬之理。惟當導河歸海，則以水治水，卽濬海之策也。河亦非可以人力導，惟當繕治堤防，俾無旁決，則水由地中，沙隨水去，卽導河之策也。

頻年以來，日以繕堤爲事，顧卑薄而不能支，迫近而不能容，雜以浮沙而不能久。是以河決崔鎭，水多北潰，爲無堤也。淮決高家堰、黃浦口，水多東潰，堤弗固也。不咎制之未備，而咎築堤爲下策，豈通論哉！上流旣旁潰，又岐下流而分之，其趨雲梯入海口者，譬猶强弩之末耳。水勢益分則力益弱，安能導積沙以注海。

故今日濬海急務，必先塞決以導河，尤當固堤以杜決，而欲堤之不決，必眞土而勿雜浮沙，高厚而勿惜鉅費，讓遠而勿與爭地，則堤乃可固也。沿河堤固，而崔鎭口塞，則黃不旁決而衝漕力專。高家堰築，朱家口塞，則淮不旁決而會黃力專。淮、黃旣合，自有控海之勢。又懼其分而力弱也，必暫塞淸江浦河，而嚴司啓閉以防其內奔。姑置草灣河，而專復雲梯以還其故道。仍接築淮安新城長堤，以防其末流。使黃、淮力全，涓滴悉趨於海，則力强且專，下流之積沙自去，海不濬而闢，河不挑而深，所謂固堤卽以導河，導河卽以濬海也。

又言：

黃水入徐，歷邳、宿、桃、淸，至淸口會淮而東入海。淮水自洛及鳳，歷盱、泗，至淸口會河而東入海。此兩河故道也。元漕江南粟，則由揚州直北廟灣入海，未嘗遡淮。陳瑄始堤管家諸湖，通淮爲運道。慮淮水漲溢，則築高家堰堤以捍之，起武家墩，經大、小澗至阜寧湖，而淮不東侵。又慮黃河漲溢，則堤新城北以捍之，起淸江浦，沿鉢池山、柳浦灣迤東，而黃不南侵。

其後，堤岸漸傾，水從高堰決入，淮郡遂同魚鼈。而當事者未考其故，謂海口壅閉，宜亟穿支渠。詎知草灣一開，西橋以上正河遂至淤阻。夫新河闊二十餘丈，深僅丈許，較故道僅三十之一，豈能受全河之水？下流旣壅，上流自潰，此崔鎭諸口所由決也。今新河復塞，故河漸已通流，雖深闊未及原河十一，而兩河全下，沙隨水刷，欲其全復河身不難也。河身既復，闊者七八里，狹亦不下三四百丈，滔滔東下，何水不容？匪惟不必別鑿他所，卽草灣亦可置勿濬矣。

故爲今計，惟修復陳瑄故蹟，高築南北兩堤，以斷兩河之內灌，則淮、揚昏墊可免。塞黃浦口，築寶應堤，濬東關等淺，修五閘，復五壩，則淮南運道無虞。堅塞桃源以下崔鎭口諸決，則全河可歸故道。黃、淮既無旁決，並驅入海，則沙隨水刷，海口自復，而桃、淸淺阻，又不足言。此以水治水之法也。若夫爬撈之說，僅可行諸閘河，前人屢試無功，徒費工料。

於是條上六議：曰塞決口以挽正河，曰築堤防以杜潰決，曰復閘壩以防外河，曰創滾水壩以固堤岸，曰止濬海工程以省糜費，曰寢開老黃河之議以仍利涉。帝悉從其請。

七年十月，兩河工成，賚季馴、一麟銀幣，而遣給事中尹瑾勘實。八年春進季馴太子太保工部尙書，廕一子。一麟等遷擢有差。是役也，築高家堰堤六十餘里，歸仁集堤四十餘里，柳浦灣堤東西七十餘里，塞崔鎭等決口百三十，築徐、睢、邳、宿、桃、淸兩岸遙堤五萬六千餘丈，碭、豐大壩各一道，徐、沛、豐、碭縷堤百四十餘里，建崔鎭、徐昇、季泰、三義減水石壩四座，遷通濟閘於甘羅城南，淮、揚間堤壩無不修築，費帑金五十六萬有奇。其秋擢季馴南京兵部尚書。季馴又請復新集至小浮橋故道，給事中王道成、河南巡撫周鑑等不可而止。自桂芳、季馴時罷總河不設，其後但以督漕兼理河道。高堰初築，淸口方暢，流連數年，河道無大患。

至十五年，封丘、偃師、東明、長垣屢被衝決。大學士申時行言：「河所決地在三省，守臣畫地分修，易推委。河道未大壞，不必設都御史，宜遣風力老成給事中一人行河。」乃命工科都給事中常居敬往。居敬請修築大社集東至白茅集長堤百里。從之。

初，黃河由徐州小浮橋入運，其河深且近洪，能刷洪以深河，利於運道。後漸徙沛縣飛雲橋及徐州大、小溜溝。至嘉靖末，決邵家口，出秦溝，由濁河口入運，河淺，迫茶城，茶城歲淤，運道數害。萬曆五年冬，河復南趨，出小浮橋故道，未幾復堙。潘季馴之塞崔鎭也，厚築堤岸，束水歸漕。嗣後水發，河臣輒加堤，而河身日高矣。於是督漕僉都御史楊一魁欲復黃河故道，請自歸德以下丁家道口濬至石將軍廟，令河仍自小浮橋出。又言：「善治水者，以疏不以障。年來堤上加堤，水高凌空，不啻過顙。濱河城郭，決水可灌。宜測河身深淺，隨處挑濬，而於黃河分流故道，設減水石門以洩暴漲。」給事中王士性則請復老黃河故道。大略言：

自徐而下，河身日高，而爲堤以束之，堤與徐州城等。束益急，流益迅，委全力於淮而淮不任。故昔之黃、淮合，今黃强而淮益縮，不復合矣。黃强而一啓天妃、通濟諸閘，則灌運河如建瓴。高、寶一梗，江南之運坐廢。淮縮則退而侵泗。爲祖陵計，不得不建石堤護之。堤增河益高，根本大可虞也。河至淸河凡四折而後入海。淮安、高、寶、鹽、興數百萬生靈之命託之一丸泥，決則盡成魚蝦矣。

紛紛之議，有欲增堤泗州者，有欲開顏家、灌口、永濟三河，南甃高家堰、北築滾水壩者。總不如復河故道，爲一勞永逸之計也。河故道由三義鎭達葉家衝與淮合，在淸河縣北別有濟運河，在縣南蓋支河耳。河强奪支河，直趨縣南，而自棄北流之道，然河形固在也。自桃源至瓦子灘凡九十里，窪下不耕，無室廬墳墓之礙，雖開河費鉅，而故道一復，爲利無窮。

議皆未定。居敬及御史喬璧星皆請復專設總理大臣。乃復命潘季馴爲右都御史總督河道。時帝從居敬言，罷老黃河議，而季馴抵官，言：「新集故道，故老言『銅幫鐵底』，當開，但歲儉費繁，未能遽行。」又言：「黃水濁而强，汶、泗淸且弱，交會茶城。伏秋黃水發，則倒灌入漕，沙停而淤，勢所必至。然黃水一落，漕卽從之，沙隨水去，不濬自通，縱有淺阻，不過旬日。往時建古洪、內華二閘，黃漲則閉閘以遏濁流，黃退則啓閘以縱泉水。近者居敬復增建鎭口閘，去河愈近，則吐納愈易。但當嚴閘禁如淸江浦三閘之法，則河渠永賴矣。」帝方委季馴，即從其言，罷故道之議。未幾，水患益甚。

十七年六月，黃水暴漲，決獸醫口月堤，漫李景高口新堤，衝入夏鎮內河，壞田廬，沒人民無算。十月，決口塞。十八年，大溢，徐州水積城中者踰年。衆議遷城改河。季馴濬魁山支河以通之，起蘇伯湖至小河口，積水乃消。十九年九月，泗州大水，州治淹三尺，居民沉溺十九，浸及祖陵。而山陽復河決，江都、邵伯又因湖水下注，田廬浸傷。工部尚書曾同亨上其事，議者紛起。乃命工科給事中張貞觀往泗州勘視水勢，而從給事中楊其休言，放季馴歸，用舒應龍爲工部尚書總督河道。

二十年三月，季馴將去，條上辨惑者六事，力言河不兩行，新河不當開，支渠不當濬。又著書曰河防一覽，大旨在築堤障河，束水歸漕；築堰障淮，逼淮注黃。以淸刷濁，沙隨水去。合則流急，急則蕩滌而河深；分則流緩，緩則停滯而沙積。上流旣急，則海口自闢而無待於開。其治堤之法，有縷堤以束其流，有遙堤以寬其勢，有滾水壩以洩其怒。法甚詳，言甚辨。然當是時，水勢橫潰，徐、泗、淮、揚間無歲不受患，祖陵被水。季馴謂當自消，已而不驗。於是季馴言詘，而分黃導淮之議由此起矣。

貞觀抵泗州言：「臣謁祖陵，見泗城如水上浮盂，盂中之水復滿。祖陵自神路至三橋、丹墀，無一不被水。且高堰危如累卵，又高、寶隱禍也。今欲洩淮，當以闢海口積沙爲第一義。然洩淮不若殺黃，而殺黃於淮流之既合，不若殺於未合。但殺於既合者與運無妨，殺於未合者與運稍礙。別標本，究利害，必當殺於未合之先。至於廣入海之途，則自鮑家口、黃家營至魚溝、金城左右，地勢頗下，似當因而利導之。」貞觀又會應龍及總漕陳于陛等言：「淮、黃同趨者惟海，而淮之由黃達海者惟淸口。自海沙開濬無期，因而河身日高；自河流倒灌無已，因而淸口日塞。以致淮水上浸祖陵，漫及高、寶，而興、泰運堤亦衝決矣。今議闢淸口沙，且分黃河之流於淸口上流十里地，去口不遠，不至爲運道梗。分於上，復合於下，則衝海之力專。合必於草灣之下，恐其復衝正河，爲淮城患也。塞鮑家口、黃家營二決，恐橫衝新河，散溢無歸。兩岸俱堤，則東北淸、沭、海、安窪下地不虞潰決。計費凡三十六萬有奇。若海口之塞，則潮汐莫窺其涯，難施畚鍤。惟淮、黃合流東下，河身滌而漸深，海口刷而漸闢，亦事理之可必者。」帝悉從其請。乃議於淸口上流北岸，開腰鋪支河達於草灣。

既而淮水自決張福堤。直隸巡按彭應參言：「祖陵度可無虞，且方東備倭警，宜暫停河工。」部議令河臣熟計。應龍、貞觀言：「爲祖陵久遠計，支河實必不容已之工，請候明春倭警寧息舉行。」其事遂寢。

二十一年春，貞觀報命，議開歸、徐達小河口，以救徐、邳之溢；導濁河入小浮橋故道，以紓鎮口之患。下總河會官集議，未定。五月，大雨，河決單縣黃堌口，一由徐州出小浮橋，一由舊河達鎮口閘。邳城陷水中，高、寶諸湖堤決口無算。明年，湖堤盡築塞，而黃水大漲，清口沙墊，淮水不能東下，於是挾上源阜陵諸湖與山溪之水，暴浸祖陵，泗城淹沒。二十三年，又決高郵中堤及高家堰、高良澗，而水患益急矣。

先是，御史陳邦科言：「固堤束水未收刷沙之利，而反致衝決。法當用濬，其方有三。冬春水涸，令沿河淺夫乘時撈淺，則沙不停而去，一也。官民船往來，船尾悉繫鈀犁，乘風搜滌，則沙不寧而去，二也。倣水磨、水碓之法，置爲木機，乘水滾盪，則沙不留而去，三也。至淮必不可不會黃，故高堰斷不可棄。湖溢必傷堤，故周家橋潰處斷不可開。已棄之道必淤滿，故老黃河、草灣等處斷不可復。」疏下所司議。戶部郎中華存禮則請復黃河故道，幷濬草灣。而是時，腰鋪猶未開，工部侍郎沈節甫言：「復黃河未可輕議，至諸策皆第補偏救弊而已，宜概停罷。」乃召應龍還工部，時二十二年九月也。

既而給事中吳應明言：「先因黃河遷徙無常，設遙、縷二堤束水歸漕，〔三〕及水過沙停，河身日高，徐、邳以下居民盡在水底。今清口外則黃流阻遏，清口內則淤沙橫截，強河橫灌上流約百里許，淮水僅出沙上之浮流，而瀦蓄於盱、泗者遂爲祖陵患矣。張貞觀所議腰鋪支河歸之草灣，或從清河南岸別開小河至駱家營、馬廠等地，出會大河，建閘啓閉，一遇運淺，卽行此河，亦策之便者。」至治泗水，則有議開老子山，引淮水入江者。宜置閘以時啓閉，拆張福堤而堤淸口，使河水無南向。部議下河漕諸臣會勘。直隸巡按牛應元因謁祖陵，目擊河患，繪圖以進，因上疏言：

黃高淮壅，起於嘉靖末年河臣鑿徐、呂二洪巨石，而沙日停，〔四〕河身日高，潰決由此起。當事者計無復之，兩岸築長堤以束，曰縷堤。縷堤復決，更於數里外築重堤以防，曰遙堤。雖歲決歲補，而莫可誰何矣。

黃、淮交會，本自淸河北二十里駱家營，折而東至大河口會淮，所稱老黃河是也。陳瑄以其迂曲，從駱家營開一支河，爲見今河道，而老黃河淤矣。萬曆間，〔五〕復開草灣支河，黃舍故道而趨，以致淸口交會之地，二水相持，淮不勝黃，則竄入各閘口，淮安士民於各閘口築一土埂以防之。嗣後黃、淮暴漲，水退沙停，淸口遂淤，今稱門限沙是也。當事者不思挑門限沙，乃傍土埂築高堰，橫亙六十里，置全淮正流之口不事，復將從旁入黃之張福口一幷築堤塞之，遂倒流而爲泗陵患矣。前歲，科臣貞觀議闢門限沙，裁張福堤，其所重又在支河腰鋪之開。

總之，全口淤沙未盡挑闢，卽腰鋪工成，淮水未能出也。況下流鮑、王諸口已決，難以施工。豈若復黃河故道，盡闢淸口淤沙之爲要乎？且疏上流，不若科臣應明所議，就草灣下流濬諸決口，俾由安東歸五港，或於周家橋量爲疏通，而急塞黃堌口，挑蕭、碭渠道，濬符離淺阻。至宿遷小河爲淮水入黃正路，急宜挑闢，使有所歸。應龍言：「張福堤已決百餘丈，淸口方挑沙，而腰鋪之開尤不可廢。」工部侍郎沈思孝因言：「老黃河自三義鎭至葉家衝僅八千餘丈，河形尙存。宜亟開濬，則河分爲二，一從故道抵顏家河入海，一從淸口會淮，患當自弭。請遣風力科臣一人，與河漕諸臣定畫一之計。」乃命禮科給事中張企程往勘。而以水患累年，迄無成畫，遷延靡費，罷應龍職爲民，常居敬、張貞觀、彭應參等皆譴責有差。

御史高擧請「疏周家橋，裁張福堤，闢門限沙，建滾水石壩於周家橋、大小澗口、武家墩、綠楊溝上下，而壩外濬河築岸，使行地中。改塘埂十二閘爲壩，灌閘外十二河，以闢入海之路。濬芒稻河，且多建濱江水閘，以廣入江之途。然海口日壅，則河沙日積，河身日高，而淮亦不能安流。有灌口者，視諸口頗大，而近日所決蔣家、鮑家、畀家三口直與相射，宜挑濬成河，俾由此入海。」工部主事樊兆程亦議闢海口，而言：「舊海口決不可濬，當自鮑家營至五港口挑濬成河，令從灌口入海。」俱下工部。請幷委企程勘議。

是時，總河工部尙書楊一魁被論，乞罷，因言：「淸口宜濬，黃河故道宜復，高堰不必修，石堤不必砌，減水閘壩不必用。」帝不允辭，而詔以盡心任事。御史夏之臣則言：「海口沙不可劈，草灣河不必濬，腰鋪新河四十里不必開，雲梯關不必闢，惟當急開高堰，以救祖陵。」且言：「歷年以來，高良澗土堤每遇伏秋卽衝決，大澗口石堤每遇洶湧卽崩潰。是高堰在，爲高、寶之利小；而高堰決，則爲高、寶之害大也。孰若明議而明開之，使知趨避乎？」給事中黃運泰則又言：「黃河下流未洩，而遽開高堰、周橋以洩淮水，則淮流南下，黃必乘之，高、寶間盡爲沼，而運道月河必衝決矣。不如濬五港口，達灌口門，以入於海之爲得也。」詔幷行勘議。

企程乃上言：「前此河不爲陵患，自隆慶末年高、寶、淮、揚告急，當事狃於目前，淸口旣淤，又築高堰以遏之，堤張福以束之，障全淮之水與黃角勝，不虞其勢不敵也。迨後甃石加築，壅塞愈堅，舉七十二溪之水滙於泗者，僅留數丈一口出之，出者什一，停者什九。河身日高，流日壅，淮日益不得出，而瀦蓄日益深，安得不倒流旁溢爲泗陵患乎？今議疏淮以安陵，疏黃以導淮者，言人人殊。而謂高堰當決者，臣以爲屛翰淮、揚，殆不可少。莫若於其南五十里開周家橋注草子湖，大加開濬，一由金家灣入芒稻河注之江，一由子嬰溝入廣洋湖達之海，則淮水上流半有宣洩矣。於其北十五里開武家墩，注永濟河，由窰灣閘出口直達涇河，從射陽湖入海，則淮水下流半有歸宿矣。此急救祖陵第一義也。」會是時，祖陵積水稍退，一魁以聞，帝大悅，仍諭諸臣急協議宣洩。

於是企程、一魁共議欲分殺黃流以縱淮，別疏海口以導黃。而督漕尚書褚鈇則以江北歲祲，民不堪大役，欲先洩淮而徐議分黃。御史應元折衷其說，言：「導淮勢便而功易，分黃功大而利遠。顧河臣所請亦第六十八萬金，國家亦何靳於此？」御史陳煃嘗令寶應，慮周家橋既開，則以高郵、邵伯爲壑，運道、民產、鹽場交受其害，上疏爭之，語甚激，大旨，分黃爲先，而淮不必深治。且欲多開入海之路，令高、寶諸湖之水皆東，而後周家橋、武家墩之水可注。而淮安知府馬化龍復進分黃五難之說。潁州兵備道李弘道又謂宜開高堰。鈇遂據以上聞。給事中林熙春駁之，言：「淮猶昔日之淮，而河非昔日之河。先是河身未高，而淮尙安流，今則河身既高，而淮受倒灌，此導淮固以爲淮，分黃亦以爲淮。」工部乃覆奏云：「先議開腰鋪支河以分黃流，以倭儆、災傷停寢，遂貽今日之患。今黃家壩分黃之工若復沮格，淮壅爲害，誰職其咎？請令治河諸臣導淮分黃，亟行興舉。」報可。

二十四年八月，一魁興工未竣，復條上分淮導黃事宜十事。十月，河工告成，直隸巡按御史蔣春芳以聞，復條上善後事宜十六事。乃賞賚一魁等有差。是役也，役夫二十萬，開桃源黃河壩新河，起黃家嘴，至安東五港、灌口，長三百餘里，分洩黃水入海，以抑黃強。闢清口沙七里，建武家墩、高良澗、周家橋石閘，洩淮水三道入海，且引其支流入江。於是泗陵水患平，而淮、揚安矣。

然是時，一魁專力桃、清、淮、泗間，而上流單縣黃堌口之決，以為不必塞。鉷及春芳皆請塞之。給事中李應策言：「漕臣主運，河臣主工，各自為見。宜再令析議。」一魁言：「黃堌口一支由虞城、夏邑接碭山、蕭縣、宿州至宿遷，出白洋河，一小支分蕭縣兩河口，出徐州小浮橋，相距不滿四十里。當疏濬與正河會，更通鎮口閘裏湖之水，與小浮橋二水會，則黃堌口不必塞，而運道無滯矣。」從之。於是議濬小浮橋、沂河口、小河口以濟徐、邳運道，以洩碭、蕭漫流，培歸仁堤以護陵寢。

是時，徐、邳復見清、泗運道不利，鉷終以為憂。二十五年正月，復極言黃堌口不塞，則全河南徙，害且立見。議者亦多恐下齧歸仁，為二陵患。三月，小浮橋等口工垂竣，一魁言：

運道通利，河徙不相妨，已有明驗。惟議者以祖陵為慮，請徵往事折之。洪武二十四年，河決原武，東南至壽州入淮。永樂九年，河北入魚臺。未幾，復南決，由渦河經懷遠入淮。時兩河合流，歷鳳、泗以出清口，未聞為祖陵患。正統十三年，河北衝張秋。景泰中，徐有貞塞之，復由渦河入淮。弘治二年，河又北衝，白昂、劉大夏塞之，復南流，一由中牟至潁、壽，一由亳州至渦河入淮，一由宿遷小河口會泗。全河大勢縱橫潁、亳、鳳、泗間，下溢符離、睢、宿，未聞為祖陵慮，亦不聞堤及歸仁也。

正德三年後，河漸北徙，由小浮橋、飛雲橋、穀亭三道入漕，盡趨徐、邳，出二洪，運道雖濟，而泛溢實甚。嘉靖十一年，朱裳始有渦河一支中經鳳陽祖陵未敢輕舉之說。然當時，猶時濬祥符之董盆口、寧陵之五里鋪、滎澤之孫家渡、蘭陽之趙皮寨，又或決睢州之地丘店、界牌口、野雞岡，寧陵之楊村鋪，俱入舊河，從亳、鳳入淮，南流未絕，亦何嘗爲祖陵患。

嘉靖二十五年後，南流故道始盡塞，或由秦溝入漕，或由濁河入漕。五十年來全河盡出徐、邳，奪泗入淮。而當事者方認客作主，日築堤而窘之，以致河流日壅，淮不敵黃，退而內瀦，遂貽盱、泗祖陵之患。此實由內水之停壅，不由外水之衝射也。萬曆七年，潘季馴始慮黃流倒灌小河、白洋等口，挾諸河水衝射祖陵，乃作歸仁堤爲保障計，復張大其說，謂祖陵命脈全賴此堤。習聞其說者，遂疑黃堌之決，下齧歸仁，不知黃堌一決，下流易洩，必無上灌之虞。況今小河不日竣工，引河復歸故道，去歸仁益遠，奚煩過計爲？

報可。

一魁既開小浮橋，築義安山，濬小河口，引武沂泉濟運。及是年四月，河復大決黃堌口，溢夏邑、永城，由宿州符離橋出宿遷新河口入大河，其半由徐州入舊河濟運。上源水枯，而義安東水橫壩復衝二十餘丈，小浮橋水脈微細，二洪告涸，運道阻澀。一魁因議挑黃堌口迤上埽灣、淤嘴二處，且大挑其下李吉口北下濁河，救小浮橋上流數十里之涸。復上言：「黃河南旋至韓家道、盤岔河、丁家莊，俱岸闊百丈，深踰二丈，乃銅幫鐵底故道也。至劉家窪，始强半南流，得山西坡、永涸湖以爲壑，出溪口入符離河，亦故道也。惟徐、邳運道淺涸，所以首議開小浮橋，再加挑闢，必大爲運道之利。乃欲自黃堌挽回全河，必須挑四百里淤高之河身，築三百里南岸之長堤，不惟所費不貲，竊恐後患無已。」御史楊光訓等亦議挑埽灣直渠，展濟濁河，及築山西坡歸仁堤，與一魁合，獨鈇異議。帝命從一魁言。

一魁復言：「歸仁在西北，泗州在東南，相距百九十里，中隔重岡疊嶂。且歸仁之北有白洋河、朱家溝、周家溝、胡家溝、小河口洩入運河，勢如建瓴，即無歸仁，祖陵無足慮。濁河淤墊，高出地上，曹、單間闊一二百丈，深二三丈，尚不免橫流，徐、邳間僅百丈，深止丈餘，徐西有淺至二三尺者，而夏、永、韓家道口至符離，河闊深視曹、單，避高就下，水之本性，河流所棄，自古難復。且運河本藉山東諸泉，不資黃水，惟當倣正統間二洪南北口建閘之制，於鎭口之下，大浮橋之上，呂梁之下洪，邳州之沙坊，各建石閘，節宣汶、泗，而以小浮橋、沂河口二水助之，更於鎭口西築壩截黃，開唐家口而注之龍溝，會小浮橋入運，以杜灌淤鎭口之害，實萬全計也。」報可。

二十六年春，從楊光訓等議，撤鉄，命一魁兼管漕運。六月，召一魁掌部事，命劉東星爲工部侍郎，總理河漕。

二十七年春，東星上言：「河自商、虞而下，由丁家道口抵韓家道口、趙家圈、石將軍廟、〔六〕兩河口，出小浮橋下二洪，乃賈魯故道也。自元及我朝行之甚利。嘉靖三十七年，北徙濁河，而此河遂淤。潘季馴議復開之，以工費浩繁而止。今河東決黃堌，由韓家道口至趙家圈百餘里，衝刷成河，即季馴議復之故道也。由趙家圈至兩河口，直接三仙臺新渠，長僅四十里，募夫五萬濬之，踰月當竣，而大挑運河，小挑濁河，俱可節省。惟李吉口故道嘗挑復淤，去冬已挑數里，前功難棄，然至鎭口三百里而遙，不若趙家圈至兩河口四十里而近。況大浮橋已建閘蓄汶、泗之水，則鎭口濟運亦無藉黃流。」報可。十月，功成，加東星工部尚書，〔七〕一魁及餘官賞賚有差。

初，給事中楊廷蘭因黃堌之決，請開泇河，給事中楊應文亦主其說。既而直隸巡按御史佴祺復言之。東星既開趙家圈，復採衆說，鑿泇河，以地多沙石，工未就而東星病。河既南徙，李吉口淤澱日高，北流遂絕，而趙家圈亦日就淤塞，徐、邳間三百里，河水尺餘，糧艘阻塞。

二十九年秋，工科給事中張問達疏論之。會開、歸大水，河漲商丘，決蕭家口，全河盡南注。河身變爲平沙，商賈舟膠沙上。南岸蒙墻寺忽徙置北岸，商、虞多被淹沒，河勢盡趨東南，而黃堌斷流。河南巡撫曾如春以聞，曰：「此河徙，非決也。」問達復言：「蕭家口在黃堌上流，未有商舟不能行於蕭家口而能行於黃堌以東者，運艘大可慮。」帝從其言，方命東星勘議，而東星卒矣。問達復言：「運道之壞，一因黃堌口之決，不早杜塞；更因幷力泇河，以致趙家圈淤塞斷流，河身日高，河水日淺，而蕭家口遂決，全河奔潰入淮，勢及陵寢。東星已逝，宜急補河臣，早定長策。」大學士沈一貫、給事中桂有根皆趣簡河臣。

御史高舉獻三策。請濬黃堌口以下舊河，引黃水注之東，遂塞黃堌口，而遏其南，俟舊河衝刷深，則幷塞新決之口。其二則請開泇河及膠萊河，而言河漕不宜幷於一人，當選擇分任其事。江北巡按御史吳崇禮則請自蒙墻寺西北黃河灣曲之所，開濬直河，引水東流。且濬李吉口至堅城集淤道三十餘里，而盡塞黃堌以南決口，使河流盡歸正漕。工部尚書一魁酌舉崇禮之議，以開直河、塞黃堌口、濬淤道爲正策，而以泇河爲旁策，膠萊爲備策。帝命急挑舊河，塞決口，且兼挑泇河以備用。下山東撫按勘視膠萊河。

三十年春，一魁覆河撫如春疏言：「黃河勢趨邳、宿，請築汴堤自歸德至靈、虹，以障南徙。且疏小河口，使黃流盡歸之，則瀰漫自消，祖陵可無患。」帝嘉納之。已而言者再疏攻一魁。帝以一魁不塞黃堌口，致衝祖陵，斥爲民。復用崇禮議，分設河漕二臣，命如春爲工部侍郎，總理河道。如春議開虞城王家口，挽全河東歸，須費六十萬。

三十一年春，山東巡撫黃克纘言：「王家口爲蒙墻上源，上流既達，則下流不可旁洩，宜遂塞蒙墻口。」從之。時蒙墻決口廣八十餘丈，如春所開新河未及其半，塞而注之，慮不任受。有獻策者言：「河流既回，勢若雷霆，藉其勢衝之，淺者可深也。」如春遂令放水，水皆泥沙，流少緩，旋淤。夏四月，水暴漲，衝魚、單、豐、沛間，如春以憂卒。乃命李化龍爲工部侍郎，代其任。

給事中宋一韓言：「黃河故道已復，陵、運無虞。決口懼難塞，宜深濬堅城以上淺阻，而增築徐、邳兩岸，使下流有所容，則舊河可塞。」給事中孟成己言：「塞舊河急，而濬新河尤急。」化龍甫至，河大決單縣蘇家莊及曹縣縷堤，又決沛縣四鋪口太行堤，灌昭陽湖，入夏鎭，橫衝運道。化龍議開泇河，屬之邳州直河，以避河險。給事中侯慶遠因言：「泇河成，則他工可徐圖，第毋縱河入淮。淮利則洪澤水減，而陵自安矣。」

三十二年正月，部覆化龍疏，大略言：「河自歸德而下，合運入海，其路有三：由蘭陽道考城，至李吉口，過堅城集，入六座樓，出茶城而向徐、邳，是名濁河，爲中路；由曹、單經豐、沛，出飛雲橋，汎昭陽湖，入龍塘，出秦溝而向徐、邳，是名銀河，爲北路；由潘家口過司家道口，至何家堤，經符離，道睢寧，入宿遷，出小河口入運，是名符離河，爲南路。南路近陵，北路近運，惟中路既遠於陵，且可濟運，前河臣興役未竣，而河形尚在。」因奏開泇有六善。帝從其議。

工部尚書姚繼可言：「黃河衝徙，河臣議於堅城集以上開渠引河，使下流疏通，復分六座樓、苑家樓二路殺其水勢，既可移豐、沛之患，又不至沼碭山之城。開泇分黃，兩工幷舉，乞速發帑以濟。」允之。八月，化龍奏分水河成。事具泇河志中。加化龍太子少保兵部尚書。會化龍丁艱候代，命曹時聘爲工部侍郎，總理河道。是秋，河決豐縣，由昭陽湖穿李家港口，出鎭口，上灌南陽，而單縣決口復潰，魚臺、濟寧間平地成湖。

三十三年春，化龍言：「豐之失，由巡守不嚴，單之失，由下埽不早，而皆由蘇家莊之決。南直、山東相推諉，請各罰防河守臣。至年來緩堤防而急挑濬，堤壞水溢，不咎守堤之不力，惟委濬河之不深。夫河北岸自曹縣以下無入張秋之路，南岸自虞城以下無入淮之路，惟由徐、邳達鎭口爲運道。故河北決曹、鄆、豐、沛間，則由昭陽湖出李家口，而運道溢；南決虞、夏、徐、邳間，則由小河口及白洋河，而運道涸。今泇河既成，起直河至夏鎭，與黃河隔絕，山東、直隸間，河不能制運道之命。獨朱旺口以上，決單則單沼，決曹則曹魚，及豐、沛、徐、邳、魚、碭皆命懸一線堤防，何可緩也。至中州荊隆口、銅瓦廂皆入張秋之路，孫家渡、野雞岡、蒙墻寺皆入淮之路，一不守，則北壞運，南犯陵，其害甚大。請西自開封，〔八〕東至徐、邳，無不守之地，上自司道，下至府縣，無不守之人，庶幾可息河患。」乃敕時聘申飭焉。

其秋，時聘言：「自蘇莊一決，全河北注者三年。初泛豐、沛，繼沼單、魚，陳燦之塞不成，南陽之堤盡壞。今且上灌全濟，旁侵運道矣。臣親詣曹、單，上視王家口新築之壩，下視朱旺口北潰之流，知河之大可憂者三，而機之不可失者二。河決行堤，泛溢平地，昭陽日墊，下流日淤，水出李家口者日漸微緩，勢不得不退而上溢。溢於南，則孫家渡、野雞岡皆入淮故道，毋謂蒙墻已塞，而無憂於陵。溢於北，則芝蔴莊、荆隆口皆入張秋故道，毋謂洳役已成，而無憂於運。且南之夏、商，北之曹、濮，其地益卑，其禍益烈，其挽回益不易，毋謂災止魚、濟，而無憂於民。顧自王家口以達朱旺，新導之河在焉。疏其下流以出小浮橋，則三百里長河暢流，機可乘者一。自徐而下，清黃並行，沙隨水刷，此數十年所未有，因而導水歸徐，容受有地，機可乘者二。臣與諸臣熟計，河之中路有南北二支：北出濁河，嘗再疏再壅；惟南出小浮橋，地形卑下，其勢甚順，度長三萬丈有奇，估銀八十萬兩。公儲虛耗，乞多方處給。」疏上留中。時聘乃大挑朱旺口。十一月興工，用夫五十萬。三十四年四月，工成，自朱旺達小浮橋延袤百七十里，渠廣堤厚，河歸故道。

六月，河決蕭縣郭煖樓人字口，北支至茶城、鎭口。三十五年，決單縣。三十九年六月，決徐州狼矢溝。四十年九月，決徐州三山，衝縷堤二百八十丈，遙堤百七十餘丈，梨林鋪以下二十里正河悉爲平陸，邳、睢河水耗竭。總河都御史劉士忠開韓家壩外小渠引水，由是壩以東始通舟楫。四十二年，決靈壁陳鋪。四十四年五月，復決狼矢溝，由蛤鰻、周柳諸湖入泇河，出直口，復與黃會。六月，決開封陶家店、張家灣，由會城大堤下陳留，入亳州渦河。四十七年九月，決陽武脾沙堽，由封丘、曹、單至考城，復入舊河。時朝政日弛，河臣奏報多不省。四十二年，劉士忠卒，總河閱三年不補。四十六年閏四月，始命工部侍郎王佐督河道。河防日以廢壞，當事者不能有爲。

天啓元年，河決靈壁雙溝、黃鋪，由永姬湖出白洋、小河口，仍與黃會，故道湮涸。總河侍郎陳道亨役夫築塞。時淮安霪雨連旬，黃、淮暴漲數尺，而山陽裏外河及淸河決口匯成巨浸，水灌淮城，民蟻城以居，舟行街市。久之始塞。三年，決徐州青田大龍口，徐、邳、靈、睢河並淤，呂梁城南隅陷，沙高平地丈許，雙溝決口亦滿，上下百五十里悉成平陸。四年六月，決徐州魁山堤，東北灌州城，城中水深一丈三尺，一自南門至雲龍山西北大安橋入石狗湖，一由舊支河南流至鄧二莊，歷租溝東南以達小河，出白洋，仍與黃會。徐民苦淹溺，議集貲遷城。給事中陸文獻上徐城不可遷六議。而勢不得已，遂遷州治於雲龍，河事置不講矣。六年七月，河決淮安，逆入駱馬湖，灌邳、宿。

崇禎二年春，河決曹縣十四鋪口。四月，決睢寧，至七月中，城盡圮。總河侍郎李若星請遷城避之，而開邳州壩洩水入故道，且塞曹家口匙頭灣，逼水北注，以減睢寧之患。從之。四年夏，河決原武湖村舖，又決封丘荆隆口，敗曹縣塔兒灣大行堤。六月黃、淮交漲，海口壅塞，河決建義諸口，下灌興化、鹽城，水深二丈，村落盡漂沒。逡巡踰年，始議築塞。興工未幾，伏秋水發，黃、淮奔注，興、鹽爲壑，而海潮復逆衝，壞范公堤。軍民及商竈戶死者無算，少壯轉徙，丐江、儀、通、泰間，盜賊千百嘯聚。至六年，鹽城民徐瑞等言其狀。帝憫之，命議罰河曹官。而是時，總河朱光祚方議開高堰三閘。淮、揚在朝者合疏言：「建義諸口未塞，民田盡沉水底。三閘一開，高、寶諸邑蕩爲湖海，而漕糧鹽課皆害矣。高堰建閘始於萬曆二十三年，未幾全塞。今高堰日壞，方當急議修築，可輕言開濬乎？」帝是其言，事遂寢。又從御史吳振纓請，修宿、寧上下西北舊堤，以捍歸仁。七年二月，建義決口工成，賜督漕尙書楊一鵬、總河尙書劉榮嗣銀幣。

八年九月，榮嗣得罪。初，榮嗣以駱馬湖運道潰淤，創挽河之議，起宿遷至徐州，別鑿新河，分黃水注其中，以通漕運。計工二百餘里，金錢五十萬。而其所鑿邳州上下，悉黃河故道，濬尺許，其下皆沙，挑掘成河，經宿沙落，河坎復平，如此者數四。迨引黃水入其中，波流迅急，沙隨水下，率淤淺不可以舟。及漕舟將至，而駱馬湖之潰決適平，舟人皆不願由新河。榮嗣自往督之，欲繩以軍法。有入者輒苦淤淺，弁卒多怨。巡漕御史倪于義劾其欺罔誤工，南京給事中曹景參復重劾之，逮問，坐贓，父子皆瘐死。郎中胡璉分工獨多，亦坐死。其後駱馬湖復潰，舟行新河，無不思榮嗣功者。

當是時，河患日棘，而帝又重法懲下，李若星以修濬不力罷官，朱光祚以建義蘇嘴決口逮繫。六年之中，河臣三易。給事中王家彥嘗切言之。光祚亦竟瘐死。而繼榮嗣者周鼎修泇利運頗有功，在事五年，竟坐漕舟阻淺，用故決河防例，遣戍煙瘴。給事中沈胤培、刑部侍郎惠世揚、總河侍郎張國維各疏請寬之，乃獲宥免云。

十五年，流賊圍開封久，守臣謀引黃河灌之。賊偵知，預爲備。乘水漲，令其黨決河灌城，民盡溺死。總河侍郎張國維方奉詔赴京，奏其狀。山東巡撫王永吉上言：「黃河決汴城，直走睢陽，東南注鄢陵、鹿邑，必害亳、泗，侵祖陵，而邳、宿運河必涸。」帝令總河侍郎黃希憲急往捍禦，希憲以身居濟寧不能攝汴，請特設重臣督理。命工部侍郎周堪賡督修汴河。

十六年二月，堪賡上言：「河之決口有二：一爲朱家寨，寬二里許，居河下流，水面寬而水勢緩；一爲馬家口，寬一里餘，居河上流，水勢猛，深不可測。兩口相距三十里，至汴堤之外，合爲一流，決一大口，直衝汴城以去，而河之故道則涸爲平地。怒濤千頃，工力難施，必廣濬舊渠，遠數十里，分殺水勢，然後畚鍤可措。顧築濬並舉，需夫三萬。河北荒旱，兗西兵火，竭力以供，不滿萬人，河南萬死一生之餘，未審能應募否。是不得不借助於撫鎭之兵也。」乃敕兵部速議，而令堪賡刻期興工。至四月，塞朱家寨決口，修堤四百餘丈。馬家口工未就，忽衝東岸，諸埽盡漂沒。堪賡請停東岸而專事西岸。帝令急竣工。

六月，堪賡言：「馬家決口百二十丈，兩岸皆築四之一，中間七十餘丈，水深流急，難以措手，請俟霜降後興工。」已而言：「五月伏水大漲，故道沙灘壅涸者刷深數丈，河之大勢盡歸於東，運道已通，陵園無恙。」疏甫上，決口再潰。帝趣鳩工，未奏績而明亡。

校勘記

〔一〕帝不欲棄安東而命開草灣如所請　神宗實錄卷四九萬曆四年四月庚午條、行水金鑑卷二八均作「工部覆言：『委一垂陷之安東，以拯全淮之胥溺，漕臣言可聽。』報曰『可』」。與「不欲棄安東」說異。

〔二〕而清口內通濟橋　通濟橋，明史稿志二四河渠志作「通濟閘」。

〔三〕先因黃河遷徙無常設遙縷二堤束水歸漕　黃河，原作「黃淮」，據神宗實錄卷二八三萬曆二十三年三月乙亥條、行水金鑑卷三六改。

〔四〕而沙日停　而，原作「面」，據神宗實錄卷二九九萬曆二十三年四月癸亥條改。

〔五〕萬曆間　萬曆，原作「慶曆」，據明會典卷一九六改。

〔六〕趙家圈石將軍廟　石，原作「口」，據明史稿志二四河渠志、行水金鑑卷四〇改。按本志上文有趙家圈與石將軍廟。

〔七〕十月功成加東星工部尚書　十月，原作「六月」，據神宗實録卷三四〇萬曆二十七年十月甲午條、行水金鑑卷四〇改。

〔八〕請西自開封　開封，神宗實録卷四〇五萬曆三十三年正月乙酉條、行水金鑑卷四二作「開歸」，指開封、歸德二府。

明史卷八十五

志第六十一

河渠三

運河上

明成祖肇建北京，轉漕東南，水陸兼輓，仍元人之舊，參用海運。逮會通河開，海陸並罷。南極江口，北盡大通橋，運道三千餘里。綜而計之，自昌平神山泉諸水，滙貫都城，過大通橋，東至通州入白河者，大通河也。自通州而南至直沽，會衞河入海者，白河也。自臨清而北至直沽，會白河入海者，衞水也。自汶上南旺分流，北經張秋至臨淸，會衞河，南至濟寧天井閘，會泗、沂、洸三水者，汶水也。自濟寧出天井閘，與汶合流，至南陽新河，舊出茶城，會黃、沁後出夏鎭，循泇河達直口，入黃濟運者，泗、洸、小沂河及山東泉水也。自茶城秦溝，南歷徐、呂，浮邳，會大沂河，至淸河縣入淮後，從直河口抵淸口者，黃河水也。自清口而南，至於瓜、儀者，淮、揚諸湖水也。過此則長江矣。長江以南，則松、蘇、浙江運道也。淮、揚至京口以南之河，通謂之轉運河，而由瓜、儀達淮安者，又謂之南河，由黃河達豐、沛曰中河，由山東達天津曰北河，由天津達張家灣曰通濟河，而總名曰漕河。其踰京師而東若薊州，西北若昌平，皆嘗有河通，轉漕餉軍。

漕河之別，曰白漕、衞漕、閘漕、河漕、湖漕、江漕、浙漕。因地爲號，流俗所通稱也。淮、揚諸水所滙，徐、兗河流所經，疏瀹決排，繫人力是繫，故閘、河、湖於轉漕尤急。

閘漕者，卽會通河。北至臨清，與衞河會，南出茶城口，與黃河會，資汶、洸、泗水及山東泉源。泉源之派有五。曰分水者，汶水派也，泉百四十有五。曰天井者，濟河派也，泉九十有六。曰魯橋者，泗河派也，泉二十有六。曰沙河者，新河派也，泉二十有八。曰邳州者，沂河派也，泉十有六。諸泉所滙爲湖，其浸十五。曰南旺，東西二湖，周百五十餘里，運渠貫其中。北曰馬踏，南曰蜀山，曰蘇魯。又南曰馬場。又南八十里曰南陽，亦曰獨山，周七十餘里。北曰安山，周八十三里。南曰大、小昭陽，大湖袤十八里，小湖殺三之一，周八十餘里。由馬家橋留城閘而南，曰武家，曰赤山，曰微山，曰呂孟，曰張王諸湖，連注八十里，引薛河由地浜溝出，會於赤龍潭，並趨茶城。自南旺分水北至臨淸三百里，地降九十尺，爲閘二十有一；南至鎭口三百九十里，地降百十有六尺，爲閘二十有七。其外又有積水、進水、減水、平水之閘五十有四。又爲壩二十有一，所以防運河之洩，佐閘以爲用者也。其後開泇河二百六十里，爲閘十一，爲壩四。運舟不出鎭口，與黃河會於董溝。

河漕者，即黃河。上自茶城與會通河會，下至清口與淮河會。其道有三：中路曰濁河，北路曰銀河，南路曰符離河。南近陵，北近運，惟中路去陵遠，於運有濟。而河流遷徙不常，上流苦潰，下流苦淤。運道自南而北，出清口，經桃、宿，溯二洪，入鎭口，陟險五百餘里。自二洪以上，河與漕不相涉也。至泇河開而二洪避，董溝闢而直河淤，運道之資河者二百六十里而止，董溝以上，河又無病於漕也。

湖漕者，由淮安抵揚州三百七十里，地卑積水，匯爲澤國。山陽則有管家、射陽，寶應則有白馬、氾光，高郵則有石臼、甓社、武安、邵伯諸湖。仰受上流之水，傍接諸山之源，巨浸連亙，由五塘以達於江。慮淮東侵，築高家堰拒其上流，築王簡、張福二堤禦其分洩。慮淮侵而漕敗，開淮安永濟、高郵康濟、寶應弘濟三月河以通舟。至揚子灣東，則分二道：一由儀眞通江口，以漕上江湖廣、江西；一由瓜洲通西江嘴，以漕下江兩浙。本非河道，專取諸湖之水，故曰湖漕。

太祖初起大軍北伐，開蹋場口、耐牢坡，通漕以餉梁、晉。定都應天，運道通利：江西、湖廣之粟，浮江直下；浙西、吳中之粟，由轉運河；鳳、泗之粟，浮淮；河南、山東之粟，下黃河。嘗由開封運粟，泝河達渭，以給陝西，用海運以餉遼卒，有事於西北者甚鮮。淮、揚之間，築高郵湖堤二十餘里，開寶應倚湖直渠四十里，築堤護之。他小修築，無大利害也。

永樂四年，成祖命平江伯陳瑄督轉運，一仍由海，而一則浮淮入河，至陽武，〔一〕陸輓百七十里抵衞輝，浮於衞，所謂陸海兼運者也。海運多險，陸輓亦艱。九年二月乃用濟寧州同知潘叔正言，命尚書宋禮、侍郎金純、都督周長濬會通河。會通河者，元轉漕故道也，元末已廢不用。洪武二十四年，河決原武，漫安山湖而東，會通盡淤，至是復之。由濟寧至臨清三百八十五里，引汶、泗入其中。泗出泗水陪尾山，四泉並發，西流至兗州城東，合於沂。汶河有二。小汶河出新泰宮山下。大汶河出泰安仙臺嶺南，又出萊蕪原山陰及寨子村，俱至靜豐鎭合流，遶徂徠山陽，而小汶河來會。經寧陽北堽城，西南流百餘里，至汶上。其支流曰洸河，出堽城西南，流三十里，會寧陽諸泉，經濟寧東，與泗合。元初，畢輔國始於堽城左汶水陰作斗門，導汶入洸。至元中，又分流北入濟，由壽張至臨清，通漳、御入海。

南旺者，南北之脊也。自左而南，距濟寧九十里，合沂、泗以濟；自右而北，距臨清三百餘里，無他水，獨賴汶。禮用汶上老人白英策，築壩東平之戴村，遏汶使無入洸，而盡出南旺，南北置閘三十八。又開新河，自汶上袁家口左徙五十里至壽張之沙灣，以接舊河。其秋，禮還，又請疏東平東境沙河淤沙三里，築堰障之，合馬常泊之流入會通濟運。又於汶上、東平、濟寧、沛縣並湖地設水櫃、陡門。在漕河西者曰水櫃，東者曰陡門，櫃以蓄泉，門以洩漲。純復濬賈魯河故道，引黃水至塌場口會汶，經徐、呂入淮。運道以定。

其後，宣宗時，嘗發軍民十二萬，濬濟寧以北自長溝至棗林閘百二十里，置閘諸淺，濬湖塘以引山泉。正統時，濬滕、沛淤河，又於濟寧、滕三州縣疏泉置閘，易金口堰土壩爲石，蓄水以資會通。景帝時，增置濟寧抵臨清減水閘。天順時，拓臨清舊閘，移五十丈。憲宗時，築汶上、濟寧決堤百餘里，增南旺上、下及安山三閘。命工部侍郎杜謙勘治汶、泗、洸諸泉。武宗時，增置汶上袁家口及寺前鋪石閘，濬南旺淤八十里，而閘漕之治詳。惟河決則挾漕而去，爲大害。

陳瑄之督運也，於湖廣、江西造平底淺船三千艘。二省及江、浙之米皆由江以入，至淮安新城，盤五壩過淮。仁、義二壩在東門外東北，禮、智、信三壩在西門外西北，皆自城南引水抵壩口，其外卽淮河。清江浦者，直淮城西，永樂二年嘗一修閘。其口淤塞，則漕船由二壩，官民商船由三壩入淮，輓輸甚勞苦。瑄訪之故老，言：「淮城西管家湖西北，距淮河鴨陳口僅二十里，與淸江口相值，宜鑿爲河，引湖水通漕，宋喬維嶽所開沙河舊渠也。」瑄乃鑿淸江浦，導水由管家湖入鴨陳口達淮。十三年五月，工成。緣西湖築堤亙十里以引舟。淮口置四閘，曰移風、淸江、福興、新莊。以時啓閉，嚴其禁。並濬儀眞、瓜洲河以通江湖，鑿呂梁、百步二洪石以平水勢，開泰州白塔河以達大江。築高郵河堤，堤內鑿渠四十里。久之，復置呂梁石閘，並築寶應、汜光、白馬諸湖堤，堤皆置涵洞，互相灌注。是時淮上、徐州、濟寧、臨清、德州皆建倉轉輸。濱河置舍五百六十八所，舍置淺夫。水澀舟膠，俾之導行。增置淺船三千餘艘。設徐、沛、沽頭、金溝、山東、穀亭、魯橋等閘。自是漕運直達通州，而海陸運俱廢。

宣德六年用御史白圭言，濬金龍口，引河水達徐州以便漕。末年至英宗初，再濬，並及鳳池口水，徐、呂二洪，西小河，而會通安流，自永、宣至正統間凡數十載。至十三年，河決滎陽，東衝張秋，潰沙灣，運道始壞。命廷臣塞之。

景泰三年五月，堤工乃完。未匝月而北馬頭復決，掣漕流以東。清河訓導唐學成言：「河決沙灣，臨清告涸。地卑堤薄，黃河勢急，故甫完堤而復決也。臨清至沙灣十二閘，有水之日，其勢甚陡。請於臨清以南濬月河通舟，直抵沙灣，不復由閘，則水勢緩而漕運通矣。」帝卽命學成與山東巡撫洪英相度。工部侍郎趙榮則言：「沙灣抵張秋岸薄，故數決。請於決處置減水石壩，使東入鹽河，則運河之水可蓄。然後厚堤岸，塡決口，庶無後患。」

明年四月，決口方畢工，而減水壩及南分水墩先敗，已復盡衝墩岸橋梁，決北馬頭，掣漕水入鹽河，運舟悉阻。敎諭彭塤請立閘以制水勢，開河以分上流。御史練綱上其策。詔下尚書石璞。璞乃鑿河三里，以避決口，上下與運河通。是歲，漕舟不前者，命漕運總兵官徐恭姑輸東昌、濟寧倉。及明年，運河膠淺如故。恭與都御史王竑言：「漕舟蟻聚臨清上下，請亟敕都御史徐有貞築塞沙灣決河。」有貞不可，而獻上三策，請置水閘，開分水河，挑運河。

六年三月詔羣臣集議方略。工部尚書江淵等請用官軍五萬以濬運。有貞恐役軍費重，請復陳瑄舊制，置撈淺夫，用沿河州縣民，免其役。五月，濬漕工竣。七月，沙灣決口工亦竣，會通復安。都御史陳泰一濬淮、揚漕河，築口置壩。黃河嘗灌新莊閘至淸江浦三十餘里，淤淺阻漕，稍稍濬治，卽復其舊。英宗初，命官督漕，分濟寧南北爲二，侍郎鄭辰治其南，副都御史賈諒治其北。

成化七年，又因廷議，分漕河沛縣以南、德州以北及山東爲三道，各委曹郎及監司專理，且請簡風力大臣總理其事。始命侍郎王恕爲總河。二十一年敕工部侍郎杜謙浚運道，自通州至淮、揚，會山東、河南撫按相度經理。

弘治二年，河復決張秋，衝會通河，命戶部侍郎白昂相治。昂奏金龍口決口已淤，河幷爲一大支，由祥符合沁下徐州而去。其間河道淺隘，宜於所經七縣，築堤岸以衞張秋。下工部議，從其請。昂又以漕船經高郵甓社湖多溺，請於堤東開複河四十里以通舟。越四年，河復決數道入運河，壞張秋東堤，奪汶水入海，漕流絕。時工部侍郎陳政總理河道，集夫十五萬，治未效而卒。

六年春，副都御史劉大夏奉敕往治決河。〔二〕夏半，漕舟鱗集，乃先自決口西岸鑿月河以通漕。經營二年，張秋決口就塞，復築黃陵岡上流。於是河復南下，運道無阻。乃改張秋曰安平鎮，建廟賜額曰顯惠神祠，命大學士王鏊紀其事，勒於石。而白昂所開高郵複河亦成，賜名康濟，其西岸以石甃之。又甃高郵堤，自杭家閘至張家鎮凡三十里。高郵堤者，洪武時所築也。陳瑄因舊增築，延及寶應，土人相沿謂之老堤。正統三年易土以石。成化時，遣官築重堤於高郵、邵伯、寶應、白馬四湖老堤之東。而王恕爲總河，修淮安以南諸決堤，且濬淮、揚漕河。重湖壖民盜決溉田之罰，造閘礎以儲湖水。及大夏塞張秋，而昂又開康濟，漕河上下無大患者二十餘年。

十六年，巡撫徐源言：「濟寧地最高，必引上源洸水以濟，其口在堽城石灞之上。元時治閘作堰，使水盡入南旺，分濟南北運。成化間，易土以石。夫土堰之利，水小則遏以入洸，水大則閉閘以防沙壅，聽其漫堰西流。自石堰成，水遂橫溢，石堰既壞，民田亦衝。洸河沙塞，雖有閘門，壓不能啓。乞毀石復土，疏洸口壅塞以至濟寧，而築堽城迤西春城口子決岸。」帝命侍郎李鐩往勘，言：「堽城石堰，一可遏淤沙，不爲南旺湖之害，一可殺水勢，不慮戴村壩之衝，不宜毀。近堰積沙，宜濬。堈城稍東有元時舊閘，引洸水入濟寧，下接徐、呂漕河。東平州戴村，則汶水入海故道也。自永樂初，橫築一壩，遏汶入南旺湖，漕河始通。今自分水龍王廟至天井閘九十里，水高三丈有奇，若洸河更濬而深，則汶流盡向濟寧而南，臨清河道必涸。洸口不可濬。堈城口至柳泉九十里，無關運道，可弗事。柳泉至濟寧，汶、泗諸水會流處，宜疏者二十餘里。春城口，外障汶水，內防民田，堤卑岸薄，宜與戴村壩並修築。」從之。正德四年十月，河決沛縣飛雲橋，入運。尋塞。

世宗之初，河數壞漕。嘉靖六年，光祿少卿黃綰論泉源之利，言：「漕河泉源皆發山東南旺、馬場、樊村、安山諸湖。泉水所鍾，亟宜修濬，且引他泉並蓄，則漕不竭。南旺、馬場堤外孫村地窪，若瀦爲湖，改作漕道，尤可免濟寧高原淺澀之苦。」帝命總河侍郎章拯議。而拯以黃水入運，運船阻沛上，方爲御史吳仲所劾。拯言：「河塞難遽通，惟金溝口迤北新衝一渠，可令運船由此入昭陽湖，出沙河板橋。其先阻淺者，則西歷雞塚寺，出廟道北口通行。」下部併議，未決。給事中張嵩言：「昭陽湖地庳，河勢高，引河灌湖，必致瀰漫，使湖道復阻。請罷拯，別推大臣。」部議如嵩言。拯再疏自劾，乞罷。不許。卒引運船道湖中。其冬，詔拯還京別敍，而命擇大臣督理。

諸大臣多進治河議。詹事霍韜謂：「前議役山東、河南丁夫數萬，疏濬淤沙以通運。然沙隨水下，旋濬旋淤。今運舟由昭陽湖入雞鳴臺至沙河，迂迴不過百里。若沿湖築堤，浚爲小河，河口爲閘，以待蓄洩，水溢可避風濤，水涸易爲疏濬。三月而土堤成，一年而石堤成，用力少，取效速。黃河愈溢，運道愈利，較之役丁夫以浚淤土，勞逸大不侔也。」尚書李承勛謂：「於昭陽湖左別開一河，引諸泉爲運道，自留城沙河爲尤便。」與都御史胡世寧議合。七年正月，總河都御史盛應期奏如世寧策，請於昭陽湖東鑿新河，自汪家口南出留城口，〔三〕長百四十里，刻期六月畢工。工未半，而應期罷去，役遂已。其後三十年，朱衡始循其遺跡，濬而成之。是年冬，總河侍郎潘希曾加築濟、沛間東西兩堤，以拒黃河。

十九年七月，河決野雞岡，二洪涸。督理河漕侍郎王以旂請濬山東諸泉以濟運，且築長堤聚水，如閘河制。遂濬舊泉百七十八，開新泉三十一。以旂復奏四事。一請以諸泉分隸守土官兼理其事，毋使堙塞。一請於境山鎮、徐、呂二洪之下，各建石閘，蓄水數尺以行舟，旁留月河以洩暴汛；築四木閘於武家溝、小河口、石城、匙頭灣，而置方船於沙坊等淺，以備撈濬。一言漕河兩岸有南旺、安山、馬場、昭陽四湖，名爲水櫃，所以滙諸泉濟漕河也。豪強侵占，蓄水不多，而昭陽一湖淤成高地，大非國初設湖初意。宜委官清理，添置閘、壩、斗門，培築堤岸，多開溝渠，濬深河底，以復四櫃。一言黃河南徙，舊閘口俱塞，惟孫繼一口獨存。導河出徐州小浮橋，下徐、呂二洪，此濟運之大者。請於孫繼口多開一溝，及時疏淪，庶二洪得濟。帝可其奏，而以管泉專責之部曹。

徐、呂二洪者，河漕咽喉也。自陳瑄鑿石疏渠，正統初，復濬洪西小河。漕運參將湯節又以洪迅敗舟，於上流築堰，逼水歸月河，河南建閘以蓄水勢。成化四年，管河主簿郭昇以大石築兩堤，錮以鐵錠，鑿外洪敗船惡石三百，而平築裏洪堤岸，又甃石岸東西四百餘丈。十六年增甃呂梁洪石堤、石壩二百餘丈，以資牽輓。及是建閘，行者益便之。

四十四年七月，河大決沛縣，漫昭陽湖，由沙河至二洪，浩渺無際，運道淤塞百餘里。督理河漕尙書朱衡循覽盛應期所鑿新河遺跡，請開南陽、留城上下。總河都御史潘季馴不可。衡言：「是河直秦溝，有所束隘。伏秋黃水盛，昭陽受之，不爲壑也。」乃決計開濬，身自督工，重懲不用命者。給事中鄭欽劾衡故興難成之役，虐民倖功。朝廷遣官勘新舊河孰利。給事中何起鳴勘河還，言：「舊河難復有五，而新河之難成者亦有三。顧新河多舊堤高阜，黃水難侵，濬而通之，運道必利。所謂三難者，一以夏村迤北地高，恐難接水，然地勢高低，大約不過二丈，一視水平加深，何患水淺。一以三河口積沙深厚，水勢湍急，不無阻塞，然建壩攔截，歲一挑濬之，何患沙壅。一以馬家橋築堤，微山取土不便，又恐水口投埽，勢必不堅，然使委任得人，培築高厚，無必不可措力之理。開新河便。」下廷臣集議，言新河已有次第，不可止。況百中橋至留城白洋淺，出境山，疏濬補築，亦不全棄舊河，羣議俱合。

帝意乃決。時大雨，黃水驟發，決馬家橋，壞新築東西二堤。給事中王元春、御史黃襄皆劾衡欺惘，起鳴亦變其說。會衡奏新舊河百九十四里俱已流通，漕船至南陽出口無滯。詔留衡與季馴詳議開上源、築長堤之便。

隆慶元年正月，衡請罷上源議，惟開廣秦溝，堅築南長堤。五月，新河成，西去舊河三十里。舊河自留城以北，經謝溝、下沽頭、中沽頭、金溝四閘，過沛縣，又經廟道口、湖陵城、孟陽、八里灣、穀亭五閘，而至南陽閘。新河自留城而北，經馬家橋、西柳莊、滿家橋、夏鎭、楊莊、硃梅、利建七閘，至南陽閘合舊河，凡百四十里有奇。又引鮎魚諸泉及薛河、沙河注其中，而設壩於三河之口，築馬家橋堤，遏黃水入秦溝，運道乃大通。未幾，鮎魚口山水暴決，沒漕艘。帝從衡請，自東邵開支河三道以分洩之，又開支河於東邵之上，歷東滄橋以達百中橋，鑿豸裏溝諸處爲渠，使水入赤山湖，由之以歸呂孟湖，下境山而去。

衡召入爲工部尚書，都御史翁大立代，上言：「漕河資泉水，而地形東高西下，非湖瀦之則涸，故漕河以東皆有櫃；非湖洩之則潰，故漕河以西皆有壑。〔四〕黃流逆奔，則以昭陽湖爲散漫之區；山水東突，則以南陽湖爲瀦蓄之地。宜由回回墓開通以達鴻溝，令穀亭、湖陵之水皆入昭陽湖，卽濬鴻溝廢渠，引昭陽湖水沿渠東出留城。其湖地退灘者，又可得田數千頃。」大立又言：「薛河水湍悍，今盡注赤山湖，〔五〕入微山湖以達呂孟湖，此尙書衡成績也。

惟呂孟之南爲邵家嶺，黃流塡淤，地形高仰，秋水時至，翕納者小，浸淫平野，奪民田之利。微山之西爲馬家橋，比草創一堤以開運道，土未及堅而時爲積水所撼，以尋丈之址，二流夾攻，慮有傾圮。宜鑿邵家嶺，令水由地浜溝出境山以入漕河，則湖地可耕，河堤不潰。〔六〕更於馬家橋建減水閘，視旱澇爲啓閉，乃通漕長策也。」並從之。

三年七月，河決沛縣，茶城淤塞，糧艘二千餘皆阻邳州。大立言：「臣按行徐州，循子房山，過梁山，至境山，入地浜溝，直趨馬家橋，上下八十里間，可別開一河以漕，」卽所謂泇河也。請集廷議，上卽命行之。未幾，黃落漕通，前議遂寢。時淮水漲溢，自清河至淮安城西淤三十餘里，決禮、信二壩出海，寶應湖堤多壞。山東諸水從直河出邳州。大立以聞。其冬，自淮安板閘至清河西湖嘴開濬垂成，而裏口復塞。督漕侍郎趙孔昭言：「清江一帶黃河五十里，宜築堰以防河溢；淮河高良澗一帶七十餘里，宜築堰以防淮漲。」帝令亟濬裏口，與大立商築堰事宜，并議海口築塞及寶應月河二事。

四年六月，淮河及鴻溝境山疏濬工竣。大立方奏聞，諸水忽驟溢，決仲家淺，與黃河合，茶城復淤。未幾，自泰山廟至七里溝，淮河淤十餘里，其水從朱家溝旁出，至清河縣河南鎭以合於黃河。大立請開新莊閘以通回船，兼濬古睢河，洩二洪水，且分河自魚溝下草灣，保南北運道。帝命新任總河都御史潘季馴區畫。頃之，河大決邳州，睢寧運道淤百餘里。大立請開泇口、蕭縣二河。會季馴築塞諸決，河水歸正流，漕船獲通。大立、孔昭皆以遲悞漕糧削籍，開泇之議不果行。

五年四月，河復決邳州王家口，自雙溝而下，南北決口十餘，損漕船運軍千計，沒糧四十萬餘石，而匙頭灣以下八十里皆淤。於是膠、萊海運之議紛起。會季馴奏邳河功成，帝以漕運遲，遣給事中雒遵往勘。總漕陳炌及季馴俱罷官。

六年，從雒遵言，修築茶城至清河長堤五百五十里，三里一鋪，鋪十夫，設官畫地而守。又接築茶城至開封兩岸堤。從朱衡言，繕豐、沛大黃堤。衡又言：「漕河起儀眞訖張家灣二千八百餘里，河勢凡四段，各不相同。淸江浦以南，臨淸以北，皆遠隔黃河，不煩用力。惟茶城至臨淸，則閘諸泉爲河，與黃相近。淸河至茶城，則黃河卽運河也。茶城以北，當防黃河之決而入；茶城以南，當防黃河之決而出。防黃河卽所以保運河，故自茶城至邳、遷，高築兩堤，宿遷至淸河，盡塞缺口，蓋以防黃水之出，則正河必淤，昨歲徐、邳之患是也。自茶城秦溝口至豐、沛、曹、單，創築增築以接縷水舊堤，蓋以防黃水之入，則正河必決，往年曹、沛之患是也。二處告竣，故河深水束，無旁決中潰之虞。沛縣之窰子頭至秦溝口，應築堤七十里，接古北堤。徐、邳之間，堤逼河身，宜於新堤外別築遙堤。」詔如其議，以命總河侍郎萬恭。

萬曆元年，恭言：「祖宗時造淺船近萬，非不知滿載省舟之便，以閘河流淺，故不敢過四百石也。其制底平、倉淺，底平則入水不深，倉淺則負載不滿。又限淺船用水不得過六拏，伸大指與食指相距爲一拏，六拏不過三尺許，明受水淺也。今不務遵行，而競雇船搭運。雇船有三害，搭運有五害，皆病河道。請悉遵舊制。」從之。

恭又請復淮南平水諸閘，上言：「高、寶諸湖周遭數百里，西受天長七十餘河，徒恃百里長堤，若障之使無疏洩，是潰堤也。以故祖宗之法，徧置數十小閘於長堤之間，又爲令曰『但許深湖，不許高堤』，故設淺船淺夫取湖之淤以厚堤。夫閘多則水易落而堤堅，濬勤則湖愈深而堤厚，意至深遠也。比年畏修閘之勞，每壞一閘，卽堙一閘，歲月旣久，諸閘盡堙，而長堤爲死障矣。畏濬淺之苦，每湖淺一尺則加堤一尺，歲月旣久，湖水捧起，而高、寶爲孟城矣。且湖漕勿堤與無漕同，湖堤勿閘與無堤同。陳瑄大置減水閘數十，湖水溢則瀉以利堤，水落則閉以利漕，最爲完計。積久而減水故迹不可復得，湖且沉堤。請復建平水閘，閘欲密，密則水疏，無漲滿患；閘欲狹，狹則勢緩，無齧決虞。」尙書衡覆奏如其請。於是儀眞、江都、高郵、寶應、山陽設閘二十三，濬淺凡五十一處，各設撈淺船二，淺夫十。

恭又言：「淸江浦河六十里，陳瑄濬至天妃祠東，注於黃河。運艘出天妃口入黃穿淸，特半餉耳。後黃漲，逆注入口，浦遂多淤。議者不制天妃口而遽塞之，令淮水勿與黃値。開新河以接淮河，曰『接淸流勿接濁流，可不淤也』。不知黃河非安流之水，伏秋盛發，則西擁淮流數十里，幷灌新開河。彼天妃口，一黃水之淤耳。今淮、黃會於新開河口，是二淤也。防一淤，生二淤，又生淮、黃交會之淺。歲役丁夫千百，濬治方畢，水過復合。又使運艘迂八里淺滯而始達於淸河，孰與出天妃口者之便且利？請建天妃閘，俾漕船直達淸河。運盡而黃水盛發，則閉閘絕黃，水落則啓天妃閘以利商船。新河口勿濬可也。」乃建天妃廟口石閘。

恭又言：「由黃河入閘河爲茶城，出臨淸板閘七百餘里，舊有七十二淺。自創開新河，汶流平衍，地勢高下不甚相懸，七十淺悉爲通渠。惟茶、黃交會間，運盛之時，正値黃河水落之候，高下不相接，是以有茶城黃家閘之淺，連年患之。祖宗時，嘗建境山閘，自新河水平，閘沒泥淖且丈餘。其閘上距黃家閘二十里，下接茶城十里，因故基累石爲之，可留黃家閘外二十里之上流，接茶城內十里之下流，且挾二十里水勢，衝十里之狹流，蔑不勝矣。」乃復境山舊閘。

恭建三議，尙書衡覆行之，爲運道永利。而是時，茶城歲淤，恭方報正河安流，回空船速出。給事中朱南雍以回空多阻，劾恭隱蔽溺職。帝切責恭，罷去。

三年二月，總河都御史傅希摯請開泇河以避黃險，不果行。希摯又請濬梁山以下，與茶城互用，淤舊則通新而挑舊，淤新則通舊而挑新，築壩斷流，常通其一以備不虞。詔從所請。工未成，而河決崔鎮，淮決高家堰，高郵湖決淸水潭、丁志等口，淮城幾沒。知府邵元哲開菊花潭，以洩淮安、高、寶三城之水，東方鄕米少通。

明年春，〔七〕督漕侍郎張翀以築淸水潭堤工鉅不克就，欲令糧船暫由圈子田以行。巡按御史陳功不可。河漕侍郎吳桂芳言：「高郵湖老堤，陳瑄所建。後白昂開月河，距湖數里，中爲土堤，東爲石堤，首尾建閘，名爲康濟河。其中堤之西，老堤之東，民田數萬畝，所謂圈子田也。河湖相去太遠，老堤缺壞不修，遂至水入圈田，又成一湖。而中堤潰壞，東堤獨受數百里湖濤，淸水潭之決，勢所必至。宜遵弘治間王恕之議，就老堤爲月河，但修東西二堤，費省而工易舉。」帝命如所請行之。是年，元哲修築淮安長堤，又疏鹽城石礎口下流入海。

五年二月，高郵石堤將成，桂芳請傍老堤十數丈開挑月河。因言：「白昂康濟月河去老堤太遠，人心狃月河之安，忘老堤外捍之力。年復一年，不加省視，老、中二堤俱壞，而東堤不能獨存。今河與老堤近，則易於管攝。」御史陳世寶論江北河道，請於寶應湖堤補石堤以固其外，而於石堤之東復築一堤，〔八〕以通月河，漕舟行其中。並議行。其冬，高郵湖土石二堤、新開漕河南北二閘及老堤加石、增護堤木城各工竣事。桂芳又與元哲增築山陽長堤，自板閘至黃浦亙七十里，閉通濟閘不用，而建興文閘，且修新莊諸閘，築清江浦南堤，創板閘漕堤，南北與新舊堤接。板閘卽故移風閘也。堤、閘並修，淮、揚漕道漸固。

六年，總理河漕都御史潘季馴築高家堰，及淸江浦柳浦灣以東加築禮、智二壩，修寶應、黃浦等八淺堤，高、寶減水閘四，又拆新莊閘而改建通濟閘於甘羅城南。明初運糧，自瓜、儀至淮安謂之裏河，自五壩轉黃河謂之外河，不相通。及開淸江浦，設閘天妃口，春夏之交重運畢，卽閉以拒黃。歲久法弛，閘不封而黃水入。嘉靖末，塞天妃口，於浦南三里溝開新河，設通濟閘以就淮水。已又從萬恭言，復天妃閘。未幾，又從御史劉光國言，增築通濟，自仲夏至季秋，隔日一放回空漕船。旣而啓閉不時，淤塞日甚，開朱家口引淸水灌之，僅通舟。至是改建甘羅城南，專向淮水，使河不得直射。

十年，督漕尙書淩雲翼以運船由淸江浦出口多艱險，乃自浦西開永濟河四十五里，起城南窰灣，歷龍江閘，至楊家澗出武家墩，折而東，合通濟閘出口。更置閘三，以備淸江浦之險。是時漕河就治，淮、揚免水災者十餘年。初，黃河之害漕也，自金龍口而東，則會通以淤。迨塞沙灣、張秋閘，漕以安，則徐、沛間數被其害。至崔鎭高堰之決，黃、淮交漲而害漕，乃在淮、揚間，湖潰則敗漕。季馴以高堰障洪澤，俾堰東四湖勿受淮侵，漕始無敗。而河漕諸臣懼湖害，日夜常惴惴。

十三年從總漕都御史李世達議，開寶應月河。寶應氾光湖，諸湖中最湍險者也，廣百二十餘里。槐角樓當其中，形曲如箕，瓦店翼其南，秤鈎灣翼其北。西風鼓浪，往往覆舟。陳瑄築堤湖東，蓄水爲運道。上有所受，下無所宣，遂決爲八淺，滙爲六潭，興、鹽諸場皆沒。而淮水又從周家橋漫入，溺人民，害漕運。武宗末年，郎中楊最請開月河，部覆不從。嘉靖中，工部郎中陳毓賢、戶部員外范韶、御史聞人詮、運糧千戶李顯皆以爲言，議行未果。至是，工部郎中許應逵建議，世達用其言以奏，乃決行之。濬河千七百餘丈，置石閘三，減水閘二，築堤九千餘丈，石堤三之一，子堤五千餘丈。工成，賜名弘濟。尋改石閘爲平水閘。應逵又築高郵護城堤。其後，弘濟南北閘，夏秋淮漲，吞吐不及，舟多覆者。神宗季年，督漕侍郎陳荐於南北各開月河以殺河怒，而溜始平。

十五年，督漕侍郎楊一魁請修高家堰以保上流，砌范家口以制旁決，疏草灣以殺河勢，修禮壩以保新城。詔如其議。一魁又改建古洪閘。先是，汶、泗之水由茶城會黃河。隆慶間，濁流倒灌，稽阻運船，郎中陳瑛移黃河口於茶城東八里，建古洪、內華二閘，漕河從古洪出口。後黃水發，淤益甚。一魁既改古洪，帝又從給事中常居敬言，令增築鎭口閘於古洪外，距河僅八十丈，吐納益易，糧運利之。

工部尙書石星議季馴、居敬條上善後事宜，請分地責成：接築塔山縷堤，淸江浦草壩，創築寶應西堤，石砌邵伯湖堤，疏濬裏河淤淺，當在淮、揚興舉；築復南旺、馬踏、蜀山、馬場四湖，建築坎河滾水壩，加建通濟、永通二閘，築復安山湖地，當在山東興舉。帝從其議。未幾，衆工皆成。

十九年，季馴言：「宿遷以南，地形西窪，請開縷堤放水。沙隨水入，地隨沙高，庶水患消而費可省。」又請易高家堰土堤爲石，築滿家閘西攔河壩，使汶、泗盡歸新河。設減水閘於李家口，以洩沛縣積水。從之。十月，淮湖大漲，江都淳家灣石堤、邵伯南壩、高郵中堤、朱家墩、清水潭皆決。郎中黃曰謹築塞僅竣，而山陽堤亦決。

二十一年五月，恒雨。漕河汎溢，潰濟寧及淮河諸堤岸。總河尚書舒應龍議：築堽城壩，遏汶水之南，開馬踏湖月河口，導汶水之北。開通濟閘，放月河土壩以殺洶湧之勢。從其奏。數年之間，會通上下無阻，而黃、淮並漲，高堰及高郵堤數決害漕。應龍卒罷去。建議者紛紛，未有所定。

楊一魁代應龍爲總河尚書，力主分黃導淮。治逾年，工將竣，又請決湖水以疏漕渠，言：「高、寶諸湖本沃壤也，自淮、黃逆壅，遂成昏墊。今入江入海之路既濬，宜開治涇河、子嬰溝、金灣河諸閘及瓜、儀二閘，〔九〕大放湖水，就湖疏渠，與高、寶月河相接。既避運道風波之險，而水涸成田，給民耕種，漸議起科，可充河費。」命如議行。時下流既疏，淮水漸帖，而河方決黃堌口。督漕都御史褚鈇恐洩太多，徐、邳淤阻，力請塞之。一魁持不可，濬兩河口至小浮橋故道以通漕。然河大勢南徙，二洪漕屢涸，復大挑黃堌下之李吉口，挽黃以濟之，非久輒淤。

一魁入掌部事。二十六年，劉東星繼之，守一魁舊議，李吉口淤益高。歲冬月，即其地開一小河，春夏引水入徐州，如是者三年，大抵至秋即淤。乃復開趙家圈以接黃，開泇河以濟運。趙家圈旋淤，泇河未復，而東星卒。於是鳳陽巡撫都御史李三才建議自鎭口閘至磨兒莊倣閘河制，三十里一閘，凡建六閘於河中，節宣汶、濟之水，聊以通漕。漕舟至京，不復能如期矣。東星在事，開邵伯月河，長十八里，闊十八丈有奇，以避湖險。又開界首月河，長千八百餘丈。各建金門石閘二，漕舟利焉。

三十二年，總河侍郎李化龍始大開泇河，自直河至李家港二百六十餘里，盡避黃河之險。化龍憂去，總河侍郎曹時聘終其事，疏敍泇河之功，言：「舒應龍創開韓家莊以洩湖水，而路始通。劉東星大開良城、侯家莊以試行運，而路漸廣。李化龍上開李家港，鑿都水石，下開直河口，挑田家莊，殫力經營，行運過半，而路始開，故臣得接踵告竣。」因條上善後六事，運道由此大通。其後，每年三月開泇河壩，由直河口進，九月開召公壩入黃河，糧艘及官民船悉以爲準。

四十四年，巡漕御史朱堦請修復泉湖，言：「宋禮築壩戴村，奪二汶入海之路，灌以成河，復導洙、泗、洸、沂諸水以佐之。汶雖率衆流出全力以奉漕，然行遠而竭，已自難支。至南旺，又分其四以南迎淮，六以北赴衞，力分益薄。況此水夏秋則漲，冬春而涸，無雨卽夏秋亦涸。禮逆慮其不可恃，乃於沿河昭陽、南旺、馬踏、蜀山、安山諸湖設立斗門，名曰水櫃。漕河水漲，則瀦其溢出者於湖，水消則決而注之漕。積泄有法，盈決有罪，故旱澇恃以無恐。及歲久禁弛，湖淺可耕，多爲勢豪所占，昭陽一湖已作藩田。比來山東半年不雨，泉欲斷流，按圖而索水櫃，茫無知者。乞敕河臣清核，亟築堤壩斗門以廣蓄儲。」帝從其請。

方議濬泉湖，而河決徐州狼矢溝，由蛤鰻諸湖入泇河，出直口，運船迎溜艱險。督漕侍郎陳荐開武河等口，洩水平溜。後二年，決口長淤沙，河始復故道。總河侍郎王佐加築月壩以障之。至泰昌元年冬，佐言「諸湖水櫃已復，安山湖且復五十五里，誠可利漕。請以水櫃之廢興爲河官殿最。」從之。

天啓元年，淮、黃漲溢，決裏河王公祠，淮安知府宋統殷、山陽知縣練國事力塞之。三年秋，外河復決數口，尋塞。是年冬，濬永濟新河。自凌雲翼開是河，未幾而閉。總河都御史劉士忠嘗開壩以濟運，已復塞。而淮安正河三十年未濬。故議先挑新河，通運船回空，乃濬正河，自許家閘至惠濟祠長千四百餘丈，復建通濟月河小閘，運船皆由正河，新河復閉。時王家集、磨兒莊湍溜日甚，漕儲參政朱國盛謀改濬一河以爲漕計，令同知宋士中自泇口迤東抵宿遷陳溝口，復泝駱馬湖，上至馬頰河，往迴相度。乃議開馬家洲，且疏馬頰河口淤塞，上接泇流，下避劉口之險，又疏三汊河流沙十三里，開滔莊河百餘丈，濬深小河二十里，開王能莊二十里，以通駱馬湖口，築塞張家等溝數十道，束水歸漕。計河五十七里，名通濟新河。五年四月，工成，運道從新河，無劉口、磨兒莊諸險之患。明年，總河侍郎李從心開陳溝地十里，以竟前工。

崇禎二年，〔一〇〕淮安蘇家嘴、新溝大壩並決，沒山、鹽、高、泰民田。五年，又決建義北壩。總河尚書朱光祚濬駱馬湖，避河險十三處，名順濟河。六年，良城至徐塘淤爲平陸，漕運愆期，奪光祚官，劉榮嗣繼之。

八年，駱馬湖淤阻，榮嗣開河徐、宿，引注黃水，被劾，得重辟。侍郎周鼎繼之，乃專力於泇河，濬麥河支河，築王母山前後壩、勝陽山東堤、馬蹄厓十字河攔水壩，挑良城閘抵徐塘口六千餘丈。九年夏，泇河復通，由宿遷陳溝口合大河。鼎又修高家堰及新溝漾田營堤，增築天妃閘石工，去南旺湖彭口沙礓，濬劉呂莊至黃林莊百六十里。而是時，黃、淮漲溢日甚，倒灌害漕。鼎在事五年，卒以運阻削職。繼之者侍郎張國維，甫莅任，卽以漕涸被責。

十四年，國維言：「濟寧運道自棗林閘泝師家莊、仲家淺二閘，歲患淤淺，每引泗河由魯橋入運以濟之。伏秋水長，足資利涉。而挾沙注河，水退沙積，利害參半。旁自白馬河滙鄒縣諸泉，與泗合流而出魯橋，力弱不能敵泗，河身半淤，不爲漕用。然其上源寬處正與仲家淺閘相對，導令由此入運，較魯橋高下懸殊，且易細流爲洪流，又減沙滲之患，而濟仲家淺及師莊、棗林，有三便。」又言：「南旺水本地脊，惟藉泰安、新泰、萊蕪、寧陽、汶上、東平、平陰、肥城八州縣泉源，由汶入運，故運河得通。今東平、平陰、肥城淤沙中斷，請亟濬之。」復上疏運六策：一復安山湖水櫃以濟北閘，一改挑滄浪河從萬年倉出口以利四閘，一展濬汶河、陶河上源以濟邳派，一改道沂河出徐塘口以並利邳、宿，其二卽開三州縣淤沙及改挑白馬湖也。皆命酌行。國維又濬淮、揚漕河三百餘里。當是時，河臣竭力補苴，南河稍寧，北河數淺阻。而河南守臣壅黃河以灌賊。河大決開封，下流日淤，河事益壞，未幾而明亡矣。

校勘記

〔一〕至陽武　陽武，原作「揚武」，據明史稿志二五河渠志、嵇璜續文獻通考卷二五改。

〔二〕六年春副都御史劉大夏奉敕往治決河　六年，原作「七年」，據本書卷一五孝宗紀、孝宗實錄卷七二弘治六年二月丁巳條改。

〔三〕自汪家口南出留城口　汪，原作「江」，據世宗實録卷八四嘉靖七年正月乙酉條、行水金鑑卷一一三改。

〔四〕地形東高西下非湖瀦之則涸故漕河以東皆有櫃非湖洩之則潰故漕河以西皆有壑　原脱「故漕河以東皆有櫃，非湖洩之則潰」，據穆宗實録卷三一隆慶三年四月丁丑條、行水金鑑卷一一八補。

〔五〕今盡注赤山湖　赤山湖，明經世文編卷二九七頁三一一二七翁大立論河道疏、行水金鑑卷一一八作「郗山湖」。「赤」、「郗」同音，郗山湖卽赤山湖。本書卷八七河渠志有「郗山堤」，字亦作「郗」。

〔六〕河堤不潰　河，原作「湖」，據穆宗實録卷三四隆慶三年閏六月戊辰條、明經世文編卷二九七頁三一一二七翁大立論河道疏改。

〔七〕明年春　原作「越明年春」。上文所述事，在萬曆「三年二月」。此所述張翀欲令糧船由圈田上航行事，在萬曆四年正月己酉，見神宗實録卷四六。「越」字衍，據删。

〔八〕請於寶應湖堤補石堤以固其外而於石堤之東復築一堤　石堤，明史稿志二五河渠志、神宗實録卷六〇萬曆五年三月壬子條俱作「右堤」。

〔九〕宜開治涇河子嬰溝金灣河諸閘及瓜儀二閘　金，原作「分」，據神宗實録卷三〇〇萬曆二十四年八月壬寅條、行水金鑑卷一二七改。

〔一〇〕崇禎二年　明史稿志二五河渠志作「崇禎三年」。按本書卷二八五行志崇禎三年「山東大水」，疑作「三年」是。

明史卷八十六

志第六十二

河渠四

運河下　海運

江南運河，自杭州北郭務至謝村北，爲十二里洋，爲塘棲，德清之水入之。踰北陸橋入崇德界，過松老抵高新橋，海鹽支河通之。繞崇德城南，轉東北，至小高陽橋東，過石門塘，折而東，爲王濼。至皁林，水深者及丈。過永新，入秀水界，踰陡門鎭，北爲分鄉舖，稍東爲繡塔。北由嘉興城西轉而北，出杉青三閘，至王江涇鎭，松江運艘自東來會之。北爲平望驛，東通鶯脰湖，湖州運艘自西出新興橋會之。北至松陵驛，由吳江至三里橋，北有震澤，南有黃天蕩，水勢淜湃，夾浦橋屢建。北經蘇州城東鮎魚口，水由齾塘入之。北至楓橋，由射瀆經滸墅關，過白鶴舖，長洲、無錫兩邑之界也。錫山驛水僅浮瓦礫。過黃埠，至洛社橋，江陰九里河之水通之。西北爲常州，漕河舊貫城，入東水門，由西水門出。嘉靖末防倭，改從南城壕。江陰，順塘河水由城東通丁堰，沙子湖在其西南，宜興鍾溪之水入之。又西，直瀆水入之，又西爲奔牛、呂城二閘，常、鎭界其中，皆有月河以佐節宣，後並廢。其南爲金壇河，溧陽、高淳之水出焉。丹陽南二十里爲陵口，北二十五里爲黃泥壩，舊皆置閘。練湖水高漕河數丈，一由三思橋，一由仁智橋，皆入運。北過丹徒鎭，有猪婆灘多軟沙。丹徒以上運道，視江潮爲盈涸。過鎭江，出京口閘，閘外沙堵延袤二十丈，可藏舟避風，由此浮於江，與瓜步對。自北郭至京口首尾八百餘里，皆平流。歷嘉而蘇，衆水所聚，至常州以西，地漸高仰，水淺易洩，盈涸不恒，時濬時壅，往往兼取孟瀆、德勝兩河，東浮大江，以達揚、泰。

洪武二十六年嘗命崇山侯李新開溧水胭脂河，以通浙漕，免丹陽輸輓及大江風濤之險。而三吳之粟，必由常、鎭。三十一年濬奔牛、呂城二壩河道。永樂間，修練湖堤。卽命通政張璡發民丁十萬，濬常州孟瀆河，又濬蘭陵溝，北至孟瀆河閘，六千餘丈，南至奔牛鎭，千二百餘丈。已復濬鎭江京口、新港及甘露三港，以達於江。漕舟自奔牛溯京口，水涸則改從孟瀆右趨瓜洲，抵白塔，以爲常。宣德六年從武進民請，疏德勝新河四十里。八年，工竣。漕舟自德勝北入江，直泰興之北新河。由泰州壩抵揚子灣入漕河，視白塔尤便。於是漕河及孟瀆、德勝三河並通，皆可濟運矣。

正統元年，廷臣上言：「自新港至奔牛，漕河百五十里，舊有水車捲江潮灌注，通舟溉田。請支官錢置車。」詔可。然三河之入江口，皆自卑而高，其水亦更迭盈縮。八年，武進民請濬德勝及北新河。浙江都司蕭華則請濬孟瀆。巡撫周忱定議濬兩河，而罷北新築壩。白塔河之大橋閘以時啓閉，而常、鎭漕河亦疏濬焉。

景泰間，漕河復淤，遂引漕舟盡由孟瀆。三年，御史練綱言：「漕舟從夏港及孟瀆出江，逆行三百里，始達瓜洲。德勝直北新，而白塔又與孟瀆斜直，由此兩岸橫渡甚近，宜大疏淤塞。」帝命尙書石璞措置。會有請鑿鎭江七里港，引金山上流通丹陽，以避孟瀆險者。鎭江知府林鶚以爲迂道多石，壞民田墓多，宜濬京口閘、甘露壩，道里近，功力省。乃從鶚議。浙江參政胡清又欲去新港、奔牛等壩，置石閘以蓄泉。亦從其請。而濬德勝河與鑿港之議俱寢。然石閘雖建，蓄水不能多，漕舟仍入孟瀆。

天順元年，尙寶少卿淩信言，糧艘從鎭江裏河爲便。帝以爲然，命糧儲河道都御史李秉通七里港口，引江水注之，且濬奔牛、新港之淤。巡撫崔恭又請增置五閘。至成化四年，閘工始成。於是漕舟盡由裏河，其入二河者，回空之艘及他舟而已。定制，孟瀆河口與瓜、儀諸港俱三年一濬。孟瀆寬廣不甚淤，裏河不久輒涸，則又改從孟瀆。

弘治十七年，部臣復陳夏港、孟瀆遠浮大江之害，請亟濬京口淤，而引練湖灌之。詔速行。正德二年復開白塔河及江口、大橋、潘家、通江四閘。〔一〕十四年從督漕都御史臧鳳言，濬常州上下裏河，漕舟無阻者五十餘載。

萬曆元年又漸涸，復一濬之。歲貢生許汝愚上言：「國初置四閘：曰京口，曰丹徒，防三江之涸；曰呂城，曰奔牛，防五湖之洩。自丹陽至鎮江蓄爲湖者三：曰練湖，曰焦子，曰杜墅。歲久，居民侵種，焦、杜二湖俱涸，僅存練湖，猶有侵者。而四閘俱空設矣。請濬三湖故址通漕。」總河傅希摯言：「練湖已濬，而焦子、杜墅源少無益。」其議遂寢。未幾，練湖復淤淺。

五年，御史郭思極、陳世寶先後請復練湖，濬孟瀆。而給事中湯聘尹則請於京口旁別建一閘，引江流內注，潮長則開，縮則閉。御史尹良任又言：「孟瀆渡江入黃家港，水面雖闊，江流甚平，由此抵泰興以達灣頭、高郵僅二百餘里，可免瓜、儀不測之患。至如京口北渡金山而下，中流遇風有漂溺患，宜挑甘露港夾岸洲田十餘里，以便回泊。」御史林應訓又言：「自萬緣橋抵孟瀆，兩厓陡峻，雨潦易圮，且江潮湧沙，淤塞難免。宜於萬緣橋、黃連樹各建閘以資蓄洩。」又言：「練湖自西晉陳敏遏馬林溪，引長山八十四溪之水以溉雲陽，堤名練塘，又曰練河，凡四十里許。環湖立涵洞十三。宋紹興時，中置橫埂，分上下湖，立上、中、下三閘。八十四溪之水始經辰溪衝入上湖，復由三閘轉入下湖。洪武間，因運道澀，依下湖東堤建三閘，借湖水以濟運，後乃漸堙。今當盡革侵占，復濬爲湖。上湖四際夾阜，下湖東北臨河，原埂完固，惟應補中間缺口，且增築西南，與東北相應。至三閘，惟臨湖上閘如故，宜增建中、下二閘，更設減水閘二座，界中、下二閘間。共革田五千畝有奇，塞沿堤私設涵洞，止存其舊十三處，以宣洩湖水。冬春卽閉塞，毋得私啓。蓋練湖無源，惟藉瀦蓄，增堤啓閘，水常有餘，然後可以濟運。臣親驗上湖地仰，八十四溪之水所由來，懼其易洩；下湖地平衍，僅高漕河數尺，又常懼不盈。誠使水裕堤堅，則應時注之，河有全力矣。」皆下所司酌議。

十三年，鎭江知府吳撝謙復言：「練湖中堤宜飭有司春初卽修，以防衝決，且禁勢豪侵占。」從之。十七年濬武進橫林漕河。

崇禎元年，濬京口漕河。五年，太常少卿姜志禮建漕河議，言：「神廟初，先臣寶著漕河議，當事采行，不開河而濟運者二十餘年。後復佃湖妨運，歲累畚鍤。故老有言，『京口閘底與虎丘塔頂平』，是可知挑河無益，蓄湖爲要也。今當革佃修閘，而高築上下湖圍埂，蓄水使深。且漕河閘座非僅京口、呂城、新閘、奔牛數處而已，陵口、尹公橋、黃泥壩、新豐、大犢山節節有閘，皆廢去，並宜修建。而運道支流如武進洞子河、連江橋河、扁擔河，丹陽簡橋河、陳家橋河、七里橋河、丁議河、越瀆河，滕村溪之大壩頭，丹陽甘露港南之小閘口，皆應急修整。至奔牛、呂城之北，各設減水閘。歲十月實以土，商民船盡令盤壩。此皆舊章所當率由。近有欲開九曲河，使運船竟從泡港閘出江，直達揚子橋，以免瓜洲啓閘稽遲者，試而後行可也。回空糧艘及官舫，宜由江行，而於河莊設閘啓閉。數役並行，漕事乃大善矣。」議不果行。

江漕者，湖廣漕舟由漢、沔下潯陽，江西漕舟出章江、鄱陽而會於湖口，暨南直隸寧、太、池、安、江寧、廣德之舟，同浮大江，入儀眞通江閘，以溯淮、揚入閘河。瓜、儀之間，運道之咽喉也。洪武中，餉遼卒者，從儀眞上淮安，由鹽城汎海；餉梁、晉者，亦從儀眞赴淮安，盤壩入淮。江口則設壩置閘，凡十有三。濬揚子橋河至黃泥灣九千餘丈。永樂間，濬儀眞清江壩、下水港及夾港河，修沿江堤岸。洪熙元年濬儀眞壩河，後定制儀眞壩下黃泥灘、直河口二港及瓜洲二港、常州之孟瀆河皆三年一濬。宣德間，從侍郎趙新、御史陳祚請，濬黃泥灘、清江閘。成化中，建閘於儀眞通江河港者三，江都之留潮通江者二。已而通江港塞。弘治初，復開之，既又於總港口建閘蓄水。儀眞、江都二縣間，有官塘五區，築閘蓄水，以溉民田，豪民占以爲業，眞、揚之間運道阻梗。嘉靖二年，御史秦鉞請復五塘。從之。萬曆五年，御史陳世寶言：「儀眞江口，去閘太遠，請於上下十數丈許增建二閘，隨湖啓閉，以截出江之船，盡令入閘，庶免遲滯。」疏上，議行。

白塔河者，在泰州。上通邵伯，下接大江，斜對常州孟瀆河與泰興北新河，皆浙漕間道也。自陳瑄始開。宣德間，從趙新、陳祚請，命瑄役夫四萬五千餘人濬之，建新閘、潘家莊、大橋、江口四閘。正統四年，水潰閘塞，都督武興因閉不用，仍自瓜洲盤壩。瓜洲之壩，洪武中置，凡十五，列東西二港間。永樂間，廢東壩爲廠，以貯材木，止存西港七壩。漕舟失泊，屢遭風險。英宗初年，乃復濬東港。既而，巡撫周忱築壩白塔河之大橋閘，以時啓閉，漕舟稍分行。自鎭江裏河開濬，漕舟出甘露、新港，徑渡瓜洲；而白塔、北新，皆以江路險遠，捨而不由矣。

衞漕者，卽衞河。源出河南輝縣，至臨淸與會通河合，北達天津。自臨淸以北皆稱衞河。詳具本志。

白漕者，卽通濟河。源出塞地，經密雲縣霧靈山，爲潮河川。而富河、罾口河、七渡河、桑乾河、三里河俱會於此，名曰白河。南流經通州，合通惠及楡、渾諸河，亦名潞河。三百六十里，至直沽會衞河入海，賴以通漕。楊村以北，勢若建瓴，底多淤沙。夏秋水漲苦潦，冬春水微苦澀。衝潰徙改頗與黃河同。耍兒渡者，在武淸、通州間，尤其要害處也。自永樂至成化初年，凡八決，輒發民夫築堤。而正統元年之決，爲害尤甚，特敕太監沐敬、安遠侯柳溥、尚書李友直隨宜區畫，發五軍營卒五萬及民夫一萬築決堤。又命武進伯朱冕、尚書吳中役五萬人，去河西務二十里鑿河一道，導白水入其中。二工並竣，人甚便之，賜河名曰通濟，封河神曰通濟河神。先是，永樂二十一年築通州抵直沽河岸，有衝決者，隨時修築以爲常。迨通濟河成，決岸修築者亦且數四。萬曆三十一年從工部議，挑通州至天津白河，深四尺五寸，所挑沙土即築堤兩岸，著爲令。

大通河者，元郭守敬所鑿。由大通橋東下，抵通州高麗莊，與白河合，至直沽，會衞河入海，長百六十里有奇。十里一閘，蓄水濟運，名曰通惠。又以白河、榆河、渾河合流，亦名潞河。洪武中漸廢。

永樂四年八月，北京行部言：「宛平昌平西湖、景東牛欄莊及青龍華家甕山三閘，水衝決岸。」命發軍民修治。明年復言：「自西湖、景東至通流，凡七閘，河道淤塞。自昌平東南白浮村至西湖、景東流水河口一百里，宜增置十二閘。」從之。未幾，閘俱堙，不復通舟。

成化中，漕運總兵官楊茂言：「每歲自張家灣舍舟，車轉至都下，僱值不貲。舊通惠河石閘尚存，深二尺許，修閘瀦水，用小舟剝運便。」又有議於三里河從張家灣烟墩橋以西疏河泊舟者。下廷臣集議，遣尚書楊鼎、侍郎喬毅相度。上言：「舊閘二十四座，通水行舟。但元時水在宮牆外，舟得入城內海子灣。今水從皇城金水河出，故道不可復行。且元引白浮泉往西逆流，今經山陵，恐妨地脈。又一畝泉過白羊口山溝，兩水衝截難引。若城南三里河舊無河源，正統間修城壕，恐雨多水溢，乃穿正陽橋東南窪下地，開壕口以洩之，始有三里河名。自壕口八里，始接渾河。舊渠兩岸多廬墓，水淺河窄，又須增引別流相濟。如西湖草橋源出玉匠局、馬跑等地，泉不深遠。元人曾用金口水，洶湧沒民舍，以故隨廢。惟玉泉、龍泉及月兒、柳沙等泉，皆出西北，循山麓而行，可導入西湖。請濬西湖之源，閉分水清龍閘，引諸泉水從高梁河，分其半由金水河出，餘則從都城外壕流轉，會於正陽門東。城壕且閉，令勿入三里河併流。大通橋閘河隨旱澇啓閉，則舟獲近倉，甚便。」帝從其議。方發軍夫九萬修濬，會以災異，詔罷諸役。所司以漕事大，乃命四萬人濬城壕，而西山、玉泉及抵張家灣河道，則以漸及焉。越五年，乃敕平江伯陳銳，副都御史李裕，侍郎翁世資、王詔督漕卒濬通惠河，如鼎、翺前議。明年六月，工成，自大通橋至張家灣渾河口六十餘里，濬泉三，增閘四，漕舟稍通。然元時所引昌平三泉俱遏不行，〔三〕獨引一西湖，又僅分其半，河窄易盈涸。不二載，澀滯如舊。正德二年嘗一濬之，且修大通橋至通州閘十有二，壩四十有一。

嘉靖六年，御史吳仲言：「通惠河屢經修復，皆爲權勢所撓。顧通流等八閘遺跡俱存，因而成之，爲力甚易，歲可省車費貲二十餘萬。且歷代漕運皆達京師，未有貯國儲於五十里外者。」帝心以爲然，命侍郎王軏、何詔及仲偕相度。軏等言：「大通橋地形高白河六丈餘，若濬至七丈，引白河達京城，諸閘可盡罷，然未易議也。計獨濬治河閘，但通流閘在通州舊城中，經二水門，南浦、土橋、廣利三閘皆闤闠衢市，不便轉輓。惟白河濱舊小河廢壩西，不一里至堰水小壩，宜修築之，使通普濟閘，可省四閘兩關轉搬力。」而尚書桂萼言不便，請改修三里河。帝下其疏於大學士楊一清、張璁。一清言：「因舊閘行轉搬法，省運軍勞費，宜斷行之。」璁亦言：「此一勞永逸之計，萼所論費廣功難。」帝乃却萼議。

明年六月，仲報河成，因疏五事，言：「大通橋至通州石壩，地勢高四丈，流沙易淤，宜時加濬治。管河主事宜專委任，毋令兼他務。官吏、閘夫以罷運裁減，宜復舊額。慶豐上閘、平津中閘今已不用，宜改建通州西水關外。剝船造費及遞歲修艌，俱宜酌處。」帝以先朝屢勘行未卽功，仲等四閱月工成，詔予賞，悉從其所請。仲又請留督工郎中何棟專理其事，爲經久計。從之。九年擢棟右通政，仍管通惠河道。是時，仲出爲處州知府，進所編通惠河志。帝命送史館，採入會典，且頒工部刊行。自此漕艘直達京師，迄於明末。人思仲德，建祠通州祀之。

薊州河者，運薊州官軍餉道也。明初，海運餉薊州。天順二年，大河衞百戶閔恭言：

「南京並直隸各衞，歲用旗軍運糧三萬石至薊州等衞倉，越大海七十餘里，風濤險惡。新開沽河，北望薊州，正與水套、沽河直，袤四十餘里而徑，且水深，其間阻隔者僅四之一，若穿渠以運，可無海患。」下總兵都督宋勝、巡按御史李敏行視可否。勝等言便，遂開直沽河。闊五丈，深丈五尺。成化二年一濬，二十年再濬，幷濬鴉鴻橋河道，造豐潤縣海運糧儲倉。正德十六年，運糧指揮王瓚言：「直沽東北新河，轉運薊州，河流淺，潮至方可行舟。邊關每匱餉，宜濬使深廣。」從之。初，新河三歲一濬。嘉靖元年易二歲，以爲常。十七年濬殷留莊大口至舊倉店百十六里。

豐潤環香河者，濬自成化間，運粟十餘萬石以餉薊州東路者也。後堙廢，餉改薊州給，大不便。嘉靖四十五年從御史鮑承蔭請，復之，且建三閘於北濟、張官屯、鴉鴻橋以瀦水。〔三〕

昌平河，運諸陵官軍餉道也。起鞏華城外安濟橋，抵通州渡口。袤百四十五里，其中淤淺三十里難行。隆慶六年大濬，運給長陵等八衞官軍月糧四萬石，遂成流通。萬曆元年復疏鞏華城外舊河。

海運，始於元至元中。伯顏用朱清、張瑄運糧輸京師，僅四萬餘石。其後日增，至三百萬餘石。初，海道萬三千餘里，最險惡，既而開生道，稍徑直。後殷明略又開新道，尤便。然皆出大洋，風利，自浙西抵京不過旬日，而漂失甚多。

洪武元年，太祖命湯和造海舟，餉北征士卒。天下既定，募水工運萊州洋海倉粟以給永平。後遼左及迤北數用兵，於是靖海侯吳禎、延安侯唐勝宗、航海侯張赫、舳艫侯朱壽先後轉遼餉，以爲常。督江、浙邊海衞軍大舟百餘艘，運糧數十萬。賜將校以下綺帛、胡椒、蘇木、錢鈔有差，民夫則復其家一年，溺死者厚恤。三十年，以遼東軍餉贏羨，第令遼軍屯種其地，而罷海運。

永樂元年，平江伯陳瑄督海運糧四十九萬餘石，餉北京、遼東。二年，以海運但抵直沽，別用小船轉運至京，命於天津置露囤千四百所，以廣儲蓄。四年定海陸兼運。瑄每歲運糧百萬，建百萬倉於直沽尹兒灣城。天津衞籍兵萬人戍守。至是，命江南糧一由海運，一由淮、黃，陸運赴衞河，入通州，以爲常。陳瑄上言：「嘉定瀕海，當江流之衝，地平衍，無大山高嶼。海舟停泊，或值風濤，觸堅膠淺輒敗。宜於青浦築土爲山，立堠表識，使舟人知所避，而海險不爲患。」詔從之。十年九月，工成。方百丈，高三十餘丈。賜名寶山。御製碑文紀之。

十三年五月復罷海運，惟存遮洋一總，運遼、薊糧。正統十三年減登州衞海船百艘爲十八艘，以五艘運靑、萊、登布花鈔錠十二萬餘斤，歲賞遼軍。

成化二十三年，侍郎丘濬進大學衍義補，請尋海運故道與河漕並行，大略言：「海舟一載千石，可當河舟三，用卒大減。河漕視陸運費省什三，海運視陸省什七，雖有漂溺患，然省牽卒之勞、駁淺之費、挨次之守，利害亦相當。宜訪素知海道者，講求勘視。」其說未行。弘治五年，河決金龍口，有請復海運者，朝議弗是。

嘉靖二年，遮洋總漂糧二萬石，溺死官軍五十餘人。五年停登州造船。二十年，總河王以旂以河道梗澀，言：「海運雖難行，然中間平度州東南有南北新河一道，元時建閘直達安東，南北悉由內洋而行，路捷無險，所當講求。」帝以海道迂遠，却其議。三十八年，遼東巡撫侯汝諒言：「天津入遼之路，自海口至右屯河通堡不及二百里，其中曹泊店、月坨桑、姜女墳、桃花島皆可灣泊。」部覆行之。四十五年，順天巡撫耿隨朝勘海道，自永平西下海，百四十五里至紀各莊，又四百二十六里至天津，皆傍岸行舟。其間開洋百二十里，有建河、糧河、小沽、大沽河可避風。初允其議，尋以御史劉翾疏沮而罷。是年，從給事中胡應嘉言，革遮洋總。

隆慶五年，徐、邳河淤，從給事中宋良佐言，復設遮洋總，存海運遺意。山東巡撫梁夢龍極論海運之利，言：「海道南自淮安至膠州，北自天津至海倉，島人商賈所出入。臣遣卒自淮、膠各運米麥至天津，〔四〕無不利者。淮安至天津三千三百里，風便，兩旬可達。舟由近洋，島嶼聯絡，雖風可依，覛殷明略故道甚安便。五月前風順而柔，此時出海可保無虞。」命量撥近地漕糧十二萬石，俾夢龍行之。

六年，王宗沐督漕，請行海運。詔令運十二萬石自淮入海。其道，由雲梯關東北歷鷹游山、安東衞、石臼所、夏河所、齊堂島、靈山衞、古鎭、膠州、鼇山衞、大嵩衞、行村寨，皆海面。自海洋所歷竹島、寧津所、靖海衞，東北轉成山衞、劉公島、威海衞，西歷寧海衞，皆海面。自福山之罘島至登州城北新海口沙門等島，西歷桑島、㟂峗島；自㟂峗西歷三山島、芙蓉島、萊州大洋、海倉口；自海倉西歷淮河海口、魚兒鋪，西北歷侯鎭店、唐頭塞；自侯鎭西北大清河、小清河海口，乞溝河入直沽，抵天津衞。凡三千三百九十里。

萬曆元年，卽墨福山島壞糧運七艘，漂米數千石，溺軍丁十五人。給事、御史交章論其失，罷不復行。二十五年，倭寇作，自登州運糧給朝鮮軍。山東副使于仕廉復言：「餉遼莫如海運，海運莫如登、萊。蓋登、萊度金州六七百里，至旅順口僅五百餘里，順風揚帆一二日可至。又有沙門、鼉磯、皇城等島居其中，天設水遞，止宿避風。惟皇城至旅順二百里差遠，得便風不半日可度也。若天津至遼，則大洋無泊；淮安至膠州，雖僅三百里，而由膠至登千里而遙，礁礙難行。惟登、萊濟遼，勢便而事易。」時頗以其議爲然，而未行也。四十六年，山東巡撫李長庚奏行海運，特設戶部侍郎一人督之，事具長庚傳。

崇禎十二年，崇明人沈廷揚爲內閣中書，復陳海運之便，且輯海運書五卷進呈。命造海舟試之。廷揚乘二舟，載米數百石，十三年六月朔，由淮安出海，望日抵天津。守風者五日，行僅一旬。帝大喜，加廷揚戶部郎中，命往登州與巡撫徐人龍計度。山東副總兵黃蔭恩亦上海運九議，帝卽令督海運。先是，寧遠軍餉率用天津船赴登州，候東南風轉粟至天津，又候西南風轉至寧遠。廷揚自登州直輸寧遠，省費多。尋命赴淮安經理海運，爲督漕侍郎朱大典所沮，乃命易駐登州，領寧遠餉務。十六年加光祿少卿。福王時，命廷揚以海舟防江，尋命兼理糧務。南都旣失，廷揚崎嶇唐、魯二王間以死。

當嘉靖中，廷臣紛紛議復海運，漕運總兵官萬表言：「在昔海運，歲溺不止十萬。載米之舟，駕船之卒，統卒之官，皆所不免。今人策海運輒主丘濬之論，非達於事者也。」

校勘記

〔一〕復開白塔河及江口大橋潘家通江四閘　原脫「潘家」兩字，「四」作「二」，據行水金鑑卷一一二、乾隆淮安府志卷六補改。本書卷一八七洪鍾傳作「孟瀆對江有夾河，可抵白塔河口，舊置四閘」，亦作「四閘」。

〔二〕然元時所引昌平三泉俱過不行　三，原作「東」，據憲宗實錄卷一五四成化十二年六月丁亥條、行水金鑑卷一一〇改。

〔三〕且建三閘於北濟張官屯鵶鴻橋以瀦水　北濟，世宗實錄卷五六三嘉靖四十五年十月己未條作「北齊莊」。

〔四〕臣遣卒自淮膠各運米麥至天津　米麥，原作「米」，據穆宗實錄卷六一隆慶五年九月乙酉條、行水金鑑卷一一八引梁夢龍海運議補。「卒」字，海運議作「指揮」。

明史卷八十七

志第六十三

河渠五

淮河　泇河　衞河　漳河　沁河

滹沱河　桑乾河　膠萊河

淮河，出河南平氏胎簪山。經桐柏，其流始大。東至固始，入南畿潁州境，東合汝、潁諸水。經壽州北，肥水入焉。至懷遠城東，渦水入焉。東經鳳陽、臨淮，濠水入焉。又經五河縣南，而納澮、沱、漴、潼諸水，勢盛流疾。經泗州城南，稍東則汴水入焉。過龜山麓，益折而北，會洪澤、阜陵、泥墩、萬家諸湖。東北至淸河，南會於大河，卽古泗口也，亦曰淸口，是謂黃、淮交會之衝。淮之南岸，漕河流入焉，所謂淸江浦口。又東經淮安北、安東南而達於海。

永樂七年，決壽州，泛中都。正統三年，溢淸河。天順四年，溢鳳陽。皆隨時修築，無鉅害也。正德十二年，〔一〕復決漕堤，灌泗州。泗州，祖陵在焉，其地最下。初，淮自安東雲梯關入海，無旁溢患。迨與黃會，黃水勢盛，奪淮入海之路，淮不能與黃敵，往往避而東。陳瑄鑿淸江浦，因築高家堰舊堤以障之。淮、揚恃以無恐，而鳳、泗間數爲害。嘉靖十四年用總河都御史劉天和言，築堤衞陵，而高堰方固，淮暢流出淸口，鳳、泗之患弭。隆慶四年，總河都御史翁大立復奏濬淮工竣，淮益無事。

至萬曆三年三月，高家堰決，高、寶、興、鹽爲巨浸。而黃水躡淮，且漸逼鳳、泗。乃命建泗陵護城石堤二百餘丈，泗得石堤稍寧。於是，總漕侍郎吳桂芳言：「河決崔鎭，淸河路淤。黃强淮弱，南徙而灌山陽、高、寶，請急護湖堤。」帝令熟計其便。給事中湯聘尹議請導淮入江。會河從老黃河奔入海，淮得乘虛出淸口。桂芳以聞，議遂寢。

六年，總河都御史潘季馴言：「高堰，淮、揚之門戶，而黃、淮之關鍵也。欲導河以入海，必藉淮以刷沙。淮水南決，則濁流停滯，淸口亦堙。河必決溢，上流水行平地，而邳、徐、鳳、泗皆爲巨浸。是淮病而黃病，黃病而漕亦病，相因之勢也。」於是築高堰堤，起武家墩，經大小澗、阜陵湖、周橋、翟壩，長八十里，使淮不得東。又以淮水北岸有王簡、張福二口洩入黃河，水力分，淸口易淤淺，且黃水多由此倒灌入淮，乃築堤捍之。使淮無所出，黃無所入，全淮畢趨清口，會大河入海。然淮水雖出清口，亦西淫鳳、泗。

八年，雨澇，淮薄泗城，且至祖陵墀中。御史陳用賓以聞。給事中王道成因言：「黃河未漲，淮、泗間霖雨偶集，而清口已不容洩。宜令河臣疏導堵塞之。」季馴言：「黃、淮合流東注，甚迅駛。泗州岡阜盤旋，雨潦不及宣洩，因此漲溢。欲疏鑿，則下流已深，無可疏；欲堵塞，則上流不可逆堵。」乃令季馴相度，卒聽之而已。十六年，季馴復爲總河，加泗州護堤數千丈，皆用石。

十九年九月，淮水溢泗州，高於城壕，因塞水關以防內灌。於是，城中積水不洩，居民十九淹沒，侵及祖陵。疏洩之議不一，季馴謂當聽其自消。會嘔血乞歸，言者因請允其去。而帝遣給事中張貞觀往勘，會總河尚書舒應龍等詳議以上，計未有所定。連數歲，淮東決高良澗，西灌泗陵。帝怒，奪應龍官，遣給事中張企程往勘。議者多請拆高堰，總河尚書楊一魁與企程不從，而力請分黃導淮。乃建武家墩經河閘，洩淮水由永濟河達涇河，下射陽湖入海。又建高良澗及周橋減水石閘，以洩淮水，一由岔河入涇河，一由草子湖、寶應湖下子嬰溝，俱下廣洋湖入海。又挑高郵茆塘港，通邵伯湖，開金家灣，下芒稻河入江，以疏淮漲，而淮水以平。其後三閘漸塞。

崇禎間，黃、淮漲溢，議者復請開高堰。淮、揚在朝者公疏力爭，議遂寢。然是時，建義諸口數決，下灌興、鹽，淮患日棘矣。

泇河，二源。一出費縣南山谷中，循沂州西南流，一出嶧縣君山，東南與費泇合，謂之東、西二泇河。南會彭河水，從馬家橋東，過微山、赤山、呂孟等湖，踰葛墟嶺，而南經侯家灣、良城，至泇口鎮，合蛤鰻、連汪諸湖。東會沂水，從周湖、柳湖，接邳州東直河。東南達宿遷之黃墩湖、駱馬湖，從董、陳二溝入黃河。引泗合沂濟運道，以避黃河之險，其議始於翁大立，繼之者傅希摯，而成於李化龍、曹時聘。

隆慶四年九月，河決邳州，自睢寧至宿遷淤百八十里。總河侍郎翁大立請開泇河以避黃水，未決而罷。明年四月，河復決邳州，命給事中雒遵勘驗。工部尚書朱衡請以開泇口河之說下諸臣熟計。帝卽命遵會勘。遵言：「泇口河取道雖捷，施工實難。葛墟嶺高出河底六丈餘，開鑿僅至二丈，硼石中水泉湧出。侯家灣、良城雖有河形，水中多伏石，難鑿，縱鑿之，湍激不可通漕。且蛤鰻、周柳諸湖，築堤水中，功費無算。微山、赤山、呂孟等湖雖可築堤，然須鑿葛墟嶺以洩正派，開地浜溝以散餘波，乃可施工。」請罷其議。詔尚書朱衡會總河都御史萬恭等覆勘。衡奏有三難，大略如遵指。且言漕河已通，徐、邳間堤高水深，不煩別建置。乃罷。

萬曆三年，總河都御史傅希摯言：「泇河之議嘗建而中止，謂有三難。而臣遣錐手、步弓、水平、畫匠，於三難處核勘。起自上泉河口，開向東南，則起處低窪，下流趨高之難可避也。南經性義村東，則葛墟嶺高堅之難可避也。從陡溝河經郭村西之平坦，則良城侯家灣之伏石可避也。至泇口上下，河渠深淺不一，湖塘聯絡相因，間有砂礓，無礙挑穵。大較上起泉河口，水所從入也，下至大河口，水所從出也。〔二〕自西北至東南，長五百三十里，比之黃河近八十里，河渠、河塘十居八九，源頭活水，脈絡貫通，此天之所以資漕也。誠能捐十年治河之費，以成泇河，則黃河無虞壅決，茶城無虞塡淤，二洪無虞艱險，運艘無虞漂損，洋山之支河可無開，境山之閘座可無建，徐、呂之洪夫可盡省，馬家橋之堤工可中輟。今日不貲之費，他日所省抵有餘者也。臣以爲開泇河便。」乃命都給事中侯于趙往會希摯及巡漕御史劉光國，確議以聞。于趙勘上泇河事宜：「自泉河口至大河口五百三十里內，自直河至清河三百餘里，無賴於泇，事在可已。惟徐、呂至直河上下二百餘里，河衝蕭、碭則涸二洪，衝睢寧則淤邳河，宜開以避其害，約費百五十餘萬金。特良城伏石長五百五十丈，〔三〕開鑿之力難以逆料。性義嶺及南禹陵俱限隔河流，二處旣開，則豐、沛河決，必至灌入。宜先鑿良城石，預修豐、沛堤防，可徐議興功也。」部覆如其言，而謂開泇非數年不成，當以治河爲急。帝不悅，責于趙阻撓，然議亦遂寢。

二十年，總河尚書舒應龍開韓莊以洩湖水，泇河之路始通。至二十五年，黃河決黃堌口南徙，徐、呂而下幾斷流。方議開李吉口、小浮橋及鎮口以下，建閘引水以通漕，而論者謂非永久之計。於是，工科給事中楊應文、吏科給事中楊廷蘭皆謂當開泇河，工部覆議允行。帝命河漕官勘報，不果。二十八年，御史佴祺復請開泇河。工部覆奏云：「用黃河爲漕，利與害參用；泇河爲漕，有利無害。但泇河之外，由微山、呂孟、周柳諸湖，伏秋水發虞風波，冬春水涸虞淺阻，須上下別鑿漕渠，建閘節水。」從之。總河尚書劉東星董其事，以地多沙石，工艱未就。工科給事中張問達以爲言。御史張養志復陳開泇河之說有四：

一曰開黃泥灣以通入泇之徑。邳州沂河口，入泇河門戶也。進口六七里，有湖名連二汪，其水淺而闊，下多淤泥。欲挑濬則無岸可修，欲爲壩埽則無基可築。湖外有黃泥灣，離湖不遠，地頗低。自沂口至湖北崖約二十餘里，於此開一河以接泇口，引湖水灌之，運舟可直達泇口矣。

一曰鑿萬家莊以接泇口之源。萬家莊，泇口迤北地也。與臺家莊、侯家灣、良城諸處，皆山岡高阜，多砂礓石塊，極難爲工。東星力鑿成河。但河身尙淺，水止二三尺，宜更鑿四五尺，俾韓莊之水下接泇口，則運舟無論大小，皆沛然可達矣。

一曰濬支河以避微口之險。微山湖在韓莊西，上下三十餘里，水深丈餘。必探深淺，立標爲嚮導，風正帆懸，頃刻可過，突遇狂飇，未免敗沒。今已傍湖開支河四十五里，上通西柳莊，下接韓莊，牽挽有路。當再疏濬，庶無漂溺之患。

詔速勘行。而東星病卒。御史高舉獻河漕三策，復及泇河。工部尚書楊一魁覆言：「泇河經良城、彭河、葛墟嶺，石礓難鑿，故口僅丈六尺，淺亦如之，當大加疏鑿。其韓莊渠上接微山、呂孟，宜多方疏導，俾無淤淺。順流入馬家橋、夏鎮，以爲運道接濟之資。」帝以泇河既有成績，命河臣更挑濬。

三十年，工部尚書姚繼可言泇河之役宜罷，乃止不治。未幾，總河侍郎李化龍復議開泇河，屬之直河，以避河險。工科給事中侯慶遠力主其說，而以估費太少，責期太速，請專任而責成之。三十二年正月，工部覆化龍疏，言：「開泇有六善，其不疑有二。泇河開而運不借河，河水有無聽之，善一。以二百六十里之泇河，避三百三十里之黃河，善二。運不借河，則我爲政得以熟察機宜而治之，善三。估費二十萬金，開河二百六十里，視朱衡新河事半功倍，善四。開河必行召募，春荒役興，麥熟人散，富民不擾，窮民得以養，善五。糧船過洪，必約春盡，實畏河漲，運入泇河，朝暮無妨，善六。爲陵捍患，爲民禦災，無疑者一。徐州向苦洪水，泇河既開，則徐民之爲魚者亦少，無疑者二。」帝深善之，令速鳩工爲久遠之計。八月，化龍報分水河成，糧艘由泇者三之二。會化龍丁艱去，總河侍郎曹時聘代，上言頌化龍功。然是時，導河、濬泇，兩工並興，役未能竟。而黃河數溢壞漕渠。給事中宋一韓遂詆化龍開泇之誤，化龍憤，上章自辨。時聘亦力言泇可賴，因畫善後六事以聞。部覆皆從其議。且言：「泇開於梗漕之日，固不可因泇而廢黃；漕利於泇成之後，亦不可因黃而廢泇。兩利俱存，庶幾緩急可賴。」因請築郗山堤，削頓莊嘴，平大泛口湍溜，濬貓兒窩等處之淺，建鉅梁吳衝閘，增三市徐塘壩，以終泇河未就之功。詔如議。越數年，泇工未竟，督漕者復舍泇由黃。舟有覆者，遷徙黃、泇間，運期久踰限。

三十八年，御史蘇惟霖疏陳黃、泇利害，請專力於泇，略言：「黃河自清河經桃源，北達直河口，長二百四十里。此在泇下流，水平身廣，運舟日行僅十里。然無他道，故必用之。自直河口而上，歷邳、徐達鎮口，長二百八十餘里，是謂黃河。又百二十里，方抵夏鎮。其東自貓窩、泇溝達夏鎮，止二百六十餘里，是謂泇河。東西相對，舍此則彼。黃河三四月間淺與泇同。五月初，其流洶湧，自天而下，一步難行。由其水挾沙而來，河口日高。至七月初，則淺涸十倍。統而計之，無一時可由者。溺人損舟，其害甚劇。泇河計日可達，終鮮風波，但得實心任事之臣，不三五年缺略悉補，數百年之利也。」工科給事中何士晉亦言：「運道最險無如黃河。先年水出昭陽湖，夏鎮以南運道衝阻，開泇之議始決。避淺澀急溜二洪之險，聚諸泉水，以時啓閉，通行無滯者六年。乃今忽欲舍泇由黃，致倉皇損壞糧艘。或改由大浮橋，河道淤塞，復還由泇。以故運抵灣遲，汲汲有守凍之慮，由黃之害略可見矣。顧泇工未竟，闊狹深淺不齊。宜拓廣濬深，與會通河相等。重運空回，往來不相礙，迴旋不相避，水常充盛，舟無留行。歲捐水衡數萬金，督以廉能之吏，三年可竣工。然後循駱馬湖北岸，東達宿遷，大興畚鍤，盡避黃河之險，則泇河之事訖矣。或謂泉脈細微，太闊太深，水不能有。不知泇源遠自蒙、沂，近挾徐塘、許池、文武諸泉河，大率視濟寧泉河略相等。呂公堂口既塞，則山東諸水總合全收，加以閘壩堤防，何憂不足？或謂直抵宿遷，此功迂而難竟，是在任用得人，綜理有法耳。」疏入，不報。

明年，部覆總河都御史劉士忠泇黃便宜疏，言：「泇渠春夏間，沂、武、京河山水衝發，沙淤潰決，歲終當如南旺例修治。顧別無置水之地，勢不得不塞泇河壩，令水復歸黃流。故每年三月初，則開泇河壩，令糧艘及官民船由直河進。至九月內，則開召公壩，入黃河，以便空回及官民船往來。至次年二月中塞之。半年由泇，半年由黃，此兩利之道也。」因請增驛設官。又覆惟霖疏，言：「直隸貓窩淺，爲沂下流，河廣沙淤，〔四〕不可以閘，最爲泇患。宜西開一月河，以通沂口。凡水挾沙來，沙性直走，有月河以分之，則聚於洄伏之處，撈刷較易，而泇患少減矣。」俱報可。其後，泇河遂爲永利，但需補葺而已。然泇勢狹窄，冬春糧艘回空仍由黃河焉。

四十八年，巡漕御史毛一鷺言：「泇河屬夏鎮者有閘九座，屬中河者止藉草壩。分司官議於直口等處建閘，請舉行之。」詔從其議。

崇禎四年，總漕尙書楊一鵬濬泇河。九年，總河侍郎周鼎奏重濬泇河成。久之，鼎坐決河防遠戍。給事中沈胤培訟其修泇利運之功，得減論。

衞河，源出河南輝縣蘇門山百門泉。經新鄉、汲縣而東，至畿南濬縣境，淇水入焉，謂之白溝，亦曰宿胥瀆。宋、元時名曰御河。由內黃東出，至山東館陶西，漳水合焉。東北至臨清，與會通河合。北歷德、滄諸州，至青縣南，合滹沱河。北達天津，會白河入海。所謂衞漕也。其河流濁勢盛，運道得之，始無淺澀虞。然自德州下漸與海近，卑窄易衝潰。

初，永樂元年，瀋陽軍士唐順言：「衞河抵直沽入海，南距黃河陸路纔五十里。若開衞河，而距黃河百步置倉廒，受南運糧餉，至衞河交運，公私兩便。」乃命廷臣議，未行。其冬，命都督僉事陳俊運淮安、儀眞倉糧百五十萬餘石赴陽武，由衞河轉輸北京。五年，自臨清抵渡口驛決堤七處，發卒塞之。後宋禮開會通河，衞河與之合。時方數決堤岸，遂命禮幷治之。禮言：「衞輝至直沽，河岸多低薄，若不究源析流，但務堤築，恐復潰決，勞費益甚。會通河抵魏家灣，與土河連，其處可穿二小渠以洩於土河。雖遇水漲，下流衞河，自無橫溢患。德州城西北亦可穿一小渠。蓋自衞河岸東北至舊黃河十有二里，而中間五里故有溝渠，宜開道七里，洩水入舊黃河，至海豐大沽河入海。」詔從之。

英宗初，永平縣丞李祐請閉漳河以防患，疏衞河以通舟。從之。正統四年築青縣衞河堤岸。十三年從御史林廷舉請，引漳入衞。十四年，黃河決臨淸四閘，御史錢淸請濬其南撞圈灣河以達衞。從之。

景泰四年，運艘阻張秋之決。河南參議豐慶請自衞輝、胙城泊於沙門，陸輓三十里入衞，舟運抵京師。命漕運都督徐恭覆報，如其策。山東僉事江良材嘗言：「通河於衞有三便。古黃河自孟津至懷慶東北入海。今衞河自汲縣至臨淸、天津入海，則猶古黃河道也，便一。三代前，黃河東北入海，宇宙全氣所鍾。河南徙，氣遂遷轉。今於河陰、原武、懷、孟間導河入衞，以達天津，不獨徐、沛患息，而京師形勝百倍，便二。元漕舟至封丘，陸運抵淇門入衞。今導河注衞，冬春水平，漕舟至河陰，順流達衞。夏秋水迅，仍從徐、沛達臨淸，以北抵京師。且修其溝洫，擇良有司任之，可以備旱澇，捍戎馬，益起直隸、河南富强之勢，便三。」詹事霍韜大然其畫，具奏以聞。不行。

萬曆十六年，總督河漕楊一魁議引沁水入衞，命給事中常居敬勘酌可否。居敬言：「衞小沁大，衞清沁濁，恐利少害多。」乃止。泰昌元年十二月，總河侍郎王佐言：「衞河流塞，惟挽漳、引沁、闢丹三策。挽漳難，而引沁多患。丹水則雖勢與沁同，而丹口既闢，自修武而下皆成安流，建閘築堰，可垂永利。」制可，亦未能行也。

崇禎十三年，總河侍郎張國維言：「衞河合漳、沁、淇、洹諸水，北流抵臨清，會閘河以濟運。自漳河他徙，衞流遂弱，挽漳引沁之議，建而未行。宜導輝縣泉源，且酌引漳、沁，闢丹水，疏通滏、洹、淇三水之利害得失，命河南撫、按勘議以聞。」不果行。

漳河，出山西長子曰濁漳，樂平曰清漳，俱東經河南臨漳縣，由畿南眞定、河間趨天津入海。其分流至山東館陶西南五十里，與衞河合。洪武十七年，河決臨漳，敕守臣防護。復諭工部，凡堤塘堰壩可禦水患者，皆預修治。有司以黃、沁、漳、衞、沙五河所決堤岸丈尺，具圖計工以聞。詔以軍民兼築之。永樂七年，決固安縣賀家口。九年，決西南張固村河口，與滏陽河合流，下田不可耕。臨漳主簿趙永中乞令災戶於漳河旁墾高阜荒地。從之。是年築沁州及大名等府決堤。十三年，漳、滏並溢，漂沒磁州田稼。二十二年，溢廣宗。洪熙元年，漳、滏並溢，決臨漳三塚村等堤岸二十四處，發軍民修築。宣德八年復築三塚村堤口。

正統元年，漳、滏並溢，壞臨漳杜村西南堤。三年，漳決廣平、順德。四年，又決彰德。皆命修築。十三年，御史林廷舉言：「漳河自沁州發源，七十餘溝會而爲一，至肥鄉，堤岸逼隘，水勢激湍，故爲民患。元時分支流入衛河，以殺其勢。永樂間堙塞，舊跡尚存，去廣平大留村十八里。宜發丁夫鑿通，置閘，遏水轉入之，而疏廣肥鄉水道。則漳河水減，免居民患，而衛河水增，便漕。」從之。漳水遂通於衛。

正德元年濬滏陽河。河舊在任縣新店村東北，源出磁州。經永年、曲周、平鄉，至穆家口，會百泉等河北流。永樂間，漳河決而與合，二水每並爲患。至景泰間，又合漳，衝曲周諸縣，沿河之地皆築堤備之。成化間，舊河淤，衝新店西南爲新河，合沙、洺等河入穆家口，亦築堤備之。英宗時，漳已通衛。弘治初，益徙入御河，遂棄滏堤不理。其後，漳水復入新河，兩岸地皆沒。任縣民高暘等以爲言，下巡撫官勘奏，言：「穆家口乃衆河之委，當從此先，而併濬新舊河，令分流。漳、滏缺堤，以漸而築。」從之。自此漳、滏滙流，而入衛之道漸堙矣。

萬曆二十八年，給事中王德完言：「漳河決小屯，東經魏縣、元城，抵館陶入衛，爲一變，其害小。決高家口，析二流於臨漳之南北，俱至成安東呂彪河合流，經廣平、肥鄉、永年，至曲周入滏水，同流至青縣口方入漕河，爲再變，其害大。滏水不勝漳，而今納漳，則狹小不能束巨浪，病溢而患在民。衛水昔仰漳，而今舍漳，則細緩不能捲沙泥，病涸而患在運。塞高家河口，導入小屯河，費少利多，爲上策。仍迴龍鎭至小灘入衛，費鉅害少，爲中策。築呂彪河口，固堤漳水，運道不資利，地方不罹害，爲下策。」命河漕督臣集議行之。直隸巡按佴祺亦請引漳河。並下督臣，急引漳會衛，以圖永濟。不果行。

沁河，出山西沁源縣綿山東谷。穿太行山，東南流三十里入河南境。逕河內縣東北，又東南至武陟縣，〔五〕與黃河會而東注，達徐州以濟漕。其支流自武陟紅荆口，經衛輝入衛河。元郭守敬言：「沁餘水引至武陟，北流合御河灌田。」此沁入衛之故跡也。

明初，黃河自滎澤趨陳、潁，逕入於淮，不與沁合。乃鑿渠引之，令河仍入沁。久之，沁水盡入黃河，而入衛之故道堙矣。武陟者，沁、黃交會處也。永樂間，再決再築。宣德九年，沁水決馬曲灣，經獲嘉至新鄉，水深成河，城北又滙爲澤。築堤以防，猶不能遏。新鄉知縣許宣請堅築決口，俾由故道。遣官相度，從之。沁水稍定，而其支流復入於衛。正統三、四年間，武陟沁堤復再決再築。十三年，黃河決滎澤，背沁而去。乃從武陟東竇家灣開渠三十里，引河入沁，以達淮。自後，沁、河益大合，而沁之入衛者漸淤。

景泰三年，僉事劉清言：「自沁決馬曲灣入衛，沁、黃、衛三水相通，轉輸頗利。今決口已塞，衞河膠淺。運舟悉從黃河，嘗遇險阻。宜遣官濬沁資衞，軍民運船視遠近之便而轉輸之。」詔下巡撫集議。明年，淸復言：「東南漕舟，水淺弗能進。請自滎澤入沁河，濬岡頭百二十里以通衞河。且張秋之決，由沁合黃，勢遂奔急。若引沁入衞，則張秋無患。」行人王晏亦言：「開岡頭置閘，分沁水，使南入黃，北達衞。遇漲則閉閘，漕可永無患。」並下督漕都御史王竑等覈實以聞。

明年，給事中何陞言：「沁河有漏港已成河。臨淸屯聚膠淺之舟，宜使從此入黃，度二洪可達淮。」詔竑及都御史徐有貞閱之。〔六〕既而罷引沁河議。初，王晏請漕沁，有司多言弗利。晏固爭。吏部尚書王直請遣官行河，命侍郞趙榮同晏往。榮亦言不利，議乃寢。天順八年，都察院都事金景輝復請濬陳橋集古河，分引沁水，北通長垣、曹州、鉅野，以達漕河。詔按實以聞，未能行也。

弘治二年夏，黃河決埽頭五處，入沁河。其冬，又決祥符翟家口，合沁河，出丁家道口。十一年，員外郞謝緝以黃河南決，恐牽沁水南流，徐、呂二洪必涸。請遏黃河，堤沁水，使俱入徐州。方下所司勘議，明年漕運總兵官郭鋐上副使張鼐引沁河議，請於武陟木欒店鑿渠抵荆隆口，分沁水入賈魯河，由丁家道口以下徐、淮。倘河或南徙，卽引沁水入渠，以濟二洪之運。帝卽令鼐理之。而曹縣知縣鄒魯又駁鼐議，謂引沁必塞沁入河之口，沁水無歸，必漫田廬。若俟下流既通而始塞之，水勢擣虛，千里不折，其患更大，甚於黃陵。且起木欒店至飛雲橋，地以千里計，用夫百萬，積功十年，未能必其成也。兗州知府龔弘主其說，因上言：「鼐見河勢南行，故建此議。但今秋水逆流東北，亟宜濬築。」乃從河臣撫臣議，修丁家口上下堤岸，而鼐議卒罷。

至萬曆十五年，沁水決武陟東岸蓮花池、金屹𡹴，新鄉、獲嘉盡淹沒。廷議築堤障之。都御史楊一魁言：「黃河從沁入衞，此故道也。自河徙，而沁與俱南，衞水每涸。宜引沁入衞，不使助河爲虐。」部覆言：「沁入黃，衞入漕，其來已久。頃沁水決木欒蓮花口而東，一魁因建此議。而科臣常居敬往勘，言：『衞輝府治卑於河，恐有衝激。且沁水多沙，入漕反爲患，不如堅築決口，廣闢河身』。」乃罷其議。

三十三年，茶陵知州范守己復言：「嘉靖六年，河決豐、沛。胡世寧言：『沁水自紅荊口分流入衞，近年始塞。宜擇武陟、陽武地開一河，北達衞水，以備徐、沛之塞。』會盛應期主開新渠，議遂不行。近者十年前，河沙淤塞沁口，沁水不得入河，自木欒店東決岸，奔流入衞，則世寧紅荊口之說信矣。彼時守土諸臣塞其決口，築以堅堤，仍導沁水入河。而堤外河形直抵衞滸，至今存也。請建石閘於堤，分引一支，由所決河道東流入衞。漕舟自邳遡河而上，因沁入衞，東達臨淸，則會通河可廢。」帝命總河及撫、按勘議，不行。

滹沱河，出山西繁峙泰戲山。〔七〕循太行，掠晉、冀，逶迤而東，至武邑合漳。東北至青縣岔河口入衞，下直沽。或云九河中所稱徒駭是也。

明初，故道由藁城、晉州抵寧晉入衞，其後遷徙不一。河身不甚深，而水勢洪大。左右旁近地大率平漫，夏秋雨潦，挾衆流而潰，往往成巨浸。水落，則因其淺淤以爲功。修堤濬流，隨時補救，不能大治也。洪武間一濬。建文、永樂間，修武强、眞定決岸者三。至洪熙元年夏，霪雨，河水大漲，晉、定、深三州，藁城、無極、饒陽、新樂、寧晉五縣，低田盡沒，而滹沱遂久淤矣。宣德六年，山水復暴泛，衝壞堤岸，發軍民濬之。正統元年溢獻縣，決大郭鼀窩口堤。四年溢饒陽，決醜女堤及獻縣郭家口堤，淹深州田百餘里，皆命有司修築。十一年復疏晉州故道。

成化七年，巡撫都御史楊璿言：「霸州、固安、東安、大城、香河、寶坻、新安、任丘、河間、肅寧、饒陽諸州縣屢被水患，由地勢平衍，水易瀦積。而唐、滹沱、白溝三河上源堤岸率皆低薄，遇雨輒潰。官吏東西決放，以鄰爲壑。宜求故跡，隨宜濬之。」帝卽命璿董其事，水患稍寧。至十八年，衞、漳、滹沱並溢，潰漕河岸，自清平抵天津決口八十六。因循者久之。

弘治二年修眞定縣白馬口及近城堤三千九百餘丈。五年又築護城堤二道。後復比年大水，眞定城內外俱浸。改挑新河，水患始息。

嘉靖元年築束鹿城西決口，修晉州紫城口堤。未幾，復連歲被水。十年冬，巡按御史傅漢臣言：「滹沱流經大名，故所築二堤衝敗，宜修復如舊。」乃命撫、按官會議。其明年，敕太僕卿何棟往治之，棟言：「河發渾源州，會諸山之水，東趨眞定，由晉州紫城口之南入寧晉泊，會衞河入海，此故道也。晉州西高南下，因衝紫城東溢，而束鹿、深州諸處遂爲巨浸。今宜起藁城張村至晉州故堤，築十八里，高三丈，廣十之，植椿榆諸樹。乃濬河身三十餘里，導之南行，使歸故道，則順天、眞、保諸郡水患俱平矣。」又用郎中徐元祉言，於眞定濬滹沱河以保城池，又導束鹿、武强、河間、獻縣諸水，循滹沱以出。皆從之。自後數十年，水頗戢，無大害。

萬曆九年，給事中顧問言：「臣令任丘，見滹沱水漲，漂沒民田不可勝紀。請自饒陽、河間以下水占之地，悉捐爲河，而募夫深濬河身，堅築堤岸，以圖永久。」命下撫、按官勘議。增築雄縣橫堤八里，任丘東堤二十里。

桑乾河，盧溝上源也。發源太原之天池，伏流至朔州馬邑雷山之陽，有金龍池者渾泉溢出，是爲桑乾。東下大同古定橋，抵宣府保安州，雁門、應州、雲中諸水皆會。穿西山，入宛平界。東南至看舟口，〔八〕分爲二。其一東由通州高麗莊入白河。其一南流霸州，合易水，南至天津丁字沽入漕河，曰盧溝河，亦曰渾河。河初過懷來，束兩山間，不得肆。至都城西四十里石景山之東，地平土疏，衝激震盪，遷徙弗常。元史名盧溝曰小黃河，以其流濁也。上流在西山後者，盈涸無定，不爲害。

嘉靖三十三年，御史宋儀望嘗請疏鑿，以漕宣、大糧。三十九年，都御史李文進以大同缺邊儲，亦請「開桑乾河以通運道。自古定橋至盧溝橋務里村水運五節，七百餘里，陸運二節，八十八里。春秋二運，可得米二萬五千餘石。且造淺船由盧溝達天津，而建倉務里村、靑白口八處，以備撥運。」皆不能行。下流在西山前者，泛溢害稼，畿封病之，堤防急焉。

洪武十六年濬桑乾河，自固安至高家莊八十里，霸州西支河二十里，南支河三十五里。永樂七年，決固安賀家口。十年，壞盧溝橋及堤岸，沒官田民廬，溺死人畜。洪熙元年，決東狼窩口。宣德三年，潰盧溝堤。皆發卒治之。六年，順天府尹李庸言：「永樂中，渾河決新城，高從周口遂致淤塞。霸州桑圓里上下，每年水漲無所洩，漫湧倒流，北灌海子凹、牛欄佃，請亟修築。」從之。七年，侍郎王佐言：「通州至河西務河道淺狹，張家灣西舊有渾河，請疏濬。」帝以役重止之。九年，決東狼窩口，命都督鄭銘往築。正統元年復命侍郎李庸修築，並及盧溝橋小屯廠潰岸。明年，工竣。越三年，白溝、渾河二水俱溢，決保定縣安州堤五十餘處。復命厲治之，築龍王廟南石堤。七年築渾河口。八年築固安決口。

成化七年，霸州知州蔣愷言：「城北草橋界河，上接渾河，下至小直沽注於海。永樂間，渾河改流，西南經固安、新城、雄縣抵州，屢決為害。近決孫家口，東流入河，又東抵三角淀。小直沽乃其故道，請因其自然之勢，修築堤岸。」詔順天府官相度行之。十九年命侍郎杜謙督理盧溝河堤岸。弘治二年，決楊木廠堤，命新寧伯譚祐、侍郎陳政、內官李興等督官軍二萬人築之。正德元年築狠窩決口。久之，下流支渠盡淤。

嘉靖十年從郎中陸時雍言，發卒濬導。三十四年修柳林至草橋大河。四十一年命尚書雷禮修盧溝河岸。禮言：「盧溝東南有大河，從麗莊園入直沽下海，沙澱十餘里。稍東岔河，從固安抵直沽，勢高。今當先濬大河，令水歸故道，然後築長堤以固之。決口地下水急，人力難驟施。西岸故堤綿亙八百丈，遺址可按，宜併築。」詔從其請。明年訖工，東西岸石堤凡九百六十丈。

萬曆十五年九月，神宗幸石景山，臨觀渾河。召輔臣申時行至幄次，諭曰：「朕每聞黃河衝決，為患不常，欲觀渾河以知水勢。今見河流洶湧如此，知黃河經理倍難。宜飭所司加慎，勿以勞民傷財為故事。至選用務得人，吏、工二部宜明喻朕意。」

膠萊河，在山東平度州東南，膠州東北。源出高密縣，分南北流。南流自膠州麻灣口入海，北流經平度州至掖縣海倉口入海。議海運者所必講也。元至元十七年，萊人姚演獻議開新河，鑿地三百餘里，起膠西縣東陳村海口，西北達膠河，出海倉口，謂之膠萊新河。尋以勞費難成而罷。

明正統六年，昌邑民王坦上言：「漕河水淺，軍卒窮年不休。往者江南常海運，自太倉抵膠州。州有河故道接掖縣，宜濬通之。由掖浮海抵直沽，可避東北海險數千里，較漕河爲近。」部覆寢其議。

嘉靖十一年，御史方遠宜等復議開新河。以馬家墩數里皆石岡，議復寢。十七年，山東巡撫胡纘宗言：「元時新河石座舊跡猶在，惟馬壕未通。已募夫鑿治，請復濬淤道三十餘里。」命從其議。

至十九年，副使王獻言：「勞山之西有薛島、陳島，石砑林立，橫伏海中，最險。元人避之，故放洋走成山正東，踰登抵萊，然後出直沽。考膠萊地圖，薛島西有山曰小竺，兩峯夾峙。中有石岡曰馬壕，其麓南北皆接海崖，而北即麻灣，又稍北即新河，又西北即萊州海倉。由麻灣抵海倉纔三百三十里，由淮安踰馬壕抵直沽，纔一千五百里，可免遶海之險。元人嘗鑿此道，遇石而止。今鑿馬壕以趨麻灣，濬新河以出海倉，誠便。」獻乃於舊所鑿地迤西七丈許鑿之。其初土石相半，下則皆石，又下石頑如鐵。焚以烈火，用水沃之，石爛化爲燼。海波流漲，麻灣以通，長十有四里，廣六丈有奇，深半之。由是江、淮之舟達於膠萊。踰年，復濬新河，水泉旁溢，其勢深闊，設九閘，置浮梁，建官署以守。而中間分水嶺難通者三十餘里。時總河王以旂議復海運，請先開平度新河。帝謂妄議生擾，而獻亦適遷去，於是工未就而罷。

三十一年，給事中李用敬言：「膠萊新河在海運舊道西，王獻鑿馬家壕，導張魯、白、現諸河水益之。今淮舟直抵麻灣，卽新河南口也，從海倉直抵天津，卽新河北口也。南北三百餘里，潮水深入。中有九穴湖、大沽河，皆可引濟。其當疏濬者百餘里耳，宜急開通。」給事中賀涇、御史何廷鈺亦以爲請。詔廷鈺會山東撫、按官行視。旣而以估費浩繁，報罷。

隆慶五年，給事中李貴和復請開濬，詔遣給事中胡檟會山東撫、按官議。檟言：「獻所鑿渠，流沙善崩，所引白河細流不足灌注。他若現河、小膠河、張魯河、九穴、都泊皆潢汙不深廣。膠河雖有微源，地勢東下，不能北引。諸水皆不足資。上源則水泉枯涸，無可仰給；下流則浮沙易潰，不能持久。擾費無益。」巡撫梁夢龍亦言：「獻慨執元人廢渠爲海運故道，不知渠身太長，春夏泉涸無所引注，秋冬暴漲無可蓄洩。南北海沙易塞，舟行滯而不通。」乃復報罷。

萬曆三年，南京工部尚書劉應節、侍郎徐栻復議海運，言：「難海運者以放洋之險，覆溺之患。今欲去此二患，惟自膠州以北，楊家圈以南，濬地百里，無高山長坂之隔，楊家圈北悉通海潮矣。綜而計之，開創者什五，通濬者什三，量濬者什二。以錐探之，上下皆無石，可開無疑。」乃命栻任其事。應節議主通海。而栻往相度，則膠州旁地高峻，不能通潮。惟引泉源可成河，然其道二百五十餘里，鑿山引水，築堤建閘，估費百萬。詔切責栻，謂其以難詞沮成事。會給事中光懋疏論之，且請令應節往勘。應節至，謂南北海口水俱深闊，舟可乘潮，條悉其便以聞。

山東巡撫李世達上言：「南海麻灣以北，應節謂沙積難除，徙古路溝十三里以避之。又慮南接鴨綠港，東連龍家屯，沙積甚高，渠口一開，沙隨潮入，故復有建閘障沙之議。臣以爲閘閉則潮安從入？閘啓則沙又安從障也？北海倉口以南至新河閘，大率沙淤潮淺。應節挑東岸二里，僅去沙二尺，大潮一來，沙壅如故，故復有築堤約水障沙之議。臣以爲障兩岸之沙則可耳，若潮自中流衝激，安能障也？分水嶺高峻，一工止二十丈，而費千五百金。下多礀砢石，掣水甚難。故復有改挑王家丘之議。臣以爲吳家口至亭口高峻者共五十里，大概多礀砢石，費當若何？而舍此則又無河可行也。夫潮信有常，大潮稍遠，亦止及陳村閘、楊家圈，不能更進。況日止二潮乎？此潮水之難恃也。河道紆曲二百里，張魯、白、膠三水微細，都泊行潦，業已乾涸。設遇亢旱，何泉可引？引泉亦難恃也。元人開濬此河，史臣謂其勞費不貲，終無成功，足爲前鑒。」巡按御史商爲正亦言：「挑分水嶺下，方廣十丈，用夫千名。纔下數尺爲磵砢石，又下皆沙，又下盡黑沙，又下水泉湧出，甫挑即淤，止深丈二尺。必欲通海行舟，更須挑深一丈。雖二百餘萬，未足了此。」給事中王道成亦論其失。工部尙書郭朝賓覆請停罷。遂召應節，械還京，罷其役。嗣是中書程守訓，御史高舉、顏思忠，尙書楊一魁相繼議及之，皆不果行。

崇禎十四年，山東巡撫曾櫻、戶部主事邢國璽復申王獻、劉應節之說。給內帑十萬金，工未舉，櫻去官。十六年夏，尙書倪元璐請截漕糧由膠萊河轉餉，自膠河口用小船抵分水嶺，車盤嶺脊四十里達於萊河，復用小船出海，可無島嶕漂損之患。山東副總兵黃蔭恩獻議略同。皆未及行。

校勘記

〔一〕正德十二年　二，原作「三」，據明史稿志二七河渠志、武宗實錄卷一五一正德十二年七月辛丑條、水行金鑑卷六二改。

〔二〕大較上起泉河口水所從入也下至大河口水所從出也　原脫「水所從入也，下至大河口」十字，據神宗實錄卷三五萬曆三年二月戊戌條、行水金鑑卷一二二補。

〔三〕特良城伏石長五百五十丈　特，原作「惟」，上文已有「惟」字，這裏意有轉折，當作「特」。據神宗實錄卷三九萬曆三年六月辛卯條、行水金鑑卷一二二改。

〔四〕爲沂下流河廣沙淤　爲沂下流，原作「爲河下流」，據神宗實錄卷四八二萬曆三十九年四月壬申條改。沙淤，神宗實錄作「沙深」。

〔五〕又東南至武陟縣　東南，原作「南東」，據讀史方輿紀要卷四九改。

〔六〕度二旬可達淮詔竑及都御史徐有貞閱之　二，原作「三」，據明史稿志二七河渠志改。英宗實錄卷二四五景泰五年九月戊寅條、行水金鑑卷一〇九都作「不二十日」。「閱之」，同上英宗實錄、行水金鑑都作「理之」。

〔七〕出山西繁峙泰戲山　泰，原作「秦」，據明會典卷一九九改。讀史方輿紀要卷一〇作「大」。

〔八〕東南至看舟口　舟，讀史方輿紀要卷一〇作「丹」。

明史卷八十八

志第六十四

河渠六

直省水利

三代疆理水土之制甚詳。自井田廢，溝遂堙，水常不得其治，於是穿鑿渠塘井陂，以資灌溉。明初，太祖詔所在有司，民以水利條上者，即陳奏。越二十七年，特諭工部，陂塘湖堰可蓄洩以備旱潦者，皆因其地勢修治之。乃分遣國子生及人材，徧詣天下，督修水利。明年冬，郡邑交奏。凡開塘堰四萬九百八十七處，其恤民者至矣。嗣後有所興築，或役本境，或資鄰封，或支官料，或採山場，或農隙鳩工，或隨時集事，或遣大臣董成。終明世水政屢修，可具列云。

洪武元年修和州銅城堰閘，周迴二百餘里。四年修興安靈渠，爲陡渠者三十六。渠水發海陽山，秦時鑿，溉田萬頃。馬援葺之，後圮。至是始復。六年發松江、嘉興民夫二萬開上海胡家港，自海口至漕涇千二百餘丈，以通海船。且濬海鹽澉浦。八年開登州蓬萊閣河。命耿炳文濬涇陽洪渠堰，溉涇陽、三原、醴泉、高陵、臨潼田二百餘里。九年修彭州都江堰。十二年，李文忠言：「陝西病鹹鹵，請穿渠城中，遙引龍首渠東注。」從其請，甃以石。十四年築海鹽海塘。十七年築磁州漳河決堤。決荊州嶽山壩以灌民田。十九年築長樂海堤。二十三年修崇明、海門決堤二萬三千九百餘丈，役夫二十五萬人。四川永寧宣慰使言：「所轄水道百九十灘，江門大灘八十二，皆被石塞。」詔景川侯曹震往疏之。二十四年修臨海橫山嶺水閘，寧海、奉化海堤四千三百餘丈。築上虞海堤四千丈，改建石閘。濬定海、鄞二縣東錢湖，灌田數萬頃。二十五年鑿溧陽銀墅東壩河道，由十字港抵沙子河胭脂壩四千三百餘丈，役夫三十五萬九千餘人。二十七年濬山陽支家河。鬱林州民言：「州南北二江相去二十餘里，乞鑿通，設石陡諸閘。」從之。二十九年修築河南洛堤。復興安靈渠。時尚書唐鐸以軍興至其地，圖渠狀以聞。請濬深廣，通官舟以餉軍。命御史嚴震直燒鑿陡澗之石，餉道果通。三十一年，洪渠堰圮，復命耿炳文修治之。且濬渠十萬三千餘丈。建文四年疏吳淞江。

永樂元年修安陸京山漢水塌岸，章丘漯河東堤，高密、濰決岸，安陽河堤，福山護城決堤，浙江赭山江塘，餘干龍窟壩塘岸，臨潁褚河決口，濰縣白浪河堤，潛山、懷寧陂堰，高要青岐、羅婆圩，通州徐竈、食利等港，平遙廣濟渠，句容楊家港、王旱圩等堤，肇慶、鳳翔遙頭岡決岸，南陽高家、屯頭二堰及沙、澧等河堤，夏縣古河決口三十餘里。修築和州保大等圩百二十餘里，蓄水陡門九。濬昌邑河渠五所，鑿嘉定小橫瀝以通秦、趙二涇，濬崑山葫蘆等河。

命夏原吉治蘇、松、嘉興水患，濬華亭、上海運鹽河，金山衞閘及漕涇分水港。原吉言：「浙西諸郡，蘇、松最居下流，嘉、湖、常頗高，環以太湖，綿亙五百里。納杭、湖、宣、歙溪澗之水，散注澱山諸湖，以入三泖。頃爲浦港堙塞，漲溢害稼。拯治之法，在濬吳淞諸浦。按吳淞江袤二百餘里，廣百五十餘丈，西接太湖，東通海，前代常疏之。然當潮汐之衝，旋疏旋塞。自吳江長橋抵下界浦，百二十餘里，水流雖通，實多窄淺。從浦抵上海南倉浦口，百三十餘里，潮汐淤塞，已成平陸，灩沙游泥，難以施工。嘉定劉家港卽古婁江，徑入海，常熟白茆港徑入江，〔一〕皆廣川急流。宜疏吳淞南北兩岸、安亭等浦，引太湖諸水入劉家、白茆二港，使其勢分。松江大黃浦乃通吳淞要道，今下流遏塞難濬。旁有范家浜，至南倉浦口徑達海。宜濬深闊，上接大黃浦，達泖湖之水，庶幾復禹貢『三江入海』之舊。水道旣通，乃相地勢，各置石閘，以時啓閉。每歲水涸時，預修圩岸，以防暴流，則水患可息。」帝命發民丁開濬。原吉晝夜徒步，以身先之，功遂成。

二年修泰州河塘萬八千丈，興化南北堤、泰興沿江圩岸、六合瓜步等屯。濬丹徒通潮舊江，又修象山茭湖塘岸，海康、徐聞二縣那隱坡、調黎等港堤岸，黃巖混水等十五閘、六陡門，孟津河堤，分宜湖塘，武陟馬田堤岸，香山竹徑水陂，復興安分水塘。興安有江，源出海陽山。江中橫築石埭，分南北渠，溉民田甚溥。埭上疊石如鱗，以防衝溢。嚴震直撤石增埭，水迫無所洩，衝塘岸，盡趨北渠，南渠淺澀，民失利。至是修復如舊。

海門民請發淮安、蘇、常民丁協修張墩港、東明港百餘里潰堤。帝曰：「三郡民方苦水患，不可重勞。」遣官行視，以揚州民協築之。當塗民言：「慈湖瀕江，上通宣、歙，東抵丹陽湖，西接蕪湖。久雨浸淫，潮漲傷農，宜遣勘修築。」帝從其請，且諭工部，安、徽、蘇、松、浙江、江西、湖廣凡湖泊卑下，圩岸傾頹，亟督有司治之。夏原吉復奉命治水蘇、松，盡通舊河港。又濬蘇州千墩浦、致和塘、安亭、顧浦、陸皎浦、尤涇、黃涇共二萬九千餘丈，松江大黃浦、赤雁浦、范家浜共萬二千丈，以通太湖下流。

先是，修舍山崇義堰。未幾，和州民言：「銅城閘上抵巢湖，下通揚子江，決圩岸七十餘處，乞修治。」其吏目張良興又言：「水淹麻、澧二湖田五萬餘頃，宜築圩埂，起桃花橋，訖含山界三十里。」俱從之。

三年修上虞曹娥江壩埂，溫縣馱塢村堤堰四千餘丈，南海衞蓮塘、四會縣鴟鵲水等堤岸，無爲州周興等鄉及鷹揚衞烏江屯江岸。築昌黎及歷城小淸河決堤，應天新河口北岸，從大勝關抵江東驛三千三百丈。濬海州北舊河，上通高橋，下接臨洪場及山陽運鹽河十八里。

四年修築宣城十九圩，豐城穆湖圩岸，石首臨江萬石堤，溧水決圩。修懷寧斗潭河、彭灘圩岸，順天固安，保定荆岱，樂亭魯家套、社河口，吉水劉家塘、雲陂，江都劉家圩港。築湖廣廣濟武家穴等江岸。新建石頭岡圩岸、江浦沿江堤。開泰州運鹽河、普定秦潼河、西溪南儀阡三處河口，導流興化、鹽城界入海。濬常熟福山塘三十六里。

五年修長洲、吳江、崑山、華亭、錢塘、仁和、嘉興堤岸，餘姚南湖壩，築高要銀岡、金山等潰堤，漑田五百餘頃。治杭州江岸之淪者。六年濬浙江平陽縣河。七年修安陸州渲馬灘決岸、海鹽石堤，築泰興攔江堤三千九百餘丈。且濬大港北淤河，抵縣南，出大江，四千五百餘丈。八年修丹陽練湖塘，汝陽汝河堤岸，南陵野塘圩、蚌蕩壩，松滋張家坑、何家洲堤岸，平度州濰水、浮糠河決口百十二，堤堰八千餘丈，吳江石塘官路橋梁。

九年修安福丁陂等塘堰，安仁饒家陂、壽光堤，安陸京山景陵圩岸，長樂官塘，長洲至嘉興石土塘橋路七十餘里，泄水洞百三十一處，監利車水堤四千四百餘丈，高安華陂屯陂堤，仁和、海寧、海鹽土石塘岸萬餘丈。築沂州沭河口決岸，并淪沭陽沭河。築直隸新城張村等口決堤，仁和黃濠塘岸三百餘丈，孫家圍塘岸二十餘里。濬滙縣干丹河、定襄故渠六十三里，引滹沱水灌田六百餘頃。疏福山官渠，濬江陰青陽河道，鄒平白條溝河三十餘里。麗水民言：「縣有通濟渠，截松陽、遂昌諸溪水入焉。上、中、下三源，流四十八派，溉田二千餘頃。上源民洩水自利，下源流絕，沙壅渠塞。請修堤堰如舊。」部議從之。齊東知縣張昇言：「小清河洪水衝決，淹沒諸鹽場及青州田。請濬上流，修長堤，使水行故道。」皇太子遣官經理之。鄜州民言：「洛水横決而西，衝場州城東北隅。請濬故道，循州東山麓南流。」從之。

十年修浙江平陽捍潮堤岸，黃梅臨江決岸百二十餘里，海門捍潮堤百三十里。築新會圩岸二千餘丈，獻縣、饒陽恭儉等岸，安丘紅河決岸，安州直亭等河決口八十九，華容、安津等堤決口四十六。濬上海蟠龍江、滙縣白浪河。北京行太僕卿楊砥言：「吳橋、東光、興濟、交河及天津等衞屯田，雨水決堤傷稼。德州良店驛東南二十五里有黃河故道，與州南土河通。穿渠置閘，分殺水勢，大爲民便。」命侍郎藺芳往理之。

十一年修蕪湖陶辛、政和二圩，保定、文安二縣河口決岸五十四，應天新河圩岸，天長福勝、戚家莊二塘，滎澤大濱河堤。濬崑山太平河。十二年修鳳陽安豐塘水門十六座及牛角壩、新倉舖塌岸，武陟郭村、馬曲堤岸，聊城龍灣河，濮州紅船口，范縣曹村河堤岸。築三河決堤。濬海州官河二百四十里。解州民言：「臨晉涑水河逆流，決姚暹渠堰，入砂地，淹民田，將及鹽池。」尋又言：「硝池水溢，決豁口，入鹽池。」以涑水渠、姚暹渠併流，故命官修築如其請。

十三年修興濟決岸、南京羽林右衞刁家圩屯田堤。吳江縣丞李昇言：「蘇、松水患，太湖爲甚，急宜洩其下流。若常熟白茆諸港，崑山千墩等河，長洲十八都港汊，吳縣、無錫近湖河道，皆宜循其故迹，濬而深之。仍修蔡涇等閘，候潮來往，以時啓閉。則泛濫可免，而民獲耕種之利。」從之。十五年修固安孫家口及臨漳固塚堤岸。十六年修魏縣決岸。

十七年，蕭山民言：「境內河渠四十五里，溉田萬頃，比年淤塞。乞疏濬，仍置閘錢清小江壩東，庶旱潦無憂。」山東新城民言：「縣東鄭黃溝源出淄川，下流壅沮，霖潦妨農。陳家莊南有乾河，上與溝接，下通烏江，乞濬治。」並從之。十八年，海寧諸縣民言：「潮沒海塘二千六百餘丈，延及吳家等壩。」通政岳福亦言：「仁和、海寧壞長降等壩，淪海千五百餘丈。東岸赭山、巖門山、蜀山舊有海道，淤絕久，故西岸潮愈猛。乞以軍民修築。」並從之。明年修海寧等縣塘岸。

二十一年修嘉定抵松江潮圮圩岸五千餘丈、交阯順化衞決堤百餘丈。文水民言：「文谷山常稔渠分引文谷河流，袤三十餘里，灌田。今河潰洩水。」從其奏，葺治之。二十二年修臨海廣濟河閘。

洪熙元年修黃巖濱海閘壩。視永樂初，增府判一員，專其事。修獻縣、饒陽恭儉堤及窯堤口。

宣德二年，浙江歸安知縣華嵩言：「涇陽洪渠堰溉五縣田八千四百餘頃。洪武時，長興侯耿炳文前後修濬，未久堰壞。永樂間，老人徐齡言於朝，遣官修築，會營造不果。乞專命大臣起軍夫協治。」從之。三年修灌縣都江等堰四十四。臨海民言：「胡巉諸閘瀦水灌田，近年閘壞而金鼇、大浦、湖淶、舉嶼等河遂皆壅阻，乞爲開築。」帝曰：「水利急務，使民自訴於朝，此守令不得人爾。」命工部卽飭郡縣秋收起工。仍詔天下：「凡水利當興者，有司卽舉行，毋緩視。」

巡按江西御史許勝言：「南昌瑞河兩岸低窪，多良田。洪武間修築，水不爲患。比年水溢，岸圮二十餘處。豐城安沙繩灣圩岸三千六百餘丈，永樂間水衝，改修百三十餘丈。近者久雨，江漲堤壞。乞敕有司募夫修理。」中書舍人陸伯倫言：「常熟七浦塘東西百里，灌常熟、崑山田，歲租二十餘萬石。乞聽民自濬之。」皆詔可。

四年修獻縣柳林口堤岸。潛江民言：「蚌湖、陽湖皆臨襄河，水漲岸決，害荊州三衞、荊門、江陵諸州縣官民屯田無算。乞發軍民築治。」從之。福清民言：「光賢里官民田百餘頃，堤障海水。堤壞久，田盡荒。永樂中，嘗命修治，迄今未舉，民不得耕。」帝責有司亟治，而諭尚書吳中嚴飭郡邑，陂池堤堰及時修濬，慢者治以罪。

五年，巡撫侍郎成均言：「海鹽去海二里，石嵌土岸二千四百餘丈，水齧其石，皆已刓敝。議築新石於岸內，而存其舊者以爲外障。乞如洪武中令嘉、嚴、紹三府協夫舉工。」從之。

六年修瀏陽、廣濟諸縣堤堰，豐城西北臨江石堤及西南七圩壩，石首臨江三堤。濬餘姚舊河池。巡撫侍郎周忱言：「溧水永豐圩周圍八十餘里，環以丹陽、石臼諸湖。舊築埂壩，通陟門石𡒄，農甚利之。今頹敗，請葺治。」敎諭唐敏言：「常熟耿涇塘，南接梅里，通昆承湖，北達大江。洪武中，濬以溉田。今壅阻，請疏導。」並從之。

七年修眉州新津通濟堰。堰水出彭山，分十六渠，溉田二萬五千餘畝。河東鹽運使言：「鹽池近地姚暹河，流入五星湖轉黃流河，兩岸窪下。比歲雨溢水漲，衝至解州。浪益急，遂潰南岸，沒民田三十餘里，鹽池護堤皆壞。復因下流涑水河高，壅淤逆流，姚暹以決。乞起民夫疏瀹。」從之。

蘇州知府況鍾言：「蘇、松、嘉、湖湖有六，曰太湖、龐山、陽城、沙湖、昆承、尙湖。永樂初，夏原吉濬導，今復淤。乞遣大臣疏濬。」乃命周忱與鍾治之。是歲，汾河驟溢，敗太原堤。鎭守都司李謙、巡按御史徐傑以便宜修治，然後馳奏。帝嘉奬之。

八年葺湖廣偏橋衞高陂石洞，完縣南關舊河。復和州銅城堰閘。修安陽廣惠等渠，磁州滏陽河、五爪濟民渠。九年修江陵枝江沿江堤岸。築蓟州決岸。毁蘇、松民私築堤堰。十年築海鹽潮決海塘千五百餘丈。主事沈中言：「山陰西小江，上通金、嚴，下接三江海口，引諸暨、浦江、義烏諸湖水以通舟。江口近淤，宜築臨浦戚堰障諸湖水，俾仍出小江。」詔部覆奪。

正統元年修吉安沿江堤。築海陽、登雲、都雲、步村等決堤。濬陝西西安灞橋河。二年築蠡縣王家等決口。修新會鸞臺山至瓦塘浦頹岸，江陵、松滋、公安、石首、潛江、監利近江決堤。又修湖廣老龍堤，以爲漢水所潰也。三年疏泰興順德鄉三渠，引湖溉田；潞州永祿等溝渠二十八道，通於漳河。四年修容城杜村口堤。設正陽門外減水河，幷疏城內溝渠。荆州民言：「城西江水高城十餘丈，霖潦壞堤，水即灌城。請先事修治。」寧夏巡撫都御史金濂言：「鎭有五渠，資以行溉，今明沙州七星、漢伯、石灰三渠久塞。請用夫四萬疏濬，溉蕪田千三百餘頃。」並從之。

五年修太湖堤，海鹽海岸，南京上中下新河及濟川衞新江口防水堤，滹縣、南宮諸堤。

築順天、河間及容城杜村口、郎家口決堤。塞海寧蠣巖決堤口。濬鹽城伍祐、新興二場運河。初，溧水有鎭曰廣通，其西固城湖入大江，東則三塔堰河入太湖。中間相距十五里，洪武中鑿以通舟。縣地稍窪，而湖納寧國、廣德諸水，遇潦卽溢，乃築壩於鎭以禦之，而堰水不能至壩下。是歲，改築壩於葉家橋。胭脂河者，溧水入秦淮道也。蘇、松船皆由以達，沙石壅塞，因幷濬之。山陽涇河壩，上接漕河，下達鹽城，舊置絞關以通舟，歲久且敝，又恐盜洩水利，遂築塞河口。是歲，從民請，修壩幷復絞關。

六年造宣武門東城河南岸橋。修江米巷玉河橋及堤，幷濬京城西南河。築豐城沙月諸河堤、蕪湖陶辛圩新埂。濬海寧官河及花塘河、硤石橋塘河，築瓦石堰二所。疏南京江洲，殺其水勢，以便修築塌岸。高郵知州韓簡言：「官河上下二閘皆圮，河亦不通，且子嬰溝塞，減水陰洞閉，致旱澇無所濟。俱乞濬治。」詔部覈實以行。

七年修江西廣昌江岸、蕭山長山浦海塘、彭山通濟堰。築南京浦子口、大勝關堤，九江及武昌臨江塌岸。濬江陵、荆門、潛江淤沙三十餘里。八年修蘭溪卸橋浦口堤，弋陽官陂三所。濬南京城河。

九年修德州耿家灣等堤岸、杞縣離溝堤。築容城杜村堤決口。易上虞菱湖土壩爲石閘。挑無錫里谷、蘇塘、華港、上村、李走馬塘諸河，東南接蘇州苑山湖塘，北通揚子江，西接新興河，引水灌田。濬杞縣牛墓岡舊河，武進太平、永興二河。疏海鹽永安河，茶市院新涇、陶涇塘諸河。都御史陳鎰言：「朝邑多沙鹻，難耕。縣治洛河，與渭水通，請穿渠灌之。」新安民言：「城南長溝河，西通徐、漕二水，東連雄縣直沽，沙土淤塞，請發丁夫疏濬。」海陽民蕭瑤言：「縣有長溪，源出山麓，流抵海口，周亥潮郡，故登隆等都俱置溝通溉。惟隆津等都陸野絕水，歲旱無所賴。乞開溝如登隆。」長樂民劉彥梁言：「嚴湖二十餘里，南接稠菴溪，西通倒流溪，可備旱溢。又有張塘涵、塘前涵、大塘涵、陳塘港，其利如嚴湖。乞令有司疏濬。」廣濟民言：「縣與鄰邑黃梅，歲運糧三萬石於望牛墩。小車盤剝，不堪其勞。連城湖港廖家口有溝抵墩前，淤淺不能行船。請與黃梅合力濬通，以便水運。」並從之。

十一年修洞庭湖堤。築登州河岸。濬通州金沙場八里河，以通運渠。任丘民言：「凌城港去縣二十五里，內有定安橋河，北十八里通流，東七里沙塞。宜疏通與港相接，入直沽張家灣。」巡撫周忱言：「應天、鎮江、太平、寧國諸府，舊有石臼等湖。其中溝港，歲辦魚課。其外平圩淺灘，聽民牧放孳畜、採掘菱藕，不許種耕。故山溪水漲，有所宣洩。近者富豪築圩田，遏湖水，每遇泛溢，害卽及民，宜悉禁革。」並從之。

十二年疏平度州大灣口河道，荊州公安門外河，以便公安、石首諸縣輸納。浙江聽選官王信言：「紹興東小江，南通諸暨七十二湖，西通錢塘江。近爲潮水湧塞，江與田平，舟不能行，久雨水溢，鄰田輒受其害。乞發丁夫疏濬。」從之。

十三年築寧夏漢、唐壩決口。疏山西涑水河、南海縣通海泉源。鑿宣府城濠，引城北山水入南城大河。湖廣五開衞言：「衞與苗接，山路峻險。去衞三十里有水通靖州江，亂石沙灘，請疏以便輸運。」雲南鄧川州言：「本州民田與大理衞屯田接壤湖畔，每歲雨水沙土壅淤，禾苗淹沒。乞命州衞軍民疏治。」並從之。

十四年濬南海潘埇堤岸，置水閘。和州民言：「州有姥鎮河，上通麻、澧二湖，下接牛屯大河，長七十里許，廣八丈。又有張家溝，連銅城閘，通大江，長減姥鎮之半，廣如之，灌溉降福等七十餘圩及南京諸衞屯田。近年河潰閘圮，率皆淤塞。請興役疏濬，仍於姥鎮、豐山嘴、葉公坡各建閘以備旱澇。」從之。

景泰元年築丹陽甘露等壩。二年修玉河東西堤。濬安定門東城河，永嘉三十六都河，常熟顧新塘，南至當湖，北至揚子江。三年修泰和信豐堤。築延安、綏德決河，綿州西岔河通江堤岸。濬常熟七浦塘，劍州海子。疏孟瀆河浜涇十一。工部言：「海鹽石塘十八里，潮水衝決，浮土修築，不能久。」詔別築石塘捍之。

四年濬江陰順塘河十餘里，東接永利倉大河，西通夏港及揚子江。雲南總兵官沐璘言：「城東有水南流，源發邵甸，會九十九泉爲一，抵松花壩分爲二支：一繞金馬山麓，入滇池；一從黑窯村流至雲澤橋，亦入滇池。舊於下流築堰，溉軍民田數十萬頃，霖潦無所洩。請令受利之家，自造石閘，啓閉以時。」報可。五年疏靈寶黎園莊渠，通鴻臚澗，溉田萬頃。六年濬華容杜預渠，通運船入江，避洞庭險。修容城白溝河杜村口、固安楊家等口決堤。

七年，尚書孫原貞言：「杭州西湖舊有二閘，近皆傾圮，湖遂淤塞。按宋蘇軾云：『杭本江海故地，水泉鹹苦。自唐李泌引湖水入城爲六井，然後井邑日富，不可許人佃種。』周淙亦言：『西湖貴深濶。』因招兵二百，專一撈湖。其後，豪戶復請佃，湖日益塡塞，大旱水涸。詔郡守趙與𥲅開濬，〔二〕芟荷葑蕩悉去，杭民以利。此前代經理西湖大略也。其後，勢豪侵占無已，湖小淺狹，閘石毀壞。今民田無灌溉資，官河亦澀阻。乞敕有司興濬，禁侵占以利軍民。」從之。

天順二年修彭縣萬工堰，灌田千餘頃。五年，僉事李觀言：「涇水出涇陽仲山谷，道高陵，至櫟陽入渭，袤二百里。漢開渠溉田，宋、元俱設官主之。今雖有瓠口鄭、白二渠，而堤堰摧決，溝洫壅潴，民弗蒙利。」乃命有司濬之。

八年，永平民言：「漆河遶城西南流入海，城趾皆石，故水不能決。其餘則沙土易潰，前人於東北築土堤，西南甃岸。今歲久日塌，宜作堤於東流，橫以激之，使合西流，庶無蕩析患。」都御史項忠言：「涇陽之瓠口鄭、白二渠，引涇水溉田數萬頃，至元猶溉八千頃。其後，渠日淺，利因以廢。宣德初，遣官修鑿，畝收四三石。無何復塞，渠旁之田，遇旱爲赤地。涇陽、醴泉、三原、高陵皆患苦之。昨請於涇水上源龍潭左側疏濬，訖舊渠口，尋以詔例停止。今宜畢其役。西安城西井泉鹹苦，飲者輒病。龍首渠引水七十里，修築不易，且利止及城東。西南皂河去城一舍許，可鑿，令引水與龍首渠會，則居民盡利。」邳州知州孟琳言：「榆行諸社俱臨沂河，久雨岸崩二十八處，低田盡淹。乞與修築。」並從之。

成化二年修壽州安豐塘。四年疏石州城河。六年修平湖周家涇及獨山海塘。七年，潮決錢塘江岸及山陰、會稽、蕭山、上虞，乍浦、瀝海二所，錢淸諸場。命侍郎李顒修築。八年，堤襄陽決岸。十年，廷臣會議，江浦北城圩古溝，北通滁河浦子口；城東黑水泉古溝，南入大江。二溝相望，岡壠中截。宜鑿通成河，旱引澇洩。從之。

十一年濬杭州錢塘門故渠，左屬湧金門，建橋閘以蓄湖水。巡撫都御史牟俸言：「山東小淸河，上接濟南趵突諸泉，下通樂安沿海高家港鹽場。大淸河，上接東平坎河諸泉，下通濱州海豐、利津，沿海富國鹽場。淤塞，苦盤剝，雨水又患淹沒。勸農參政唐虞濬河造閘，請令兼治水利。」詔可。

十二年，巡按御史許進言：「河西十五衞，東起莊浪，西抵肅州，綿亙幾二千里，所資水利多奪於勢豪。宜設官專理。」詔屯田僉事兼之。

十四年，俸言：「直隸蘇、松與浙西各府，頻年旱澇，緣周環太湖，乃東南最窪地，而蘇、松尤最下之衝。故每逢積雨，衆水奔潰，湖泖漲漫，淹沒無際。按太湖卽古震澤，上納嘉、湖、宣、歙諸州之水，下通婁、東、吳淞三江之流，東江今不復見，婁、淞入海故跡具存。其地勢與常熟福山、白茆二塘俱能導太湖入江海，使民無墊溺，而土可耕種，歷代開濬具有成法。本朝亦常命官修治，不得其要。而濱湖豪家盡將淤灘栽葑爲利。治水官不悉利害，率於泄處置石梁，壅土爲道，或慮盜船往來，則釘木爲柵。以致水道堙塞，公私交病。請擇大臣深知水利者專理之，設提督水利分司一員隨時修理，則水勢疏通，東南厚利也。」帝卽令俸兼領水利，聽所濬築。功成，乃專設分司。

十五年修南京內外河道。十八年濬雲南東西二溝，自松華壩黑龍潭抵西南柳壩南村，灌田數萬頃。修居庸關水關、城券及隘口水門四十九，樓鋪、墩臺百二。二十年修嘉興等六府海田堤岸，特選京堂官往督之。二十二年濬南京中下二新河。

弘治三年，從巡撫都御史丘鼐言，設官專領灌縣都江堰。六年敕撫民參政朱瑄濬河南伊、洛，彰德高平、萬金，懷慶廣濟，南陽召公等渠，汝寧桃陂等堰。

七年濬南京天、潮二河，備軍衛屯田水利。七月命侍郎徐貫與都御史何鑑經理浙西水利。明年四月告成。貫初奉命，奏以主事祝萃自隨。萃乘小舟究悉源委。貫乃令蘇州通判張旻疏各河港水，瀦之大壩。旋開白茆港沙面，乘潮退，決大壩水衝激之，沙泥刷盡。潮水蕩激，日益闊深，水達海無阻。又令浙江參政周季麟修嘉興舊堤三十餘里，易之以石，增繕湖州長興堤岸七十餘里。貫乃上言：「東南財賦所出，而水患爲多。永樂初，命夏原吉疏濬。時以吳淞江灩沙浮蕩，未克施工。迨今九十餘年，港浦愈塞。臣督官行視，濬吳江長橋，導太湖散入澱山、陽城、昆承等湖泖。復開吳淞江並大石、趙屯等浦，洩澱山湖水，由吳淞江以達於海。開白茆港白魚洪、鮎魚口，洩昆承湖水，由白茆港以注於江。開斜堰、七鋪、鹽鐵等塘，洩陽城湖水，由七丫港以達於海。下流疏通，不復壅塞。乃開湖州之漊涇，洩西湖、天目、安吉諸山之水，自西南入於太湖。開常州之百瀆，洩溧陽、鎮江、練湖之水，自西北入於太湖。又開諸陡門，洩漕河之水，由江陰以入於大江。上流亦通，不復堙滯。」是役也，修濬河、港、涇、瀆、湖、塘、陡門、堤岸百三十五道，〔三〕役夫二十餘萬，祝萃之功多焉。

巡撫都御史王珣言：「寧夏古渠三道，東漢、中唐並通。惟西一渠傍山，長三百餘里，廣二十餘丈，兩岸危峻，漢、唐舊跡俱堙。宜發卒濬鑿，引水下流。即以土築東岸，建營堡屯兵以遏寇衝。請帑銀三萬兩，并靈州六年鹽課，以給其費。」又請於靈州金積山河口，開渠灌田，給軍民佃種。並從之。

十八年修築常熟塘壩，自尙湖口抵江，及黄、泗等浦，新莊等沙三十餘處。濬杭州西湖。

正德七年修廣平滏陽河口堤岸。十四年濬南京新江口右河。十五年，御史成英言：「應天等衞屯田在江北滁、和、六合者，地勢低，屢爲水敗。從金城港抵濁河達烏江三十餘里，因舊跡濬之，則水勢洩而屯田利。」詔可。

嘉靖元年築濬束鹿、肥鄉、獻、魏堤渠。初，蘇、松水道盡爲勢家所據。巡撫李充嗣畫水爲井地，示開鑿法，戶占一區，計工刻日。造濬川爬，用巨筏數百，曳木齒，隨潮進退，擊汰泥沙。置小艇百餘，尾鐵帚以導之。濬故道，穿新渠，巨浦支流，罔不灌注。帝嘉其勞，賚以銀幣。二年修德勝門東、朝陽門北城垣河道，築儀眞、江都官塘五區。

十年，工部郎中陸時雍言：「良鄉盧溝河，涿州琉璃、胡良二河，新城、雄縣白溝河，河間沙河，青縣滹沱河，下流皆淤。宜以時濬，使達於海。」詔巡撫議之。

十一年，太僕卿何棟勘畿封河患有二。一論滹沱河。其一言：「眞定鴨、沙、磁三河，俱發源五臺。會諸支水，抵唐河藺家圈，合流入河間。東南經任丘、霸州、天津入海，此故道也。河間東南高，東北下，故水決藺家口，而肅寧、新安皆罹其害。宜築決口，濬故道。涿州胡良河，自拒馬分流，至州東入渾河。良鄉琉璃河，發源磁家務，潛入地中，至良鄉東入渾河。比者渾河壅塞，二河不流。然下流淤沙僅四五里，請亟濬之。」部覆允行。

郎中徐元祉受命振災，上言：「河本以洩水，今反下壅；淀本以瀦水，今反上溢。故畿輔常苦水，順天利害相半，眞定利多於害，保定害多於利，河間全受其害。弘、正間，嘗築長堤，排決口，旋卽潰敗。今惟疏濬可施，其策凡六。一濬本河，俾河身寬邃。九河自山西來者，南合滹沱而不侵眞定諸郡，北合白溝而不侵保定諸郡。此第一義也。一濬支河。令九河之流，經大淸河，從紫城口入；經文都村，從涅槃口入；經白洋淀，從藺家口入；經章哥窪，從楊村河入。直遂以納細流，水力分矣。一濬決河。九河安流時，本支二河可受，遇漲則岸口四衝。宜每衝量存一口，復濬令合成一渠，以殺湍急，備淫溢。一濬淀河。令淀淀相通，達於本支二河，使下有所洩。一濬淤河。九河東逝，悉由故道，高者下，下者通。〔四〕占據曲防者，抵罪。一濬下河。九河一出靑縣，一出丁字沽，二流相匯於苑家口。故施工必自苑家口始，漸有成效，然後次第擧行，庶減諸郡水害。」帝嘉納之。

明年，香河郭家莊自開新河一道，長百七十丈，闊五十丈，近舊河十里餘。詔河官亟繕治。

十三年，巡撫都御史周金言：「藺家圈決口，塞之則東溢，病河間；不塞則東流漸淤，病保定。宜存決口而濬廣新河，使水東北平流，無壅涸患。」從之。

二十四年濬南京後湖。初，胡體乾按吳，以松江泛溢，進六策：曰開川，曰濬湖，曰殺上流之勢，曰決下流之壅，曰排潮漲之沙，曰立治田之規。是年，呂光洵按吳，復奏蘇、松水利五事：

一曰廣疏濬以備瀦洩。三吳澤國，西南受太湖諸澤，水勢尤卑。東北際海，岡隴之地，視西南特高。高苦旱，卑苦澇。昔人於下流疏爲塘浦，導諸湖水北入江，東入海，又引江潮流衍於岡隴外。瀦洩有法，水旱無患。比來縱浦橫塘，多堙不治，惟黃浦、劉河二江頗通。然太湖之水源多勢盛，二江不足以洩之。岡隴支河又多壅絕，無以資灌溉。於是高下俱病，歲常告災。宜先度要害，於澱山等茭蘆地，導太湖水散入陽城、昆承、三泖等湖。又開吳淞江及大石、趙屯等浦，洩澱山之水以達於海。濬白茆、鮎魚諸口，洩昆承之水以注於江。開七浦、鹽鐵等塘，洩陽城之水以達於江。又導田間之水，悉入小浦，以納大浦，使流者皆有所歸，瀦者皆有所洩。則下流之地治，而澇無所憂矣。乃濬艾祁、通波以溉靑浦，濬顧浦、吳塘以溉嘉定，濬大瓦等浦以溉崑山之東，濬許浦等塘以溉常熟之北，濬臧村等港以溉金壇，濬澡港等河以溉武進。凡隴岡支河堙塞不治者，皆濬之深廣，使復其舊。則上流之地亦治，而旱無所憂矣。此三吳水利之經也。

一曰修圩岸以固橫流。蘇、松、常、鎭東南下流，而蘇、松又常、鎭下流，易瀦難洩。雖導河濬浦引注江海，而秋霖泛漲，風濤相薄，則河浦之水逆行田間，衝齧爲患。宋轉運使王純臣嘗令蘇、湖作田塍禦水，民甚便之。司農丞郟亶亦云：「治河以治田爲本。」故老皆云，前二三十年，民間足食，因餘力治圩岸，田益完美。近皆空乏，無暇修繕，故田圩漸壞，歲多水災。合敕所在官司專治圩岸。岸高則田自固，雖有霖潦不能爲害。且足制諸湖之水咸歸河浦中，則不待決洩，自然湍流。而岡隴之地，亦因江水稍高，又得畝引以資灌漑，不特利於低田而已。

一曰復板閘以防淤澱。河浦之水皆自平原流入江海，水慢潮急，以故沙隨浪湧，其勢易淤。昔人權其便宜，去江海十里許夾流爲閘，隨潮啓閉，以禦淤沙。歲旱則長閉以蓄其流，歲澇則長啓以宣其溢，所謂置閘有三利，蓋謂此也。近多堙塞，惟常熟福山閘尚存。故老以爲河浦入海之地，誠皆置閘，自可歷久不壅。

一曰量緩急以處工費。

一曰重委任以責成功。

詔悉如議。光洵因請專委巡撫歐陽必進。從之。二十六年，給事中陳斐請仿江南水田法，開江北溝洫，以祛水患，益歲收。報可。

三十八年，總督尚書楊博請開宣、大荒田水利。從之。巡撫都御史翁大立言：「東吳水利，自震澤濬源以注江，三江導流以入海，而蘇州三十六浦，松江八匯，毘陵十四瀆，共以節宣旱澇。近因倭寇衝突，汉港之交，率多釘柵築堤以爲捍禦，因致水流停瀦，淤滓日積。渠道之間，仰高成阜。且具區湖泖，並水而居者雜蒔茭蘆，積泥成蕩，民間又多自起圩岸。上流日微，水勢日殺。黃浦、婁江之水又爲舟師所居，下流亦淤。海潮無力，水利難興，民田漸磽。宜於吳淞、白茆、七浦等處造成石閘，啓閉以時。挑鎭江、常州漕河深廣，使輸輓無阻，公私之利也。」詔可。

四十二年，給事中張憲臣言：「蘇、松、常、嘉、湖五郡水患疊見。請濬支河，通潮水；築圩岸，禦湍流。其白茆港、劉家河、七浦、楊林及凡河渠河蕩壅淤沮洳者，悉宜疏導。」帝以江南久苦倭患，民不宜重勞，令酌濬支河而已。四十五年，參政凌雲翼請專設御史督蘇、松水利。詔巡鹽御史兼之。

隆慶三年開湖廣竹筒河以洩漢江。巡撫都御史海瑞疏吳淞江下流上海淤地萬四千丈有奇。江面舊三十丈，增開十五丈，自黃渡至宋家橋長八十里。明年春，瑞言：「三吳入海之道，南止吳淞，北止白茆，中止劉河。劉河通達無滯，吳淞方在挑疏。土人請開白茆，計濬五千餘丈，役夫百六十四萬餘。」又言：「吳淞役垂竣，惟東西二壩未開。父老皆言崑山夏駕口、吳江長橋、長洲寶帶橋、吳縣胥口及凡可通流下吳淞者，逐一挑畢，方可開壩。」並從之。是年築海鹽海塘。越四年，從巡撫侍郎徐栻議，復開海鹽秦駐山，南至澉浦舊河。

萬曆二年築荊州采穴，承天泗港、謝家灣諸決堤口。復築荊、岳等府及松滋諸縣老垸堤。

四年，巡撫都御史宋儀望言：「三吳水勢，東南自嘉、秀沿海而北，皆趨松江，循黃浦入海；西北自常、鎭沿江而東，皆趨江陰、常熟。其中太湖瀦蓄，匯爲巨浸，流注龐山、瀆墅、澱山、三泖、陽城諸湖。乃開浦引湖，北經常熟七浦、白茆諸港入於江，東北經崑山、太倉穿劉家河，東南通吳淞江、黃浦，各入於海。諸水聯絡，四面環護，中如仰盂。杭、嘉、湖、常、鎭勢繞四隅，蘇州居中，松江爲諸水所受，最居下。乞專設水利僉事以裨國計。」部議遣御史董之。

六年，巡撫都御史胡執禮請先濬吳淞江長橋、黃浦。先是，巡按御史林應訓言：

蘇、松水利在開吳淞江中段，以通入海之勢。太湖入海，其道有三：東北由劉河，卽古婁江故道；東南由大黃浦，卽古東江遺意；其中爲吳淞江，經崑山、嘉定、青浦、上海，乃太湖正脈。今劉河、黃浦皆通，而中江獨塞者，蓋江流與海潮遇，海潮渾濁，賴江水迅滌之。劉河獨受巴、陽諸湖，又有新洋江、夏駕浦從旁以注；大黃浦總會杭、嘉之水，又有澱山、泖蕩從上而灌。是以流皆清駛，足以敵潮，不能淤也。惟吳淞江源出長橋、石塘下，經龐山、九里二湖而入。今長橋、石塘已堙，龐山、九里復爲灘漲，其來已微。又有新洋江、夏駕浦掣其水以入劉河，勢乃益弱，不能勝海潮洶湧之勢而滌濁渾之流，日積月累，淤塞僅留一綫。水失故道，時致淫濫。支河小港，亦復壅滯。舊熟之田，半成荒畝。

前都御史海瑞力破羣議，挑自上海江口宋家橋至嘉定艾祁八十里，幸尚通流。自艾祁至崑山慢水港六十餘里，則俱漲灘，急宜開濬，計淺九千五百餘丈，闊二十丈。此江一開，太湖直入於海，濱江諸渠得以引流灌田，青浦積荒之區俱可開墾成熟矣。

並從之。至是，工成。應訓又言：

吳江縣治居太湖正東，湖水由此下吳淞達海。宋時運道所經，畏風阻險，乃建長橋、石塘以通牽挽。長橋百三十丈，爲洞六十有二。石塘小則有竇，大則有橋，內外浦溇縱橫貫穿，皆爲洩水計也。石塘溇竇半淤，長橋內外俱圮，僅一二洞門通水。若不疏濬，雖開吳淞下流，終無益也。宜開龐山湖口，由長橋抵吳家港。則湖有所洩，江有所歸，源盛流長，爲利大矣。

松江大黃浦西南受杭、嘉之水，西北受澱、泖諸蕩之水，總會於浦，而秀州塘、山溇港諸處實黃浦來源也。澱山湖入黃浦道漸多淤淺，宜爲疏瀹。而自黃浦、橫潦、泖涇，經秀州塘入南泖，至山涇港等處，萬四千餘丈，〔五〕待濬尤急。

他如蘇之茜涇、楊林、白茆、七浦諸港，松之蒲匯、官紹諸塘，常、鎮之澡港、九曲諸河，俱宜設法開導，次第修舉。

八年又言：

蘇、松諸郡幹河支港凡數百，大則洩水入海，次則通湖達江，小則引流灌田。今吳淞江、白茆塘、秀州塘、蒲匯塘、孟瀆河、舜河、靑暘港俱已告成，支河數十，宜盡開濬。

俱從其請。

久之，用儀望議，特設蘇、松水利副使，以許應逵領之。乃濬吳淞八十餘里，築塘九十餘處，開新河百二十三道，濬內河百三十九道，築上海李家洪老鴉嘴海岸十八里，發帑金二十萬。應逵以其半訖工。三十七、八年間，霪雨浸溢，水患日熾。越數年，給事中歸子顧言：「宋時，吳淞江闊九里。元末淤塞。正統間，周忱立表江心，疏而濬之。崔恭、徐貫、李充嗣、海瑞相繼濬者凡五，迄今四十餘年，廢而不講。宜使江闊水駛，塘浦支河分流四達。」疏入留中。巡按御史薛貞復請行之，下部議而未行。至天啓中，巡撫都御史周起元復請濬吳淞、白茆。崇禎初，員外郎蔡懋德、巡撫都御史李待問皆以爲請。久之，巡撫都御史張國維請疏吳江長橋七十二䜶及九里、石塘諸洞。御史李謨復請濬吳淞、白茆。俱下部議，未能行也。

十年，增築雄縣橫堤八里，禦滹沱暴漲。

十三年，以尙寶少卿徐貞明兼御史，領墾田使。貞明爲給事中，嘗請興西北水利如南人圩田之制，引水成田。工部覆議：「畿輔諸郡邑，以上流十五河之水洩於貓兒一灣，海口又極束隘，故所在橫流。必多開支河，挑濬海口，而後水勢可平，疏濬可施。然役大費繁，而今以民勞財匱，方務省事，請罷其議。」乃已。後貞明謫官，著潞水客譚一書，論水利當興者十四條。時巡撫張國彥、副使顧養謙方開水利於薊、永有效，於是給事中王敬民薦貞明，特召還，賜敕勘水利。貞明乃先治京東州邑，如密雲燕樂莊，平谷水峪寺、龍家務莊，三河塘會莊、順慶屯地。薊州城北黃厓營，城西白馬泉、鎭國莊，城東馬伸橋，夾林河而下別山舖，夾陰流河而下至於陰流。遵化平安城，夾運河而下沙河舖西，城南鐵廠、湧珠湖以下韭菜溝、上素河、下素河百餘里。豐潤之南，則大寨、刺榆坨、史家河、大王莊，東則榛子鎭，西則鵶紅橋，夾河五十餘里。玉田青莊塢、後湖莊、三里屯及大泉、小泉，至於瀕海之地，自水道沽關、黑巖子墩至開平衞南宋家營，東西百餘里，南北百八十里。墾田三萬九千餘畝。至眞定將治滹沱近堧地，御史王之棟言：「滹沱非人力可治，徒耗財擾民。」帝入其言，欲罪諸建議者。申時行言：「墾田興利謂之害民，議甚舛。顧爲此說者，其故有二。北方民游惰好閑，憚於力作，水田有耕耨之勞，胼胝之苦，不便一也。貴勢有力家侵占甚多，不待耕作，坐收蘆葦薪芻之利；若開墾成田，歸於業戶，隸於有司，則已利盡失，不便二也。然以國家大計較之，不便者小，而便者大。惟在斟酌地勢，體察人情，沙鹻不必盡開，黍麥無煩改作，應用夫役，必官募之，不拂民情，不失地利，乃謀國長策耳。」於是貞明得無罪，而水田事終罷。

巡撫都御史梁問孟築橫城堡邊牆，慮寧夏有黃河患，請堤西岔河，障水東流。從之。十九年，尚寶丞周弘禴言：「寧夏河東有漢、秦二壩，請依河西漢、唐壩築以石，於渠外疏大渠一道，北達鴛鴦諸湖。」詔可。

二十三年，黃、淮漲溢，淮、揚昏墊。議者多請開高家堰以分淮。寶應知縣陳煃爲御史，慮高堰既開，害民產鹽場，請自興、鹽迤東，疏白塗河、石䃮口、廖家港爲數河，分門出海；然後從下而上，濬淸水、子嬰二溝，且多開瓜、儀閘口以洩水。給事中祝世祿亦言：「議者欲放淮從廣陽、射陽二湖入海。廣陽闊僅八里，射陽僅二十五丈，名爲湖，實河也。且離海三百里，迂迴淺窄，高、寶七州縣水惟此一線宣洩之，又使淮注焉，田廬鹽場，必無幸矣。廣陽湖東有大湖，方廣六十里，湖北口有舊官河，自官蕩至鹽城石䃮口，通海僅五十三里，此導淮入海一便也。」下部及河漕官議，俱格不行。既而總河尙書楊一魁言：「黃水倒灌，正以海口爲阻。分黃工就，則石礎口、廖家港、白駒場海口，金灣、芒稻諸河，急宜開刷。」乃命如議行之。

三十年，保定巡撫都御史汪應蛟言：「易水可漑金臺，滹水可漑恒山，溏水可漑中山，滏水可漑襄國，漳水可漑鄴下，而瀛海當衆河下流，故號河中，視江南澤國不異。至於山下之泉，地中之水，所在皆有，宜各設壩建閘，通渠築堤，高者自灌，下則車汲。用南方水田法，六郡之內，得水田數萬頃，畿民從此饒，永無旱澇之患。不幸濱河有梗，亦可改折於南，取糴於北。此國家無窮利也。」報可。應蛟乃於天津葛沽、何家圈、雙溝、白塘，令防海軍丁屯種，人授田四畝，共種五千餘畝，水稻二千畝，收多，因上言：「墾地七千頃，歲可得穀二百餘萬石，此行之而效者也。」

是年，眞定知府郭勉濬大鳴、小鳴泉四十餘穴，漑田千頃。邢臺達活、野狐二泉流爲牛尾河，百泉流爲澧河，建二十一閘二堤，灌田五百餘頃。

天啓元年，御史左光斗用應蛟策，復天津屯田，令通判盧觀象管理屯田水利。明年，巡按御史張愼言言：「自枝河而西，靜海、興濟之間，萬頃沃壤。河之東，尙有鹽水沽等處爲膏腴之田，惜皆蕪廢。今觀象開寇家口以南田三千餘畝，溝洫蘆塘之法，種植疏濬之方，皆具而有法，人何憚而不爲。大抵開種之法有五。一官種。謂牛、種、器具、耕作、雇募皆出於官，而官亦盡收其田之入也。一佃種。謂民願墾而無力，其牛、種、器具仰給於官，待納稼之時，官十而取其四也。一民種。佃之有力者，自認開墾若干，迨開荒既熟，較數歲之中以爲常，十一而取是也。一軍種。即令海防營軍種葛沽之田，人耕四畝，收二石，緣有行、月糧，故收租重也。一屯種。祖宗衞軍有屯田，或五十畝，或百畝。軍爲屯種者，歲入十七於官，即以所入爲官軍歲支之用。國初兵農之善制也。四法已行，惟屯種則今日兵與軍分，而屯僅存其名。當選各衞之屯餘，墾津門之沃土，如官種法行之。」章下所司，命太僕卿董應舉管天津至山海屯田，規畫數年，開田十八萬畝，積穀無算。

崇禎二年，兵部侍郎申用懋言：「永平灤河諸水，逶迤寬衍，可疏渠以防旱潦。山坡隙地，便栽種。宜令有司相地察源，爲民興利。」從之。

校勘記

〔一〕常熟白茆港徑入江　江，原作「海」，據太宗實錄卷二一永樂元年八月戊申條、讀史方輿紀要卷二四改。

〔二〕詔郡守趙與懃開濬　與，原作「興」，據宋史卷二一九宗室世系表改。

〔三〕修濬河港涇瀆湖塘陡門堤岸百三十五道　原脱「三」字，據孝宗實錄卷九九弘治八年四月甲寅條補。

〔四〕高者下下者通　世宗實錄卷一四〇嘉靖十一年七月己巳條、行水金鑑卷一一四作「使高者下，下者通」，有「使」字。按上文「使下有所洩」，亦有「使」字。

〔五〕萬四千餘丈　萬，原作「百」，千位之上應是萬不應是百。從黃浦、泖涇經秀州塘入南泖，要從嘉興經松江到金山，作萬四千餘丈較合。今改。